Comportamento das Partes nos Contratos de Duração

Comportamento das Partes nos Contratos de Duração

2022

Ricardo Busana Galvão Bueno

ALMEDINA

COMPORTAMENTO DAS PARTES NOS CONTRATOS DE DURAÇÃO

Autor: Ricardo Busana Galvão Bueno

Diretor Almedina Brasil: Rodrigo Mentz
Editora Jurídica: Manuella Santos de Castro
Editor de Desenvolvimento: Aurélio Cesar Nogueira
Assistentes Editoriais: Isabela Leite e Larissa Nogueira
Estagiária de Produção: Laura Roberti

Diagramação: Almedina
Design de Capa: Roberta Bassanetto

ISBN: 9786556276137
Setembro, 2022

Dados Internacionais de Catalogação na Publicação (CIP)
(Câmara Brasileira do Livro, SP, Brasil)

Bueno, Ricardo Busana Galvão
Comportamento das partes nos contratos de duração
Ricardo Busana Galvão Bueno – São Paulo : Almedina, 2022.

Bibliografia.
ISBN 978-65-5627-613-7

1. Boa-fé (Direito) 2. Contratos 3. Contratos
(Direito civil) 4. Direito civil 5. Direito comercialI. Título.

22-113973 CDU-347.44

Índices para catálogo sistemático:

1. Direito contratual 347.44

Eliete Marques da Silva – Bibliotecária – CRB-8/9380

Coleção IDiP
Coordenador Científico: Francisco Paulo De Crescenzo Marino

Este livro segue as regras do novo Acordo Ortográfico da Língua Portuguesa (1990).

Editora: Almedina Brasil
Rua José Maria Lisboa, 860, Conj. 131 e 132, Jardim Paulista | 01423-001 São Paulo | Brasil
www.almedina.com.br

PREFÁCIO

A doutrina recente tem se mostrado particularmente propensa ao estudo de modelos contratuais mais abrangentes do que os tipos (modelos calcados em operações econômicas), normalmente estruturados sob a forma de dicotomias ou tricotomias classificatórias, que podemos denominar *categorias*. Categorias não são, contudo – ou ao menos não deveriam ser –, meros exercícios de abstração ou especulações conduzidas segundo o gosto ou a linha de pesquisa do autor. A construção de uma categoria dogmática somente se revelará útil e justificada quando lhe for possível prescrever um dado regime jurídico, só a ela aplicável.

Esse é o caso dos *contratos de duração*, ou contratos que originam relações obrigacionais duradouras, cuja elaboração é fruto, sobretudo, da doutrina italiana e alemã (*contratti di durata, Dauerverträge*). Em tais contratos, como aponta Giorgio Oppo, o tempo não funciona como mero fator de determinação da sede temporal do ato, tampouco diz respeito à sua formação (a demandar certo lapso). Ao revés, o tempo é um verdadeiro *essentiale negotii*, elemento desejado pelas partes, eis que corresponde ao interesse de (ao menos uma delas) na satisfação de uma necessidade persistente.

No campo das relações contratuais duradouras, ainda parcamente desbravado na literatura jurídica nacional, há natural flexibilidade no que tange ao valor do comportamento das partes *posterior* à celebração do vínculo contratual. Grosso modo, três são as hipóteses: (i) ora o comportamento posterior será tomado como meio interpretativo, mais precisamente como circunstância relevante para a revelação do sentido dos preceitos contratuais; (ii) ora será o meio a partir do qual se poderá inferir a presença de uma verdadeira declaração contratual, conquanto tacitamente formada; (iii) ora, finalmente, será tomado como fato ensejador da confiança da contraparte, cuja contrariedade poderá configurar ato ilícito e gerar determinadas consequências, reparatórias ou de outra natureza.

Não é preciso ir além para enfatizar a importância do estudo do comportamento posterior das partes no contexto dos contratos de duração, seja pela contribuição que necessariamente dará à conformação da própria categoria dogmática em questão, seja pelo potencial de desfazer um sem número de confusões, teóricas e práticas, entre as três valências do comportamento posterior, acima brevemente referidas.

Pois esse foi o tema da dissertação de Mestrado de Ricardo Busana Galvão Bueno, cuja versão comercial corresponde ao livro que o leitor tem em mãos, e que tive o privilégio de orientar. Ela foi defendida em 2017 na Faculdade de Direito da Universidade de São Paulo, em banca composta, ainda, pelos Professores Rodrigo Xavier Leonardo e Rodrigo Octávio Broglia Mendes.

Naturalmente, o trabalho foi revisto e atualizado à luz das alterações legislativas posteriores, com destaque para a inclusão do art. 113, §1.º, inciso I do Código Civil, levada a efeito pela chamada "Lei da Liberdade Econômica", a determinar que o exegeta atribua ao contrato o "sentido que for confirmado pelo comportamento das partes posterior à celebração do negócio". Contudo, do mesmo modo que outras inclusões operadas pela referida lei, não se trata de substancial inovação, bastando recordar que o art. 131, 3 do Código Comercial de 1850 já dispunha que "o fato dos contraentes posterior ao contrato, que tiver relação com o objeto principal, será a melhor explicação da vontade que as partes tiverem no ato da celebração do mesmo contrato; [...]."

Como o leitor poderá facilmente constatar, trata-se de trabalho muito bem escrito, ancorado em pesquisa séria, que parte de uma questão bem formulada, à qual busca fornecer respostas bem refletidas. Após expor, de modo completo e atualizado, cada uma das três configurações do comportamento posterior das partes no âmbito das relações duradouras, o autor arremata o texto com um proveitoso capítulo final, dedicado a "hipóteses de fronteira", no qual examina possíveis confrontos, dois a dois, entre os três papéis desempenhados pela conduta das partes após a celebração do contrato de duração.

Por todas as razões expostas, na qualidade de orientador do Mestrado do Ricardo e de coordenador científico da coleção IDiP-Almedina, é motivo de grande orgulho ver a sua bela dissertação publicada. Estou certo de que a leitura do excelente trabalho de Ricardo Bueno contribuirá para o aprimoramento do estudo dos contratos de duração no direito brasileiro e para o destrinchar dos frequentes casos em que o comportamento posterior das partes é chamado a desempenhar papel de relevo. Fico torcendo para que o Ricardo possa encontrar tempo na vida intensa da advocacia de ponta para continuar a bela carreira acadêmica que iniciou.

São Paulo, 21 de julho de 2022.

FRANCISCO PAULO DE CRESCENZO MARINO
Professor Associado da Faculdade de Direito da USP

SUMÁRIO

INTRODUÇÃO

1. Delimitação do tema

O século XX trouxe profundas mudanças na tessitura social e econômica do mundo ocidental, com reflexos palpáveis no direito. Se de um lado o próprio direito positivado sofreu alterações em decorrência do advento de novas Constituições programáticas e sociais, a forma de pensar e operar o direito nos tribunais (e fora deles) também mudou. Os julgadores se esforçaram para ter um papel mais ativo na implementação dos valores e princípios constitucionais, infraconstitucionais e internacionais aceitos pelo ordenamento jurídico, o que causou uma certa aversão ao formalismo e à interpretação literal dos textos jurídicos. Neste caminho, que é positivo, ainda que seus excessos devam ser combatidos, muda a postura de intérpretes e julgadores com relação aos clausulados contratuais e às obrigações que deles decorrem ou a eles se ligam. Há um deslocamento da forma à substância e, sobretudo, uma modificação no papel e peso atribuídos na construção de soluções jurídicas a cada item que compõe a relação contratual entre as partes. Os 'novos valores' do direito atribuem relativamente mais peso ao efetivo comportamento das partes no desenvolver da relação do que os valores clássicos consagrados no século XIX. O comportamento passa a ser um índice relevante para a solução de inúmeros casos, embora sem sistematização (e por vezes sem reflexão crítica e aprofundada) deste seu papel.

Este trabalho analisa os papeis do comportamento das partes após a celebração de um contrato de duração na determinação do conteúdo e dos efeitos desse contrato.

Numa primeira e talvez mais tradicional função, o aplicador do direito pode se valer do comportamento para interpretar o contrato, i.e., para subsidiar a travessia do conteúdo formal ao conteúdo substancial do contrato e, deste, aos seus efeitos. Ou seja, como o comportamento serve de suporte ao percurso entre o texto contratual à efetiva regulamentação da relação entre as partes (papel que, depois da revogação do artigo 131, 3, do Código Comercial de 1850, veio a ser formalmente reconhecido novamente no direito privado brasileiro pela Lei 13.874/2019, que incluiu o parágrafo primeiro ao artigo 113 do Código Civil).

Investiga-se, além do impacto do comportamento na interpretação destes contratos, sua interferência sobre os próprios efeitos deles derivados, mais especificamente por meio das figuras relativas à tutela da confiança – como o *venire contra factum proprium*, a *suppressio* e a *surrectio*. Sabe-se que os efeitos do contrato podem ter duas origens: ou são consequências juridicamente atribuídas ao conteúdo substancial do contrato, ou são determinações legais que pressupõem um contrato para se impor. O comportamento posterior das partes, sobretudo através da tutela da confiança, atua sobre os primeiros.

Disso depreendem-se duas das perspectivas pelas quais juridicamente se aborda o comportamento das partes posterior à celebração de um contrato: a interpretação dos contratos e a tutela da confiança. Conquanto sejam enfoques relevantes, crê-se que sua discussão deva ser enriquecida pelo acréscimo de mais uma faceta, a saber, a declaração tácita.

É sabido que a declaração negocial independe de forma especial, salvo quando expressamente exigido por lei (artigo 107 do Código Civil). Assim, a declaração pode revestir qualquer forma, inclusive tácitas ou implícitas, casos em que usualmente se fala em comportamento concludente, como seu vetor material.

A ótica da declaração tácita, ainda que forçosamente se distancie das demais abordagens, por referir-se ao momento genético da declaração negocial e implicar a própria construção ou modificação do conteúdo do negócio – e não mais sua reconstrução pelo intérprete ou a modificação de seus efeitos pela tutela da confiança –, importa a este trabalho sob o recorte da complementação, modificação ou encerramento de relações contratuais de duração e, desta forma, é um importante expediente que pode levar o julgador a se distanciar do sentido óbvio (ou literal) do conteúdo formal do contrato.

2. Os contratos de duração como campo propício para o estudo dos comportamentos das partes

Para evitar os perigos da excessiva abstração do tema, fez-se a opção por localizá-lo sob o pano de fundo dos contratos de duração. Esta opção não é arbitrária e tem razões que a justificam.

Os contratos de duração possuem características próprias que 'potencializam' a relevância dos comportamentos. Nestes contratos ressalta, sobretudo, a importância atribuída pelos próprios contratantes ao tempo: neles, o tempo é internalizado e desejado pelas partes[1], o que implica forçosamente maior incompletude e contato entre elas, por um lado, e menor previsibilidade, por outro. Essas condições incentivam o julgador a recorrer ao comportamento das partes para a solução de casos concretos.

A incompletude dos contratos de duração se relaciona com a exigência, muito própria desta categoria contratual, do decurso do tempo para que se cumpra o programa desejado pelas partes – sem tal característica, eles não podem alcançar os efeitos pretendidos pelas partes[2]. Por esta razão, diz-se que o adimplemento nestes contratos "determina-se" por esta especial relação com o tempo[3]. Quando se alia esta desejada projeção para o futuro da eficácia contratual à sua incompletude e à impossibilidade de prever *ex ante* todos os possíveis cenários futuros, é possível que exista a necessidade de se recorrer a elementos extratextuais, como o comportamento, para a construção de soluções a casos concretos que, de outro modo, não as teriam.

3. Justificativa e importância do tema

O tema se justifica basicamente pela sua importância à solução jurídica de uma infinidade de casos práticos (o que voltou a ser reconhecido na legislação brasileira pela inclusão do inciso I do parágrafo primeiro do artigo 113 do Código Civil, pela Lei 13.874/2019). Na jurisprudência brasileira há diversas disputas cujo desenlace foi construído a partir de

[1] GIERKE, Otto Von. Dauernde Schuldverhältnisse. Jehrings Jahrbücher für die Dogmatik des bürgerlichen Rechts. Bd. 64, 2. F., Bd. 28, p. 355 a 411, 1914. Trecho citado: p. 358 e 359.

[2] Neste sentido LORENZETTI, Ricardo Luis. Tratado de los contratos – parte general. 2. edición ampliada y actualizada. Buenos Aires: Rubinzal-Culzoni Editores, 2010, p. 751.

[3] OPPO, Giorgio. I contratti di durata. In: ________. Obbligazioni e negozio giuridico. Scritti giuridici III. Padova: CEDAM, 1992, p. 240.

comportamentos das partes, explorado sob alguma (por vezes, sob mais de uma) das perspectivas ora estudadas.

Não obstante a riqueza e complexidade do tema, poucas são as obras que analisam as questões propostas de maneira aprofundada, fato que por si impele a um estudo voltado ao aprofundamento no tema. Esta tarefa se desenvolve pela pesquisa da pertinência do comportamento das partes durante o desenvolvimento dos contratos de duração, seja para a reconstrução do sentido das declarações contratuais, para a integração de sua eficácia com base, sobretudo, em cláusulas gerais, ou para a modificação ou encerramento das declarações originárias do negócio por meio de outras declarações (dessa feita, tácitas).

Por fim, a ânsia de superar posições exegéticas, de todo legítima, no Brasil acabou tendo o efeito colateral de fazer surgir algum grau de 'voluntarismo' judicial ("decisionismo"), que, algumas vezes, despreza (sem que tenha respaldo em normas legais, como por exemplo, naquelas de invalidação do negócio jurídico) conteúdos mínimos do contrato, para sair à caça de uma justiça do 'caso concreto' (que não passa, em alguns casos, de ato de vontade do juiz). É mister ter em mente que "nas diversas tentativas de superar o positivismo primitivo (nas suas variadas tradições 'nacionais'), construíram-se teses voluntaristas-axiologistas, passando da 'razão' para a 'vontade'".[4] Neste cenário, assistiu-se o surgimento do "movimento do direito livre, na França, o realismo norte-americano e escandinavo, no direito do *common law*, e a Jurisprudência dos Interesses, na Alemanha"[5]. Tais movimentos, ainda que tenham seu advento nos últimos anos do século XIX e nos primeiros do século XX, continuam a atuar "difusamente, ainda hoje no âmbito do pensamento jurídico brasileiro"[6]. A sua influência, ligam-se pensamentos que "afirmam, equivocadamente, que o juiz não pode mais ficar inerte e simplesmente 'reproduzir' (sic) o discurso legislativo, e que ele deve valorar as circunstâncias do caso de modo a encontrar a 'melhor solução' com base na ponderação dos princípios colidentes"[7].

[4] STRECK, Lênio. Hermenêutica Jurídica e(m) Crise: Uma exploração hermenêutica da construção do Direito. 11ª Ed. rev., atual. e ampl. Porto Alegre: Livraria do Advogado, 2014, p. 130.

[5] STRECK, *op. cit.*, 2014, p. 131.

[6] STRECK, *op. cit.*, 2014, p. 132.

[7] STRECK, *op. cit.*, 2014, p. 132.

Conquanto a crítica acima reproduzida esteja focada na interpretação constitucional[8], impossível negar que este cenário impacta também a aplicação do direito privado. Este trabalho, portanto, ainda que não tenha como projeto debater ou desconstruir o voluntarismo (nem afastar a "irredutível margem de livre apreciação por parte do juiz", de que nos fala LARENZ[9]) que está na base da substituição da vontade das partes, assim como declarada, pela vontade dos juízes, procura evitar esse processo e reforçar critérios e procedimentos que, a ver da doutrina, reprimem a arbitrariedade. Deste modo, procura manter-se fiel ao ensinamento de CARLOS FERREIRA DE ALMEIDA, para quem "a interpretação correta será aquela que o direito impõe, sem necessidade de apelar à justiça, que, se distinta da aplicação adequada dos cânones, pode ser um atalho para a insegurança e arbitrariedade"[10].

Ou seja, o estudo, ainda que secundariamente, também se justifica pelo intuito de abalizar a interpretação sensata e prudente, que utiliza o comportamento das partes segundo critérios bem estruturados pela doutrina, e de refutar decisionismos e voluntarismos, que o utilizam apenas como argumento legitimador de decisões que não possuem outro fundamento para além da vontade do julgador da vez.

[8] STRECK, *op. cit.*, 2014, p. 133.

[9] LARENZ, Metodologia da Ciência do Direito. 6ª Edição, Lisboa: Fundação Calouste Gulbenkian, 2012, p. 413 a 419.

[10] ALMEIDA, Carlos Ferreira de. Contratos IV. Funções. Circunstâncias. Interpretação. Coimbra: Almedina, 2014, p. 244.

CAPÍTULO 1
CONTRATOS DE DURAÇÃO

1. Introdução

Ainda que se possa recorrer à conduta para a solução de disputas envolvendo os mais diversos tipos e categorias contratuais, o comportamento das partes possui local de destaque nas questões pertinentes aos contratos de duração, também conhecidos como de "trato sucessivo", "execução continuada" ou "débito permanente"[11].

O papel proeminente do comportamento nesta categoria contratual está ligado a decorrências próprias do perdurar da relação contratual no tempo. É intuitivo que, para além de defeitos congênitos do próprio texto contratual, a duração prolongada também submete a relação a circunstâncias inesperadas, que demandam uma solução jurídica nem sempre obtida de maneira explícita deste texto[12]. Em ambas as hipóteses, o intérprete precisa socorrer-se de elementos extratextuais, como o comportamento das partes, para ultrapassar o sentido literal do contrato e obter resposta alinhada à intenção das partes "consubstanciada" na declaração

[11] Terminologia exposta por GOMES, Orlando. Contratos. 8ª Edição. Rio de Janeiro: Ed. Forense, 1981, p. 93.

[12] Considerado como o "conteúdo em sentido formal", o "conjunto das declarações que são abrangidas no acordo contratual" (BIANCA, C. Massimo. Diritto Civile. Il contratto. Vol. III, ristampa. Milano: Dott. A. Giuffrè Editore, 1987, p. 311). O conceito é aprofundado no capítulo sobre interpretação.

(na dicção do artigo 112 do Código Civil), ou seja, alinhada ao programa contratual efetivamente posto pelas partes, ou a outros valores caros ao ordenamento jurídico. O recurso ao comportamento das partes posterior à celebração do contrato implica reconhecer certa clivagem entre o texto original do contrato (que costuma ser o primeiro material posto à disposição do intérprete) e o conteúdo contratual[13].

A impossibilidade de que o texto preveja *ex ante* todas as vicissitudes que podem acometer a relação contratual é por vezes referida como "incompletude contratual"[14].

Destarte, um contrato de compra e venda mais "completo", por exemplo, levará em consideração múltiplas contingências futuras que podem alterar o valor do cumprimento, como aumentos nos custos das matérias-primas, diminuição da demanda etc. Por outro lado, um contrato "incompleto" deste tipo trataria apenas do preço e da coisa a ser entregue[15]. Diversas e possíveis causas parecem estar na gênese da incompletude contratual[16], entre elas a inexorável imperfeição das informações disponíveis

[13] Contraposto à noção de texto ou conteúdo em sentido formal, o conteúdo do contrato é ora referido como "conjunto das disposições contratuais, ou seja, o conjunto das disposições mediante as quais os contratantes determinam a relação contratual. O conteúdo do contrato indica, precisamente, o que as partes estabeleceram" (BIANCA, *op. cit.*, 1987, p. 312).

[14] Neste sentido, BELLANTUONO explica que "um contrato é considerado incompleto se não liga as ações das partes a qualquer um dos possíveis estados de mundo" (BELLANTUONO, Giuseppe. I contratti incompleti nel diritto e nell'economia. Milano: CEDAM, 2000, p. 71). Em sentido semelhante: FORGIONI, Paula Andrea. Teoria Geral dos Contratos Empresariais. São Paulo: Editora Revista dos Tribunais, 2009, p. 71; CLERICO, Giuseppe. Analisi economica del contratto. Milano: Dott. A. Giuffrè Editore, 2008, p. 33; EGGLESTON, Karen. POSNER, Eric A., ZECKHAUSER, Richard. The design and interpretation of contracts: why complexity matters. Northwester University Law Review, Vol. 95, No. 1, p. 91 - 132, 2000, p. 91; POSNER, Eric, Análise econômica do direito contratual após três décadas: sucesso ou fracasso? [tradução e adaptação ao direito brasileiro: Luciano Benetti Timm, Cristiano Carvalho e Alexandre Viola]. São Paulo: Saraiva, 2010, p. 49. SZTAJN, Rachel. Direito e economia dos contratos: os conceitos fundamentais. In: VERÇOSA, Haroldo Malheiros Duclerc. Direito Comercial. Teoria Geral do Contrato. Fundamentos da Teoria Geral do Contrato. Vol. 4. 2ª Ed. revista, atualizada e ampliada. São Paulo: Editora Revista dos Tribunais, 2014, p. 72 a 82, p. 77.

[15] EGGLESTON, POSNER, e ZECKHAUSE, *op. cit.*, 2000, p. 91. O exemplo é bom para começar a delinear, como se mostra mais a frente, que o conceito ora adotado de incompletude difere do usualmente utilizado no direito brasileiro.

[16] CLERICO, *op. cit.*, 2015, p. 261 e 262.

aos contratantes[17] e a sua racionalidade limitada[18], pois a ninguém é dado "antecipar a regularidade do mesmo estado de coisas com o passar do tempo"[19]. Atribui-se habitualmente tal característica à existência de "custos de transação"[20], que desencorajam as partes a prever e regular todas as eventualidades possíveis[21]. Considerando-a, o acordo contratual que dá início a relações jurídicas de duração, muitas vezes, limita-se a fixar diretrizes gerais ("normas procedimentais", no dizer de LORENZETTI[22]) para a atuação das partes e para a solução de problemas, caso eles surjam[23].

[17] BELLANTUONO, *op. cit.* 2000, p. 91 e ss. Também, FORGIONI, *op. cit.*, 2010, p. 66.

[18] FORGIONI, *op.cit.*, 2010, p. 66: "*[A]o contratar, a parte não possui todas as informações existentes sobre a outra, sobre o futuro e sobre a própria contratação; diz-se, assim, que sua racionalidade é limitada*". Esta situação também é denunciada por: SZTAJN, RACHEL. Teoria Jurídica da Empresa. 1. ed., São Paulo: Editora Atlas, 2010, p. 7. Como lembram BELLANTUONO, *op. cit.*, 2000, p. 92, e a própria FORGIONI, um dos textos de referência a respeito da racionalidade limitada dos agentes é de HEBERT SIMON, que escreveu em 1955 sobre o assunto (*A behavioral model of rational choice.* The Quarterly Journal of Economics. Vol. 69, No. 1, p. 99 a 118, 1955. Disponível em: http://www.math.mcgill.ca/vetta/CS764.dir/bounded.pdf, acesso em 3 de julho de 2016, às 17h07min). SIMON, como se vê mais adiante, criticou os modelos econômicos tradicionais de seu tempo, que estavam construídos com base em um "*economic man*" (ou mesmo um "*administrative man*") que teria todo, ou quase todo, o conhecimento relevante do seu ambiente, com um "*well-organized and stable system of preferences*" e uma habilidade tal que o permitiria calcular o retorno em quase todos os possíveis estados de mundo (p. 99). Ou seja, SIMON criticava os modelos tradicionais por fazerem "*severe demands upon the choosing organism*" e por isso propunha um modelo em que o agente, ainda que racional, faz simplificações no seu processo de decisão (p. 104 e ss.). Ressalte-se apenas que SIMON não conseguiu construir um sistema à prova de críticas, que tenha sido aceito de maneira unânime pela doutrina (a respeito da rejeição por parte de alguns economistas de modelos de racionalidade limitada, POSNER, *op. cit.*, 2010, p. 62 e 63).

[19] LÔBO, Paulo. Direito Civil: Contratos. 1. ed., 2. tiragem, São Paulo: Editora Saraiva, 2012, p. 113.

[20] FORGIONI, *op. cit.*, 2009, p. 60.

[21] SZTAJN, *op. cit.*, 2010, p. 7. Além disso, a mesma autora sustenta estarem baseados os contratos de duração na confiança entre as partes, que daria ensejo à incompletude, uma vez que elas não sentiriam, por vezes, necessidade de regular exaustivamente suas relações (*op. cit.*, 2010, p. 7).

[22] LORENZETTI, Ricardo Luis. Tratado de los contratos – parte general. 2. edición ampliada y actualizada. Buenos Aires: Rubinzal-Culzoni Editores, 2010, p. 751.

[23] Esta solução, todavia, também não é isenta de problemas e críticas. BELLANTUONO, por exemplo, lembra que espaços de renegociação podem ser utilizados por uma das partes para se apropriar dos valores excedentes criados pelo investimento específico da outra parte no

Logo, muitas vezes não há no texto de um dado contrato de duração um regramento exaustivo sobre qualquer questão que possa demandar uma solução jurídica. Por diversos motivos, a "incompletude contratual" "surge como natural" aos contratos de duração,[24] colocando-se o comportamento das partes como suporte essencial à solução da controvérsia (seja por meio da interpretação, da tutela da confiança ou por um negócio jurídico tácito modificativo ou complementar).

Antes de avançar, mister esclarecer que a duração temporal não é característica exclusiva dos contratos de duração, aparecendo também nos "contratos (instantâneos) de execução diferida"[25]. Até por essa razão, classificações doutrinárias construídas exclusivamente sobre o protrair-se no tempo da execução contratual incluem esta categoria de contratos ao lado de outras hipóteses de contratos de duração[26]. Sem descuidar dessa ressalva, neste trabalho é preferível referir-se a contratos de duração em um sentido mais estrito, desenvolvido a partir da doutrina alemã e italiana e que hoje possui alguma aceitação no direito brasileiro, abordado abaixo. Não se nega cabalmente que as reflexões deste trabalho possam ser úteis também a outras categorias contratuais, mas se procura oferecer alguns limites objetivos à análise.

2. Conceito de contrato de duração

2.1. Desenvolvimento do conceito

O conceito da categoria do contrato de duração é construído a partir do pensamento de autores alemães e italianos que abordaram o assunto de maneira aprofundada em fins do século XIX e começo do século XX.

cumprimento do contrato (que, por ser específico, gera algum grau de dependência desta parte do contrato, que pode ser explorado de maneira oportunista pela outra parte) (*op. cit.*, 2000, p. 75 e ss.).

[24] FORGIONI, *op. cit.*, 2009, p. 71.

[25] GOMES, *op. cit.*, 1981, p. 92. MESSINEO, Francesco. Il contratto in genere. Tomo primo. Ristampa emendata. In: Trattato di diritto civile e commerciale. Org.: CICU, Antonio. MESSINEO, Francesco. Milano: Dott. A. Giuffrè Editore, 1973, p. 783.

[26] Assim, por exemplo, a proposta que classifica os contratos em contratos de execução instantânea, diferida ou sucessiva. In: VERÇOSA, Haroldo Malheiros Duclerc. Direito Comercial. Teoria Geral do Contrato. Fundamentos da Teoria Geral do Contrato. Vol. 4. 2ª Ed. revista, atualizada e ampliada. São Paulo: Editora Revista dos Tribunais, 2014, p. 139 e 140.

Segundo a doutrina, a categoria teria como um dos seus primeiros e principais artífices o autor alemão OTTO VON GIERKE, que dedicou ao tema o estudo "*Dauernde Schuldverhältnisse*" no início do século XX[27]. Para este autor, os relacionamentos obrigacionais duradouros contrapor-se-iam àqueles "temporários", pois nos primeiros as prestações seriam cumpridas durante um período de tempo ao invés de em um momento preciso[28].

Este autor procurou ressaltar a eficácia constante destas relações duradouras[29], não extintas por um ato pontual de adimplemento[30]. Estes contratos são cumpridos por longos períodos de tempo e só são extintos, como regra, pelo transcurso deste, quando há prazo determinado, pelo atendimento de meta ou objetivo (por exemplo, na prestação de serviços), pela resilição[31], que põe um prazo à relação, e, por vezes, com a morte de uma das partes[32].

[27] GIERKE, Otto Von. Dauernde Schuldverhältnisse. Jehrings Jahrbücher für die Dogmatik des bürgerlichen Rechts. Bd. 64, 2. F., Bd. 28, p. 355 a 411, 1914. Em tradução literal, "*Relações obrigacionais duradouras*". Aponta a importância do estudo de GIERKE, OPPO, Giorgio. I contratti di durata. In: ______. Obbligazioni e negozio giuridico. Scritti giuridici III. Padova: CEDAM, 1992, p. 201.

[28] GIERKE, *op. cit.*, 1914, p. 357.

[29] GIERKE, *op. cit.*, 1914, p. 359.

[30] GIERKE, *op. cit.*, 1914, p. 357. BGB §362: *Erlöschen durch Leistung. (1) Das Schuldverhältnis erlischt, wenn die geschuldete Leistung an den Gläubiger bewirkt wird. (2) (...)*. Em tradução livre, "Extinção pela prestação. (1) A relação obrigacional se extingue quando a prestação devida é prestada ao credor. (2) (...)". A lógica da extinção do vínculo obrigacional pelo pagamento é aplicável ao direito brasileiro, ainda que não expressa de maneira tão genérica e ampla quanto no §362. Nesse sentido se alinham diversas disposições do Código Civil brasileiro, como os art. 269 e 334.

[31] O original se refere à "*Kündigung*", termo que aparece diversas vezes no Código Civil alemão ligado ao término de uma relação contratual por manifestação de uma das partes. Neste sentido, por exemplo, na Parte Geral, o § 314, que estabelece o direito de terminar o relacionamento de duração mediante um "motivo importante" ("*wichtiger Grund*"), que pode ou não ser o descumprimento de um dever contratual - alínea (2). A nosso ver, a tradução do termo "*Kündigung*" por "resilição" parece a mais condizente com o texto do atual Código Civil brasileiro (art. 473). Lembre-se que o termo "resolução" é empregado no direito brasileiro em situações específicas de inadimplemento (art. 475) e impossibilidade superveniente (p.ex., art. 238), casos para os quais o direito alemão emprega o termo "*Rücktritt*" (§323) ou "*Ausschluss der Leistungspflicht*" (§275).

[32] GIERKE, *op. cit.*, 1914, p. 378 a 392.

GIERKE preocupava-se em compatibilizar essas afirmações com a primeira parte do §362 do BGB, que prevê a extinção da relação obrigacional pelo cumprimento da prestação devida[33].

Para ele, essa disposição não afeta a sua proposição, pois comporta diversas interpretações[34]. Uma corrente representativa à época considerava apenas o último ato do devedor como efetivamente adimplemento, sendo os demais atos reputados como mera preparação[35]. O autor discorda, pois desconsiderar-se-ia haver relacionamentos duradouros em que todo o conteúdo obrigacional está a todo momento em evidência, como, por exemplo, nas obrigações de omissão ou tolerância[36]. Outros sustentavam que cada ato praticado pelo devedor deveria ser considerado como forma de adimplemento parcial[37]. Novamente o autor discorda, pois entende que as obrigações de omissão ou tolerância constituem um obstáculo insuperável à conclusão de que cada ato corresponde a um adimplemento parcial. Para GIERKE não é possível considerar um devedor que se comprometeu a não fazer determinado ato (por exemplo, concorrer com o credor) durante um período de tempo (por exemplo, 10 anos) como 'parcialmente adimplente' por ele ter cumprido por algum tempo sua prestação (por exemplo, 1 ano)[38]. Refutadas estas correntes, o autor propunha solucionar a questão limitando o próprio âmbito de aplicação da norma do §362 apenas aos relacionamentos "temporários"[39].

No que diz respeito às funções dos contratos de duração, GIERKE sustentava que, dentre outras funções, os relacionamentos duradouros

[33] BGB §362: *Erlöschen durch Leistung. (1) Das Schuldverhältnis erlischt, wenn die geschuldete Leistung an den Gläubiger bewirkt wird. (2) (...).* Em tradução livre, "Extinção pela prestação. (1) A relação obrigacional se extingue quando a prestação devida é prestada ao credor. (2) (...)". A lógica da extinção do vínculo obrigacional pelo pagamento é aplicável ao direito brasileiro, ainda que não expressa de maneira tão genérica e ampla quanto no §362. Nesse sentido se alinham diversas disposições do Código Civil brasileiro, como os art. 269 e 334.

[34] GIERKE, *op. cit.*, 1914, p. 363.

[35] GIERKE, *op. cit.*, 1914, p. 363.

[36] GIERKE, *op. cit.*, 1914, p. 363 e 364.

[37] GIERKE, *op. cit.*, 1914, p. 364 e 365.

[38] GIERKE, *op. cit.*, 1914, p. 365.

[39] GIERKE, *op. cit.*, 1914, p. 367: „*So bietet sich kein Ausweg. Das dauernde Schuldverhältnis ist auf dauernde Erfüllung angelegt und erlischt darum nicht durch Erfüllung*". Em tradução livre: "Assim, não se oferece qualquer saída. A relação obrigacional duradoura é orientada ao cumprimento duradouro e, por isso, não se extingue pelo cumprimento".

retirariam do direito das obrigações seu caráter de mero instrumento de troca de bens, dando-lhe uma feição mais assemelhada ao direito das coisas, permitindo a imediata 'fruição' dos bens (veja-se a locação, o comodato etc.)[40].

No início dos anos 1940, GIORGIO OPPO publicou um importante estudo na matéria sob o título "*I contratti di durata*"[41]. Nele, OPPO faz uma breve retrospectiva da doutrina a respeito do assunto e conclui que, ainda que a temática tenha recebido o seu influxo inicial da doutrina alemã (como vimos com GIERKE), foi a doutrina italiana que mais difundiu e apurou o sentido da categoria dos contratos de duração[42].

Para o autor, o Código Civil italiano de 1942 trouxe propulsão ao seu estudo em razão de duas 'evoluções' com relação ao seu antecessor. Em primeiro lugar, trouxe novas disposições gerais sobre a categoria, como, por exemplo, seus artigos 1360, 1373, 1458 e 1467[43]. Além disso, esse diploma apresenta um tratamento aperfeiçoado para diversos contratos

[40] GIERKE, *op. cit.*, 1914, p. 406 e 407.

[41] A primeira publicação do trabalho de OPPO foi publicada na *Rivista del diritto commerciale*, em 1943, no seu tomo I, p. 143 ss., e na mesma revista, em 1944, tomo I, p. 18 e ss. A versão consultada consta de uma compilação de textos deste autor, publicada sobre o título *Scritti giuridici*, pela CEDAM, em 1992 (para a referência completa: OPPO, Giorgio. I contratti di durata. In: ______. Obbligazioni e negozio giuridico. Scritti giuridici III. Padova: CEDAM, 1992, p. 200 a 334.).

[42] OPPO, *op. cit.*, 1992, p. 202.

[43] *Art. 1360 Retroattività della condizione. Gli effetti dell'avveramento della condizione retroagiscono al tempo in cui è stato concluso il contratto, salvo che, per volontà delle parti o per la natura del rapporto, gli effetti del contratto o della risoluzione debbano essere riportati a un momento diverso (646).*
Se però la condizione risolutiva è apposta a un contratto ad esecuzione continuata o periodica, l'avveramento di essa, in mancanza di patto contrario, non ha effetto riguardo alle prestazioni già eseguite (1465, 2655).
Art. 1373 Recesso unilaterale. Se a una delle parti è attribuita la facoltà di recedere dal contratto, tale facoltà può essere esercitata finché il contratto non abbia avuto un principio di esecuzione.
Nei contratti a esecuzione continuata o periodica, tale facoltà può essere esercitata anche successivamente, ma il recesso non ha effetto per le prestazioni già eseguite o in corso di esecuzione (1569, 1612 e seguenti, 1671, 2227).
Qualora sia stata stipulata la prestazione di un corrispettivo per il recesso, questo ha effetto quando la prestazione è eseguita.
E' salvo in ogni caso il patto contrario.
Art. 1458 Effetti della risoluzione. La risoluzione del contratto per inadempimento ha effetto retroattivo tra le parti, salvo il caso di contratti i esecuzione continuata o periodica, riguardo quali l'effetto della risoluzione non si estende le prestazioni già eseguite (1360).

La risoluzione, anche se è stata espressamente pattuita, non pregiudica i diritti acquistati dai terzi, salvi gli effetti della trascrizione della domanda di risoluzione (2652; att. 165).
Art. 1467 Contratto con prestazioni corrispettive. Nei contratti a esecuzione continuata o periodica ovvero a esecuzione differita, se la prestazione di una delle parti è divenuta eccessivamente onerosa per il verificarsi di avvenimenti straordinari e imprevedibili, la parte che deve tale prestazione può domandare la risoluzione del contratto, con gli effetti stabiliti dall'art. 1458 (att. 168).
La risoluzione non può essere domandata se la sopravvenuta onerosità rientra nell'alea normale del contratto.
La parte contro la quale è domandata la risoluzione può evitarla offrendo di modificare equamente le condizioni del contratto (962, 1623, 1664, 1923).
Em tradução livre: Art. 1360. Retroatividade da condição. Os efeitos do advento da condição retroagem ao tempo em que é considerado concluído o contrato, salvo se, por vontade das partes ou pela natureza da relação, os efeitos do contrato ou da resolução devam ser referidos a um momento diverso (646).
No entanto, se a condição resolutiva é aposta a um contrato de execução continuada ou periódica, o advento dessa, na falta de pacto contrário, não tem efeito em relação às prestações já executadas (1465, 2655).
Art. 1373. Resilição unilateral. Se a uma das partes é atribuída a faculdade de resilir o contrato, tal faculdade pode ser exercitada enquanto não houver início da execução.
Nos contratos de execução continuada ou periódica, tal faculdade pode ser exercitada também posteriormente, mas a resilição não tem efeito para as prestações já executadas ou em curso de execução (1569, 1612 e seguintes, 1671, 2227).
Se houver sido estipulada a prestação de uma compensação pela resilição, esta tem efeito enquanto a prestação é executada.
É ressalvado em qualquer caso o pacto em contrário.
Art. 1458. Efeitos da resolução. A resolução do contrato por inadimplemento tem efeito retroativo entre as partes, salvo o caso dos contratos de execução continuada ou periódica, a respeito dos quais o efeito da resolução não se estende às prestações já executadas (1360).
A resolução, ainda que tenha sido expressamente pactuada, não prejudica os direitos adquiridos por terceiros, salvo os efeitos da transcrição da demande de resolução (2652, att. 165).
Art. 1467. Contrato com prestações correspectivas. Nos contratos de execução continuada ou periódica, ou mesmo de execução diferida, se a prestação de uma das partes se tornar excessivamente onerosa pelo acontecimento de eventos extraordinários e imprevisíveis, a parte que deve tal prestação pode demandar a resolução do contrato, com os efeitos estabelecidos no art. 1458 (att. 168);
A resolução não pode ser demandada se a onerosidade superveniente recair sobre a álea normal do contrato.
A parte contra a qual é demandada a resolução pode evitá-la oferecendo para modificar equitativamente as condições do contrato (962, 1623, 1664, 1923).

típicos, como o contrato de agência, múltiplas operações bancárias, consórcio comercial etc., que forneceria melhores instrumentos para uma pesquisa orientada à determinação do conceito[44].

Na investigação por esse conceito, OPPO começa afastando divergências terminológicas. Para o autor italiano, a expressão "contrato de duração" teria sido consagrada pela doutrina germânica[45] não pelo seu apuro técnico, mas sobretudo pela sua concisão. Para o autor, não seria o contrato de duração, mas a relação que dele advém – assim, a qualificação de um contrato como duradouro não diz respeito à sua formação, ou ao negócio fonte da relação, mas à sua execução e ao relacionamento entre as partes. Para o autor, o ideal seria falar em relações de duração, e, dentro destas, em relações obrigacionais de duração (como o fazia GIERKE, por exemplo), uma vez que relações de duração existem também em outros ramos do direito, como no direito das coisas e no direito de família. De toda forma, o autor concorda que a expressão oferece uma fórmula sintética e consagrada, razão pela qual a aceita e adota[46].

OPPO, apoiando-se declaradamente em GIERKE, sustenta que o conceito de contrato de duração deve ser construído com base na proeminência do papel atribuído à duração na execução do contrato. A duração da execução no tempo pode corresponder a uma execução periódica ou a uma execução continuada e contraporia os contratos de duração aqueles ditos instantâneos. Estes contratos instantâneos não são apenas aqueles em que a prestação e a contraprestação são exauridas em um único momento, mas também aqueles em que a execução é repartida (por exemplo, pagar em 30 parcelas o preço) ou diferida (pagar o preço em 60 dias). Assim, a duração no tempo não se apresenta de maneira apenas acessória nos contratos de duração (como pode acontecer nos contratos instantâneos), mas como a principal nota característica de suas prestações[47].

Para diferenciar os contratos de duração em sentido próprio daqueles que, sendo instantâneos, podem vir a protrair-se durante algum período, OPPO propõe discutir o modo como o tempo adquire relevância jurídica

[44] OPPO, op. cit., 1992, p. 203.

[45] Não era, todavia, a terminologia adotada por GIERKE, que preferia falar em "relações obrigacionais de duração".

[46] OPPO, *op. cit.*, 1992, p. 203 a 205.

[47] OPPO, *op. cit.*, 1992, p. 205 a 208.

para cada categoria de contrato. Para o autor existem, em regra, três interesses atendidos pela duração no tempo das prestações de um contrato e cada um destes marca um fenômeno jurídico[48].

O primeiro interesse que pode ser atendido pela duração de um contrato no tempo é a obtenção da prestação apenas em um dado momento (ou seja, apenas com o advento de um termo). Assim, o tempo apenas e tão-somente é a "distância" entre o ato de constituição e o de adimplemento de um contrato. Note-se que, aqui, de certa forma, o tempo é determinante para a vontade das partes: deseja-se a prestação somente para um específico momento no futuro (o termo). Uma vez atingido este momento, a prestação e o adimplemento se dão de maneira instantânea[49]. Um exemplo simples, mas ilustrativo, desta hipótese é a compra de um bolo de casamento. O comprador tem interesse em receber o bolo apenas no dia marcado para a celebração e não um dia antes ou um dia depois (a prudência aconselha, todavia, que o casamento não aconteça no dia da compra do bolo).

Por outro lado, a meio caminho entre as relações descritas acima (a termo) e as ditas de duração, pode haver a necessidade de tempo para a formação do ato que corresponderá à prestação de uma das partes[50]. Ou seja, o interesse é na prestação final, mas, em razão de qualquer motivo, depende-se de ações continuadas no tempo para atingi-la. Neste caso a relação possui adimplemento instantâneo, sendo hipótese de "*esecuzione continuata*" ou "execução diferida"[51], na qual "não se prolonga o tempo,

[48] OPPO, *op. cit.*, 1992, p. 209 e 219 e ss.

[49] OPPO, *op. cit.*, 1992, p. 219.

[50] OPPO, *op. cit.*, 1992, p. 216.

[51] OPPO, *op. cit.*, 1992, p. 220. Entende-se que não se pode simplesmente traduzir o termo italiano acima por "execução continuada", ainda que essa tradução pudesse ser considerada literal. Isto porque a categoria dos contratos de execução continuada está prevista no direito brasileiro com efeitos típicos de contratos de duração em sentido estrito (vide, por exemplo, art. 128 do Código Civil, segunda parte, que dispõe que "*Sobrevindo a condição resolutiva, extingue-se, para todos os efeitos, o direito a que ela se opõe; mas, se aposta a um negócio de execução continuada ou periódica, a sua realização, salvo disposição em contrário, não tem eficácia quanto aos atos já praticados, desde que compatíveis com a natureza da condição pendente e conforme aos ditames de boa-fé*"). Por esta razão, preferiu-se manter a expressão italiana, ainda que também seja comum se utilizar a expressão "contrato de execução diferida" (AZEVEDO, Antonio Junqueira de. *Natureza jurídica do contrato de consórcio: classificação dos atos jurídicos quanto ao número de partes e quanto aos efeitos. Os contratos relacionais. A boa-fé nos contratos relacionais. Contratos de duração.*

não faz durar o adimplemento: o ato de adimplemento se forma não instantaneamente, mas progressivamente, ainda que só se aperfeiçoe em certo momento"[52]. O tempo aqui é meramente tolerado, não é útil às partes, nem desejado – o que não quer dizer que seja atraso, mas sim atividade necessária à produção do resultado[53]. Neste sentido, fala-se em duração determinada pelo escopo do contrato, o resultado final para o qual a atividade é destinada a concretizar, ou seja, duração que não é útil em si[54].

Por fim, o tempo pode corresponder ao interesse na satisfação continuada ou repetitiva de uma necessidade duradoura (o que aproxima estas relações obrigacionais de relações jurídicas reais, ainda que com rematadas distinções)[55]. Ou seja, "o protrair-se do adimplemento por uma certa duração é condição para que o contrato produza o efeito desejado pelas partes e satisfaça as necessidades que as moveram a contratar"[56]. Dessarte, tratar-se-ia de um interesse na atividade continuada do devedor "prestada *como tal*, e não como meio".

> Aqui é na própria atividade repetida ou continuativa que consiste a *solutio*, o adimplemento: o ato de adimplemento não é diferido no tempo nem se aperfeiçoa com o tempo (após certo tempo), mas dura continuativamente em sua eficácia solutória[57].

Em suma, há três grupos de interesses atendidos pela duração de uma relação contratual no tempo. Nas situações em que as partes acordam um

Alteração das circunstâncias e onerosidade excessiva. Sinalagma e resolução contratual. Resolução parcial do contrato. Função social do contrato. Revista dos tribunais, São Paulo, vol. 94, n. 832, p. 115-137, fev. 2005, p. 124).

[52] OPPO, *op. cit.*, 1992, p. 219. "*Il tempo se non prolunga, non fa durare l'adempimento, "prepara" l'adempimento: l'atto di adempimento si forma non istantaneamente ma progressivamente, anche se si perfeziona solo in un certo momento*". Em tradução livre: "O tempo não se prolonga, não faz durar o adimplemento, 'prepara' o adimplemento: o ato de adimplemento se forma não instantaneamente, mas progressivamente, ainda que se aperfeiçoe apenas em um certo momento".

[53] OPPO, *op. cit.*, 1992, p. 216 a 220.

[54] OPPO, *op. cit.*, 1992, p. 222 e 223, tributando tais observações a HENLE.

[55] OPPO, *op. cit.*, 1992, p. 210.

[56] OPPO, *op. cit.*, 1992, p. 221.

[57] OPPO, *op. cit.*, 1992, p. 220 e 221.

termo para o adimplemento, o interesse é obter uma atividade instantânea, mas em determinado momento que não o de celebração do contrato. Por sua vez, nos contratos de execução diferida, o tempo é necessário e tolerado para a concretização da prestação contratual – que se dá em um momento específico após tal preparação. A relação dura porque esta é a única maneira de atender o interesse que dá origem à contratação (por exemplo, a entrega da obra). Todavia, uma vez perfeitamente "preparado", o adimplemento se dá de pronto. Por fim, nos contratos de duração o perdurar é querido pelas partes, visto que é na repetição das prestações ou em sua duração que o adimplemento ocorre[58]. Nos contratos de duração não "dura apenas o relacionamento (como nos contratos a termo), mas também a sua execução, a atividade solutória, e não dura somente uma atividade destinada a tornar possível o adimplemento, mas o próprio adimplemento"[59].

Para OPPO, em homenagem à homogeneidade da linguagem não é possível agrupar os três grupos de contratos acima referidos sob a rubrica de "contratos de duração"[60]. Em primeiro lugar, o autor exclui os contratos a termo, pois em sentido técnico a duração deve referir-se à execução do contrato, e não pura e simplesmente a um intervalo entre a celebração e a execução. Neste sentido, OPPO exclui, por exemplo, do âmbito dos contratos de duração os contratos de mútuo, porque o bem fungível é entregue na constituição do contrato e a única obrigação existente para o devedor é devolver bem de igual natureza e quantidade ao credor em determinado momento. Se houver juros pactuados, todavia, estes juros são uma obrigação duradoura, pois periodicamente prestados ao credor[61].

Outrossim, o autor procura afastar os contratos de execução diferida dos contratos de duração, apoiando-se no exemplo do contrato de empreitada. Para ele, o contrato de empreitada não atribui interesse ao tempo, mas às atividades desempenhadas para que a obra seja entregue, que inexoravelmente demandam tempo. Ou seja, não se trata de execuções repetidas no tempo, mas de uma única execução que demanda atividades

[58] OPPO, *op. cit.*, 1992, p. 219 e 220.

[59] OPPO, *op. cit.*, 1992, p. 221.

[60] OPPO, *op. cit.*, 1992, p. 223.

[61] OPPO, *op. cit.*, 1992, p. 225 a 229. Neste ponto, destoa de GIERKE, que inclui estes contratos na categoria dos contratos de duração (vide GIERKE, *op. cit.*, 1914, p. 360).

preparatórias por um certo tempo[62]. Deve ser proposta uma diferença entre tempo útil (o tempo dentro dos contratos de duração, que atende um interesse direto das partes) e o tempo necessário (o tempo dentro dos contratos de execução diferida, em que devem ser prestadas ações executivas visando o adimplemento final). A exclusão da empreitada do âmbito dos contratos de duração refletir-se-ia em regras como a irretroatividade da condição resolutiva e da resolução por inadimplemento, a restrição à denúncia de relações de empreitada (que, de outro vértice, é normalmente aceita para contratos de duração[63]) etc., o que o leva a concluir pelo tratamento autônomo da categoria dos contratos de duração em sentido estrito[64].

Estes contratos dividir-se-iam em contratos de execução continuada e contratos de execução reiterada[65]. Nos primeiros a prestação seria prestada o tempo todo (fornecimento de energia, depósito, abstenção etc.), enquanto nos segundo ela repetir-se-ia de tempos em tempos[66].

Para OPPO, a relação entre duração e relação contratual seria tão íntima que a duração seria atinente à própria causa do contrato, "no duplo sentido de que este não cumpre a função econômica a qual é preordenado se a sua execução não se prolonga no tempo, e que a utilidade que as partes derivam do relacionamento é proporcional à duração deste"[67]. Por esta razão, o autor eleva a duração nesta categoria contratual a um "*essentiale* e não *accidentale negotii*"[68].

Pode-se ilustrar esta característica com o interessante exemplo da relação contratual discutida na apelação cível nº 9185220-79.2004.8.26.0000,

[62] OPPO, *op. cit.*, 1992, p. 234 e 235.

[63] O que não quer dizer que deva ser sempre aceita. Há casos em que, como o da apelação cível nº 9185220-79.2004.8.26.0000, julgada pela 12ª Câmara de Direito Privado do Tribunal de Justiça de São Paulo, o direito de resilir o contrato deve ser limitado em prol da manutenção de uma duração mínima que permita a uma das partes reaver o investimento feito na fase inicial da relação (neste sentido, o parágrafo único do artigo 473 do Código Civil). Sobre, vide: ARAÚJO, Paulo Dóron Rehder de. Prorrogação Compulsória de Contratos a Prazos. Pressupostos para sua ocorrência. 2011. Tese de doutorado. Programa de Pós-Graduação em Direito da Faculdade de Direito da Universidade de São Paulo, São Paulo.

[64] OPPO, *op. cit.*, 1992, p. 236 a 239.

[65] OPPO, *op. cit.*, 1992, p. 241.

[66] OPPO, *op. cit.*, 1992, p. 241.

[67] OPPO, *op. cit.*, 1992, p. 248.

[68] OPPO, *op. cit.*, 1992, p. 249.

julgada pela 12ª Câmara de Direito Privado do Tribunal de Justiça de São Paulo[69]. Tratava-se de operação de fornecimento de combustível pela Petrobrás Distribuidora S/A para a revendedora Abaeté. A operação envolvia um contrato de fornecimento com cláusula estabelecendo volumes mínimos de aquisição dos combustíveis pela Abaeté e um contrato de comodato pelo qual a Petrobrás disponibilizava à Abaeté todos os equipamentos necessários à operação de um posto de combustíveis.

Tendo a Abaeté denunciado os contratos antes de seus termos finais, a Petrobrás ajuizou ação contra a Abaeté para cobrar valores referentes aos volumes mínimos não adquiridos. A Abaeté se defendeu alegando que a cláusula de volumes mínimos seria "abusiva" e sua aplicação deveria ser recusada pelo Poder Judiciário. O relator do caso, todavia, entendeu que o ajuste era legítimo, pois:

> a autora [Petrobrás Distribuidora S/A], na condição de comodatária e fornecedora de combustíveis, suporta vultuosos gastos por ocasião da celebração do contrato. Para além dos consideráveis valores dos bens cedidos em comodato, é certo que a autora responsabiliza-se pela instalação dos produtos, o que, naturalmente, ocorre previamente ao início do fornecimento de combustíveis e, portanto, antes que tivesse recebido qualquer quantia relativa à contraprestação da co-ré [Abaeté].

Assim, o fato de a Petrobrás suportar "vultuosos gastos" sem qualquer contrapartida no início do contrato só se justifica se o contrato for feito para garantir a aquisição dos produtos durante algum período de tempo – como acertadamente consigna o relator –, de modo que a duração responde pelo equilíbrio contratual (e mesmo por seu caráter sinalagmático). Retire-se a duração do contrato, admitindo-se a denúncia vazia por parte da Abaeté e ter-se-á um contrato que não corresponde, de modo algum, ao programa contratual desenhado pelas partes.

> Ora, evidentemente, disso decorre que o contrato celebrado entre as partes somente traduz um equilíbrio entre as prestações das partes quando mantido por um longo período de tempo.

[69] TJSP, Apelação Cível nº 9185220-79.2004.8.26.0000, Relator Desembargador José Reynaldo, 12ª Câmara de Direito Privado, julgado em 20.5.2009.

Mais modernamente, e para ficar apenas em um autor que tem grande influência sobre a doutrina brasileira, FRANCESCO MESSINEO também escreveu sobre os contratos de duração[70], em termos muito semelhantes a OPPO.

MESSINEO diferencia, em primeiro lugar, os contratos de execução diferida daqueles contratos a termo inicial e de execução instantânea. Para o autor, "contrato de execução diferida é aquele no qual o momento de vencimento (...) é adiado no tempo"[71] e se opõe ao contrato a termo inicial, pois neste a própria eficácia do contrato é postergada, enquanto naquele a eficácia é imediata, ficando adiada apenas a execução do contrato. Para o autor, os contratos de execução diferida também se diferenciariam dos contratos de execução instantânea ou '*contestuale*', nos quais a execução coincidiria com o aperfeiçoamento da avença[72]. Os contratos de execução instantânea possuiriam uma única execução e se extinguiriam *uno actu*, comportando uma única *solutio*[73].

Por outro lado, os contratos de duração são marcados pela permanência do adimplemento no tempo como condição para atingir os interesses que levam as partes a contratar. Destarte, o elemento tempo constitui nos contratos de duração o seu caractere especial, servindo não apenas para determinar o início da execução, mas também como elemento determinante para a quantidade das prestações e o prolongamento ou a repetição da execução[74].

MESSINEO também exclui do âmbito dos contratos de duração a empreitada, por ser um contrato cujo conteúdo é uma prestação de um resultado futuro[75]. Nestes contratos, cuja duração é determinada não em função do tempo, mas em função do resultado, o tempo se refere apenas à produção do resultado, o que leva a um prolongamento da atividade do

[70] MESSINEO, Francesco. Il contratto in genere. Tomo primo. Ristampa emendata. In: CICU, Antonio. MESSINEO, Francesco. (Org.). Trattato di diritto civile e commerciale. Milano: Dott. A. Giuffrè Editore, 1973, p. 783 e seguintes.

[71] MESSINEO, *op. cit.*, 1973, p. 783.

[72] MESSINEO, *op. cit.*, 1973, p. 783.

[73] MESSINEO, *op. cit.*, 1973, p. 784.

[74] MESSINEO, *op. cit.*, 1973, p. 784.

[75] MESSINEO, *op. cit.*, 1973, p. 785.

devedor, mas não se refere à execução, que ocorre *uno actu* com a entrega da obra[76].

A categoria dos contratos de duração pode ser dividida em dois grupos. O primeiro é composto dos contratos de duração continuada, na qual a prestação é una e ininterrupta, como nas locações, fornecimento de energia, comodato etc. Por sua vez, o segundo grupo contém os contratos de execução periódica, em que há mais prestações, recorrentes (como na renda) ou ocasionais (como na conta corrente, na abertura de crédito em conta corrente). Mister ressaltar que estes contratos de execução periódica, ainda que deem lugar a múltiplas prestações, não dão azo a múltiplas obrigações, nem possuem múltiplas causas. Para MESSINEO, entender de outro modo implica negar o próprio conceito de contrato de execução periódica, pois leva a crer na existência, não de um contrato duradouro, mas de múltiplos contratos[77]. Por isso, conclui o autor que os contratos de execução periódica podem até ter uma causa complexa, mas não mais de uma causa[78].

As lições de MESSINEO influenciaram, de maneira expressa, ao menos, na doutrina nacional, ORLANDO GOMES, que incluiu a distinção entre contratos instantâneos e contratos de duração no seu capítulo sobre a classificação dos contratos de sua obra "Contratos"[79]. Para GOMES,

> com a expressão contrato instantâneo ou de execução única, designam-se os contratos cujas prestações podem ser realizadas em um só instante. Cumprida a obrigação, exaurem-se, pouco importando seja imediata à formação do vínculo ou se dê algum tempo depois.[80]

Diante disto, o autor separa os contratos instantâneos em "contratos instantâneos de execução imediata" e "contratos instantâneos de execução diferida" conforme a existência ou não de lapso temporal considerável entre sua celebração e sua execução[81].

76 MESSINEO, *op. cit.*, 1973, p. 785.

77 MESSINEO, *op. cit.*, 1973, p. 785 e 786.

78 MESSINEO, *op. cit.*, 1973, p. 784.

79 GOMES, *op. cit.*, 1981, p. 92 a 96.

80 GOMES, *op. cit.*, 1981, p. 92.

81 GOMES, *op. cit.*, 1981, p. 92.

De todo modo, os "contratos de duração" distinguem-se de ambas as categorias de contratos instantâneos e devem ser compreendidos como "aqueles nos quais a execução não pode cumprir-se num só instante"[82]. Estes contratos são classificados em "contratos de execução periódica" e "contratos de execução continuada"[83]. Os primeiros são aqueles que possuem "trato sucessivo", cujas prestações são "periodicamente repetidas"[84]. Por sua vez, os contratos de "execução continuada" têm uma prestação "única, mas ininterrupta". O fato de a prestação durar no tempo, ou ser repetida diversas vezes durante um período de tempo não implica dizer que estes contratos deem origem a diversas obrigações: "toda prestação periódica e singular não constitui objeto de obrigação distinta. A obrigação é única; fracionam-se as prestações"[85].

Ainda conforme GOMES, alguns sustentam a existência de uma terceira categoria de contratos de duração, a dos "contratos de execução salteada", em que as prestações são realizadas de maneira inconstante e eventual durante um dado período, como, por exemplo, os contratos de abertura de crédito em conta corrente[86].

O autor procura minimizar a importância prática da distinção entre as subespécies de contratos de duração, entendendo ser relevante apenas a "distribuição da execução no tempo"[87]. Ademais, destaca a existência, entre os contratos de duração e os contratos instantâneos, de uma terceira categoria, a saber, a dos "contratos de execução escalonada", que são aqueles que comportam execução instantânea, todavia, por interesse das partes, foram feitos para durar no tempo, com prestações continuadas ou periódicas – como os contratos de fornecimento[88].

[82] GOMES, *op. cit.*, 1981, p. 93.
[83] GOMES, *op. cit.*, 1981, p. 93.
[84] GOMES, *op. cit.*, 1981, p. 93.
[85] GOMES, *op. cit.*, 1981, p. 94.
[86] GOMES, *op. cit.*, 1981, p. 93.
[87] GOMES, *op. cit.*, 1981, p. 94.
[88] GOMES, *op. cit.*, 1981, p. 94. Por sua vez, DARCY BESSONE DE OLIVEIRA ANDRADE, ainda em 1960, classifica os contratos em instantâneos, de execução escalonada e sucessivos (BESSONE, Darcy. Do Contrato. Rio de Janeiro: Forense, 1960, p. 118 e ss). Para o autor, sucessivos são os contratos que se executam por meio de prestações sucessivas e contínuas, como a locação de coisas, o contrato de trabalho, o seguro, o fornecimento de luz e de água, a enfiteuse (p. 119), enquanto os contratos instantâneos esgotar-se-iam em uma única

2.2. Conceito adotado

O direito positivo brasileiro não contém um conceito legal de contratos de duração, ainda que seja possível encontrar na lei alguns indícios para uma diferenciação entre contratos de duração (de execução continuada ou periódica) e contratos de execução diferida, que parece ir ao encontro do conceito proposto por OPPO, analisado acima. Em primeiro lugar, lê-se do artigo 128 do Código Civil o seguinte:

> Sobrevindo a condição resolutiva, extingue-se, para todos os efeitos, o direito a que ela se opõe; mas, se aposta a um negócio de execução continuada ou periódica, a sua realização, salvo disposição em contrário, não tem eficácia quanto aos atos já praticados, desde que compatíveis com a natureza da condição pendente e conforme aos ditames de boa-fé.

prestação, tal como a compra e venda à vista. Por fim, existiria uma classe intermediária, a dos contratos de execução escalonada, que teriam "por objeto uma quantidade global, a entregar em parcelas, como sucede com certos contratos de fornecimento ou de assinatura de obra, que se publique em fascículos" (p.119). Note-se que, ao dividir entre contratos de execução escalonada e contratos sucessivos, BESSONE aproximava-se de OPPO (ainda que, ao menos de maneira explícita, o autor italiano não tenha sido sua inspiração), para quem uma quantidade global entregue em parcelas tampouco se enquadraria no conceito estrito de contratos de duração (pense-se, por exemplo, extrapolando os exemplos apresentados por BESSONE, na compra e venda a prazo, que não é entendida por OPPO como sendo de duração). HAROLDO MALHEIROS DUCLERC VERÇOSA apresenta classificação que se assemelha à de BESSONE. Para VERÇOSA, os contratos podem ser classificados "conforme o momento" de sua execução, como de "execução instantânea, diferida ou sucessiva" (VERÇOSA, *op. cit.*, 2014, p. 139). Para contratos de execução instantânea, as partes cumprem suas prestações imediatamente após o surgimento do contrato, pela conjugação das declarações negociais hábeis a tanto. Nos contratos de execução diferida, o adimplemento, que não deixa de se produzir em um ato único, é postergado pela autonomia das partes. Um bom exemplo são os contratos a termo suspensivo (p. 139). Por fim, nos contratos de execução sucessiva, as prestações serão realizadas por uma ou todas as partes durante toda a duração do contrato, que pode ser a prazo indeterminado (p. 139 e 140). Dentro da doutrina brasileira, vale ressaltar também a posição de ANTONIO JUNQUEIRA DE AZEVEDO, para quem "se a execução das prestações não é imediata, há três hipóteses possíveis": a primeira são os "contratos de execução diferida", nos quais o tempo é o "fator de fixação da 'sede temporal'" do adimplemento, ou simplesmente necessário para o cumprimento das prestações, mas não desejado pelas partes (como, por exemplo, na empreitada). A segunda hipótese são os contratos de "trato sucessivo", como contratos de locação (pagamento do aluguel) e de fornecimento. Por fim, existem contratos de execução continuada, como o de trabalho, sociedade, locação (disponibilização da coisa) (AZEVEDO, *op. cit.*, 2005, p. 124).

O texto deste artigo é particularmente interessante, pois reconhece uma distinção entre os efeitos genéricos da superveniência da condição resolutiva e seus efeitos particulares para os "negócios de execução continuada ou periódica", reconhecendo, portanto, sob certa perspectiva, uma diferença de regime para tais negócios. Para eles, a resolução não desconstitui "atos já praticados, desde que compatíveis com a natureza da condição pendente e conforme aos ditames de boa-fé".

Esta diferença nos efeitos da condição resolutiva[89] é uma das consequências apontadas pela doutrina como peculiares a um regime próprio dos contratos de duração em sentido estrito, decorrendo de seu conceito e de sua função econômica e jurídica de garantir uma satisfação continuativa do credor. Ou seja, uma vez que o credor tem interesse próprio e específico nos atos realizados durante a vigência do contrato (que não apenas preparam o adimplemento, mas já o constituem), estes atos devem ser mantidos sobrevindo a resolução do contrato[90].

Ainda que não de maneira clara, o Código Civil brasileiro parece compreender e aceitar a lógica que encontra no conceito de negócio de duração uma ligação intrínseca a um interesse continuado das partes na prestação em função do tempo. Para estas hipóteses, o Código Civil se refere a negócios "de execução continuada ou periódica" – e não a

[89] Acredita-se ser possível estender a distinção e a limitação temporal aos efeitos também à resolução do contrato por inadimplemento (artigo 475 do Código Civil), opinião que é partilhada por: PONTES DE MIRANDA, Francisco Cavalcanti. Tratado de Direito Privado: parte especial. Direito das obrigações: extinção das dívidas e obrigações. Dação em soluto. Confusão. Remissão de dívidas. Novação. Transação. Outros modos de extinção. Rio de Janeiro: 1959, Tomo XXV, p. 305 e 306. MIRANDA, Custódio da Piedade Ubaldino. Comentários ao Código Civil: dos contratos em geral (arts. 421 a 480). (Coord.) JUNQUEIRA DE AZEVEDO, Antonio. São Paulo: Saraiva, 2013, p. 424 e 425. OPPO, *op. cit.*, 1992, p. 273

[90] OPPO, op. cit., 1992, p. 283: "*Al decorso del tempo corrisponde, si disse, economicamente la soddisfazione continuativa degli interessi contrattuali, giuridicamente l'adempimento continuativo dell'obbligazione duratura: la risoluzione o lo scioglimento trova l'interesse contrattuale già soddisfatto e l'obbligazione già adempiuta per il tempo trascorso e non può che rispettare glie effetti economici e giuridici già prodotti dal contratto*". Em tradução livre: "Ao decurso do tempo corresponde, como se disse, economicamente a satisfação continuada dos interesses contratuais, juridicamente o adimplemento continuado da obrigação duradoura: a resolução ou a dissolução encontra o interesse contratual já satisfeito e a obrigação já adimplida pelo tempo transcorrido e não pode mais que respeitar os efeitos econômicos e jurídicos já produzidos pelo contrato".

negócios de execução diferida que, pelas opiniões doutrinárias acima expostas, são negócios instantâneos.

Reforça-se a conclusão de que o Código Civil compreendeu certa diferença de regime entre negócios de "execução continuada ou periódica" dos negócios de "execução diferida", quando se analisa a redação de outro dispositivo do Código, o artigo 478:

> Nos contratos de execução continuada ou diferida, se a prestação de uma das partes se tornar excessivamente onerosa, com extrema vantagem para a outra, em virtude de acontecimentos extraordinários e imprevisíveis, poderá o devedor pedir a resolução do contrato. Os efeitos da sentença que a decretar retroagirão à data da citação.

Por força desse dispositivo legal, os efeitos da sentença que decreta a resolução retroagem à data da citação (mas não à de início do relacionamento contratual). Ou seja, ainda que não se possa falar em uma eficácia *ex tunc* desta sentença, também não é de se falar de uma eficácia puramente *ex nunc*, como no caso do artigo 128.

O artigo 478, todavia, não se refere a negócios de execução continuada ou periódica, mas a contratos de execução continuada ou diferida. Esta escolha legislativa evidencia, ao menos, que o Código Civil não desconhece o conceito de contratos (ou negócios) de execução diferida, o que tem o corolário de reforçar a conclusão de uma escolha técnica dos termos também no artigo 128.

Além disso, é possível inquirir-se porque o Código Civil reconhece um regime próprio (ou um princípio de) aos contratos de duração no artigo 128, mas não faz o mesmo no artigo 478. A resposta a esta questão, longe de contradizer as conclusões retiradas da interpretação do artigo 128, as reforça.

Antes de mais, é necessário salientar que o instituto da resolução por excessiva onerosidade, em homenagem ao equilíbrio contratual, tem como principal propósito a manutenção do equilíbrio contratual e não a dos atos já praticados, ainda que esta preocupação não passe ao largo do texto legal, que limita a retroação dos efeitos da sentença à data da citação.

O equilíbrio deve ser mantido durante o período entre a celebração e a extinção do contrato, independente de constituírem os atos praticados concretizações ou não do interesse do credor. Para fins de manutenção do equilíbrio do contrato, pouco importa se as partes tinham um interesse específico na duração ou se elas simplesmente foram obrigadas a tolerar a duração necessária à preparação do adimplemento. Basta que a relação se protraia no tempo, o que ocorre tanto nos contratos de duração em sentido técnico quanto em contratos de execução instantânea diferida, para que circunstâncias imprevisíveis possam abalar o equilíbrio de benefícios e deveres estabelecidos pelas partes e para que o direito tenha que oferecer algum remédio para o desequilíbrio.

Ou seja, o artigo 478 não cogita apenas das funções econômicas e jurídicas dos contratos de duração, mas sobretudo do fato de que a execução contratual pode se prolongar no tempo, seja por meio de contratos de duração em sentido estrito (de execução continuada) ou por meio de contratos instantâneos cuja execução deva se prolongar no tempo (de execução diferida). Por essa razão, irrelevante, para a regra insculpida no artigo 478, o regime próprio dos contratos de duração. Nesta toada, a doutrina especializada reconhece, ao menos desde OPPO, que os contratos de duração e os contratos instantâneos de execução diferida merecem o mesmo tratamento do ordenamento jurídico no que toca à resolução por excessiva onerosidade[91].

Em suma, a leitura conjunta dos artigos 128 e 478 parece reforçar a noção de que o legislador brasileiro reconhece certa contraposição entre contratos de duração e contratos instantâneos. Isto não quer dizer que se descarte por inúteis outras classificações, que levam em consideração apenas a duração da execução no tempo e não os interesses atendidos por esta duração, apenas se acredita que a visão mais estrita dos contratos de duração tem a sua aplicação e função no direito brasileiro.

2.3. Função econômica dos contratos de duração

Interessante ressaltar alguns dos propósitos econômicos apontados como sustentáculo social do fenômeno dos contratos de duração. Esta contextualização permite uma visão mais precisa da matéria e serve de guia a quem não pretenda impor sua vontade ou sua visão de mundo sobre a das partes.

[91] Vide OPPO, *op. cit.*, 1992, p. 276.

RONALD COASE ensinava que contratos de duração para o fornecimento de bens ou serviços, por exemplo, evitavam a celebração de diversos contratos de curta duração para este fornecimento e, desta forma, reduziam custos de transação relacionados. Ou seja, pode ser economicamente mais eficiente elaborar um contrato de fornecimento duradouro de matérias-primas, por exemplo, do que recorrer ao mercado toda vez que fosse necessário obter insumos para a produção[92].

Além disso, os contratos de duração também podem representar um incentivo ao investimento eficiente pelas partes. BELLANTUONO ensina que o investimento por uma das partes para o fim de atender a um contrato aumenta o grau de dependência desta parte a tal relacionamento, abrindo espaço para o comportamento oportunista da contraparte. Nesta hipótese, a manutenção do contrato por um tempo mínimo é essencial para garantir o investimento (raciocínio próximo ao caso acima analisado envolvendo Petrobrás e Abaeté).

Para ilustrar a sua afirmação, o autor dá o exemplo de um empreendimento para produção de energia elétrica construído ao lado de uma mina de carvão. O empreendimento só se justifica se for possível manter um contrato de longa duração com a mina de carvão[93].

Outro exemplo pode ser retirado da apelação nº 994.02.036083-9, julgada pela 9ª Câmara de Direito Privado do Tribunal de Justiça do Estado de São Paulo em 16 de março de 2010, tendo como relator para o acórdão o Desembargador Piva Rodrigues. Neste caso, disputavam Vita Alimentos Indústria e Comércio Ltda. e Marbo Inc. em razão da resilição unilateral pela Marbo de contrato de licença de uso da marca "Tampico", de sua titularidade. A Vita Alimentos alegava ter feito diversos investimentos para a adequação de sua planta industrial à produção do Tampico, confiando que o contrato teria duração suficiente para recuperar seu investimento. No caso, como a Vita foi capaz de arrendar os investimentos feitos a outra sociedade empresária, o TJSP entendeu que a Marbo não era responsável por indenizá-los, mas determinou a indenização dos lucros cessantes consubstanciados nas vendas prováveis do produto Tampico até a data

[92] COASE, Ronald. The nature of the firm. Economica, New Series, Vol. 4, No. 16, p. 386-405, 1937, p. 391. Este argumento é referido também por BELLANTUONO, *op. cit.*, 2000, p. 67 e seguintes.

[93] BELLANTUONO, *op. cit.*, 2000, p. 77.

originalmente escolhida para o final da vigência do contrato, excluídos os valores obtidos pelo arrendamento dos investimentos feitos[94].

Para SZTAJN, os "contratos de longa duração" respondem a um fenômeno do imbricado relacionamento interempresarial, que basicamente tem três motivos: os econômicos ("de alocação de recursos"), os de "de economia tributária" e os de operação logística ("de distribuição de bens"). Estes motivos levam os agentes econômicos a uma atuação concertada através de contratos de duração[95], pois

> as relações entre firmas, ou mesmo aquelas existentes dentro delas, são representadas por contratos de execução continuada – por exemplo, fornecimento, franquia, cessão de direito de uso de patentes e marcas, distribuição, exclusiva ou não, agência –, para muitos, formas híbridas entre mercados e firmas em sentido estrito.[96]

Sob a rubrica dos contratos de colaboração, PAULA FORGIONI sustenta trazerem estes contratos vantagens para o agente econômico quando comparados tanto com as soluções puramente "de mercado" (consideradas como aquelas de aquisição instantânea e pontual de bens ou serviços no mercado), quanto com soluções "hierárquicas" (produção de bens dentro da estrutura da empresa)[97]. Isto porque, estas estruturas

> oferecem maior possibilidade de controle da organização; por outro lado, apresentam-se como alternativa mais maleável do que a hierárquica, propiciando ao agente econômico a oportunidade de valer-se rapidamente das

[94] Segundo o relator, este raciocínio seria conhecido como "teoria da diferença" que procura dar à vítima o que ela teria obtido se o contrato não tivesse sido indevidamente resilido pela outra parte, descontado o que ela efetivamente obteve – o que, ainda que de maneira não declarada, parece oferecer uma possível solução ao problema do oportunismo e da hesitação dos agentes econômicos em investirem sem que existam parâmetros seguros para a sua compensação. Sobre o assunto, comumente referido como "*hold up problem*", vide BELLANTUONO, *op. cit.*, 2000, p. 75 e ss. Também sobre os investimentos eficientes, FORGIONI, Paula. Os fundamentos do antitruste. 4ª ed. rev., atual. e ampl. São Paulo: Editora Revista dos Tribunais, p. 380 e ss.

[95] SZTAJN, *op. cit.*, 2010, p. 9.

[96] SZTAJN, *op. cit.*, 2010, p. 11.

[97] FORGIONI, *op. cit.*, 2009, p. 182 e 183.

oportunidades que surgem no mercado. O grau de autonomia das partes nas formas híbridas é mais acentuado do que nos modelos hierárquicos, porém inferior ao da solução de mercado.[98]

Por sua vez, também RICARDO LUIS LORENZETTI ressalta a importância dos "*contratos de larga duración*" na economia atual. Para o autor argentino, diante da privatização de serviços públicos, do ensino e dos serviços de saúde, dos seguros, dos contratos de trabalho, das locações de imóveis por tempos longos, ampliou-se de maneira sensível a importância desta categoria contratual que passou a representar parte significativa da vida das pessoas e empresas[99]. Além disso, o autor destaca o alongamento temporal de relações que costumavam ser instantâneas sobretudo por questões de financiamento, como a "aquisição de bens industriais", que "se faz através do leasing, o que transforma progressivamente uma causa de troca numa finalidade de renda de longa duração"[100]. O mesmo se passa com a aquisição de bens de consumo e imóveis[101].

2.4. A incompletude e os contratos de duração

Em um sentido, por assim dizer, tradicional, do direito brasileiro, a completude de um fato jurídico (como o contrato, por exemplo) pode ser afirmada quando "no mundo, tornam-se realidades (= se concretizam) os fatos descritos nos suportes fácticos hipotéticos", o que leva à "incidência da norma jurídica" e a juridicização do fato[102]. Destarte, para que um fato possa ser dito jurídico, exige-se, "como pressuposto lógico, que todos os elementos que constituem seu suporte fáctico se tenham materializado, portanto, conforme a expressão de Pontes de Miranda, que o suporte fáctico seja suficiente"[103].

Para o caso dos contratos, exigir-se-ia para a sua "formação" (ou seja, para sua entrada no 'mundo jurídico') que "duas ou mais declarações de

[98] FORGIONI, *op. cit.*, 2009, p. 183.
[99] LORENZETTI, *op. cit.*, 2010, p. 749.
[100] LORENZETTI, *op. cit.*, 2010, p. 749.
[101] LORENZETTI, *op. cit.*, 2010, p. 749.
[102] MELLO, Marcos Bernardes de. Teoria do fato jurídico. Plano da Existência. 16ª Edição. São Paulo: Editora Saraiva, 2010, p. 89.
[103] MELLO, *op. cit.*, 2010, p. 89.

vontade" sejam "emitidas por duas ou mais partes" e "coincidentes"[104]. Desta forma, "o vínculo contratual nasce quando entrecruzam a proposta e a aceitação"[105].

Portanto, pode-se dizer, sob uma certa perspectiva, que qualquer contrato que juridicamente existe atingiu o grau de completude exigido pelo ordenamento (ainda que sua validade e a produção de seus efeitos devam ser avaliadas independentemente).

Afora essa visão, existe ainda uma outra perspectiva 'puramente jurídica' da incompletude contratual. Neste sentido, BELLANTUONO lembra que os juristas costumam entender o contrato incompleto como aquele que possui lacunas. Sob tal ponto de vista, diferenciar-se-iam as visões dos direitos de tradição anglo-americana dos de tradição romano-germânica. Os direitos anglo-americanos considerariam incompletos os contratos em que as partes não tivessem previsto determinado ponto, enquanto para a tradição 'continental' não consideraria incompletos contratos em que fosse possível o suprimento legal da vontade das partes, mas apenas quando faltasse, além de acordo entre as partes, regramento legal supletivo[106].

Por ora, sem prejuízo das acepções destacadas, interessa por em relevo uma noção de incompletude voltada para o papel econômico do contrato, como negócio a regrar relações concretas de natureza patrimonial entre as partes, uma vez que "muitos contratos não contêm – e não podem mesmo conter – a previsão sobre todas as vicissitudes que serão enfrentadas pelas partes"[107]. Para EGGLESTON, POSNER e ZECKHAUSER, os contratos podem ser ditos como mais ou menos completos "no sentido de descreverem as obrigações das partes em diferentes estados futuros do mundo"[108]. GIUSEPPE CLERICO, em conceito assemelhado, explica que "um contrato é completo se as partes, para qualquer um dos infinitos possíveis estados do mundo, concordam sobre a solução e o resultado"[109].

104 GOMES, *op. cit.*, 1981, p. 64.

105 GOMES, *op. cit.*, 1981, p. 65.

106 BELLANTUONO, *op. cit.*, 2000, p. 71 e ss.

107 FORGIONI, *op. cit.*, 2009, p. 71.

108 EGGLESTON, POSNER e ZECKHAUSER, *op. cit.*, 2000, p. 91.

109 CLERICO, Giuseppe. Analisi economica del contratto. Milano: Dott. A. Giuffrè Editore, 2008, p. 33. No original: "*Un contratto è completo se le parti, per ciascuno degli infiniti possibili stati del mondo, concordano sulla soluzione e sul risultato*". Em tradução livre: "Um contrato é completo se

A incompletude – seja no sentido jurídico assinalado, seja no sentido mais alinhado à economia – é uma das razões, ainda que não a única, que faz ressaltar os múltiplos papéis do comportamento posterior das partes àqueles empenhados na solução de casos concretos envolvendo contratos de duração.

Por isso, interessa entender as causas da incompletude do contrato, para que se possa estabelecer suas relações com os contratos de duração, e analisar a reação do jurista diante dela, que acontecerá, entre outras abordagens, pela interpretação do conteúdo existente (mesmo com recurso à interpretação integrativa), pela busca por uma declaração tácita ou mesmo por um comportamento digno de tutela pela confiança que desperta.

2.4.1. As razões da incompletude

A incompletude de um contrato pode ter diversas causas. Para CLERICO, contratos completos existiriam apenas em "condições ideais", caracterizadas por um mercado de "concorrência pura e perfeita". Por isso, o autor italiano ensina que "na realidade, os contratos são incompletos por duas razões essenciais: uma exógena e a outra endógena"[110].

A razão exógena estaria relacionada à impossibilidade de as partes pactuarem soluções *ex ante* para todo e qualquer possível "estado de mundo" que seu relacionamento contratual possa vir a enfrentar, especialmente porque não podem pactuar sobre questões que dependem da vontade ou atuação de um terceiro (julgador, por exemplo)[111].

De outro vértice, a razão endógena decorre de as próprias partes, de maneira consciente, deixarem de acordar sobre determinado ponto,

as partes, em qualquer dos infinitos possíveis estados do mundo, concordam com sua solução e seu resultado". Na mesma toada, RACHEL SZTAJN: "Contatos de longa duração são ditos completos quando todas as variáveis que possam produzir efeitos sobre as condições originais de contratação tiverem sido previstas, bem assim as contingências por eles geradas. Vale dizer que não será necessário que as partes, no futuro, revejam ou renegociem cláusula contratuais. Será incompleto o contrato que não preencha o acima exposto. E, nesses casos, normas supletivas incidirão. Outra solução, proposta por estudiosos de *law and economics*, é recorrer a usos e costumes, ou replicar operações em mercados, de sorte a espelhar alocação eficiente de direitos e deveres". SZTAJN, *op. cit.*, 2014, p. 77.

[110] CLERICO, *op. cit.* 2008, p. 33.

[111] CLERICO, *op. cit.* 2008, p. 33.

ainda que fosse possível esta definição *a priori*. Diversas explicações podem ser dadas para esta atitude das partes – por exemplo, os custos de transação envolvidos na sua negociação, ainda que estes não sejam a única explicação possível[112]. Outra possível explicação à incompletude causada deliberadamente pelas partes é sua preferência por um contrato incompleto, mas auto-executável, a um contrato mais completo e dependente de execução heterônoma[113]. Contratos auto-executáveis existem, por exemplo, em relacionamentos em que seja especialmente relevante a reputação das partes, ou ainda contratos celebrados em "mercados com produtos homogêneos e no interior de comunidades étnica e socialmente mais homogêneas em termos de valores e de escolhas comportamentais", em que ressaltam normas sociais e padrões éticos, como, por exemplo, o princípio da reciprocidade e da justiça distributiva[114].

Logo, os contratantes podem preferir acordar sobre alguns pontos do contrato, remetendo outras questões a uma negociação e definição futura, caso o estado de mundo relevante venha a se concretizar. Quanto maior for o número de questões deixadas intencionalmente à definição futura, mais 'flexível' (e também incompleto) é o contrato[115]. Uma maior ductibilidade garante ao contrato uma maior capacidade de adaptação em caso de futuras mudanças nas circunstâncias, mas também dificulta a fixação *ex ante* dos custos envolvidos na contratação (que podem ser adaptados com mais facilidade) – pois as partes sabem o que não acontecerá (cumprimento conforme o programa original) em caso de alteração das circunstâncias no futuro, mas não quais serão seus direitos e deveres neste caso – o que pode ser considerado como uma desvantagem de contratos muito flexíveis, que deveriam, portanto, ser empregados apenas em casos de grande incerteza[116].

[112] CLERICO, *op. cit.* 2008, p. 33 e 34.

[113] CLERICO, *op. cit.* 2008, p. 34.

[114] CLERICO, *op. cit.*, 2008, p. 34 a 36.

[115] CLERICO, *op. cit.* 2008, p. 34.

[116] CLERICO, *op. cit.* 2008, p. 34 a 36. Em suma, para CLERICO: "*Le ragioni di queste caratteristiche contrattuali sono molteplici: le informazioni sono scarse e il reperimento e la valutazione delle stesse comportano un costo; la contrattazione avviene in condizioni di incertezza con particolare riguardo al valore atteso del surplus contrattuale che dipende in modo determinante dall'evoluzione dello stato del mondo; alcune variabili, si pensi alla qualità di un prodotto, non sono sempre osservabili e verificabili; last but not least la definizione di un contratto più completo e definito può comportare crescenti costi di* transazione".

FORGIONI, por sua vez, refere-se a três principais causas para a incompletude de um contrato: o contrato seria incompleto pela "impossibilidade de previsão do futuro", pela "improbabilidade do acontecimento de certos fatos" – a concretização de alguns cenários é tão remota que não vale a pena negociar sobre ela – e pela "imprecisão da expressão do acordo" – ou seja, pela própria imperfeição da linguagem empregada[117].

É verdade que a falta de informações suficientes (ou a assimetria de sua distribuição entre as partes), a impossibilidade de controlar o futuro e os custos envolvidos na elaboração de um contrato que preveja a melhor distribuição de riscos dentro de um contrato, impactam o conteúdo de todas as categorias de contrato e não apenas os contratos de duração. Todavia, os riscos que cercam um contrato que pretende projetar os seus efeitos para um largo período de tempo futuro são substancialmente mais sérios que aqueles que envolvem, por exemplo, uma simples compra e venda ou serviços instantâneos.

2.4.2. Racionalidade limitada e a falta e assimetria de informações

"No mundo real, as partes simplesmente não conseguem prever todas as contingências futuras no momento que se vinculam ao contrato"[118]. Isso não significa negar a racionalidade dos agentes econômicos, pois

> a concepção da racionalidade limitada não nega o pressuposto de que os agentes econômicos são racionais, porém afirma que exercem essa racionalidade dentro das inapeláveis fronteiras impostas pela condição humana e pelo contexto em que se inserem.[119]

Em tradução livre: "As razões desta característica contratual são múltiplas: as informações são escassas e a sua avaliação e valoração envolvem um custo; a contratação se passa em condições de incerteza, com especial consideração para o valor calculado do excedente contratual que depende de modo especial da evolução do estado do mundo; algumas variáveis, pense-se na qualidade de um produto, não são verificáveis e observáveis; *last but not least*, a definição de um contrato mais completo e definido pode comportar custos crescentes de transação".

117 FORGIONI, *op. cit.*, 2009, p. 72. Em sentido semelhante, a respeito da incompletude das informações e da impossibilidade de controle de todos os eventos futuros relevantes: LORENZETTI, *op. cit.*, p. 410 e 411.

118 FORGIONI, *op. cit.*, 2009, p. 66.

119 FORGIONI, *op. cit.*, 2009, p. 69.

A atuação dos agentes econômicas é pautada por uma "racionalidade limitada"[120], noção proposta por HERBERT SIMON ao constatar a finita capacidade humana de compreender e aprender[121].

SIMON escreveu na metade do século XX denunciando os pressupostos dos modelos econômicos tradicionais, que estariam assentados sobre um "*economic man*" (ou, como diz o autor, seu parente, o "*administrative man*") que teria todo, ou quase todo, o conhecimento relevante a respeito de seu ambiente, bem como um sistema de preferências estável e bem-organizado, além de uma habilidade tamanha para calcular e prever que o permitiria avaliar o seu melhor retorno em quase todos os possíveis estados futuros de mundo[122].

A toda evidência, este "*economic man*" precisa ser revisto, pois o organismo que toma decisões possui limites psíquicos, de modo que a efetiva racionalidade humana pode ser no máximo uma aproximação extremamente simplificada e crua do tipo de racionalidade global que é assumido por diversos modelos econômicos. Ou seja, na prática, os modelos tradicionais fazem exigências pesadas ("*severe demands*") dos organismos (pessoas) que tomam decisões[123].

Diante da falta de provas empíricas de que a decisão humana efetivamente se baseia nos múltiplos cálculos assumidos pelos modelos tradicionais, SIMON propõe um modelo que considere simplificações e modificações normalmente feitas pelo ser humano no seu processo de decisão[124].

120 FORGIONI, *op. cit.*, 2009, p. 66.

121 FORGIONI, *op. cit.*, 2009, p. 66. Segundo a própria autora, o texto em referência é: SIMON, *op. cit.*, 1955.

122 SIMON, *op. cit.*, 1955, p. 99.

123 SIMON, *op. cit.*, 1955, p. 101 a 103.

124 SIMON, *op. cit.*, 1955, p. 104 a 111. A proposta de SIMON inclui, por exemplo, simplificações nos modelos de avaliação de resultado das decisões ("*simple pay-off functions*"), substituindo a melhor escolha (que, afinal, só pode ser uma e dependerá sempre de uma avaliação bastante complexa) por escolhas satisfatórias (que se constituem em grupo muito maior de opções). Além disso, o modelo de SIMON considera o custo de informação existente na realidade e seu impacto sobre o nível de ambição das partes ("*aspiration level*") que tem uma relação direta com a avaliação sobre a satisfação obtida em uma opção. Ou seja, a impossibilidade de se informar sobre melhores soluções levaria a um rebaixamento do "*aspiration level*" dos agentes, o que levaria a transformar soluções insatisfatórias em satisfatórias.

Depois de SIMON, outros autores procuraram construir modelos considerando a racionalidade limitada dos agentes. Todavia, como lembra POSNER, nenhum dos modelos de racionalidade limitada conseguiu efetivamente se firmar como dominante no raciocínio econômico, pois os economistas, de um lado, "não conseguem concordar em uma formulação-padrão e matematicamente tratável da racionalidade limitada", e, de outro, acreditam que seus modelos econômicos se assemelhariam o suficiente com a realidade e, dessa forma, seriam também "bons o suficiente para objetivos normativos e descritivos"[125].

O fato de não terem se firmado como dominantes, entretanto, não retira das correntes da racionalidade limitada o mérito de terem constatado a insuficiência dos modelos econômicos tradicionais e apontado para um fato que marca e pauta as relações econômicas (e, no que interessa aqui, contratuais).

Intimamente ligada à racionalidade limitada dos agentes, está a falta de informações suficientes para a tomada de decisão pelas partes no momento de formação do contrato. Tanto é assim que FORGIONI, quando discorrendo sobre o conceito de racionalidade limitada, afirma que "o direito mercantil sempre reconheceu a impossibilidade de o empresário deter todas as informações relacionadas à transação e ao futuro: a racionalidade limitada dos economistas não nos é estranha"[126].

A falta e a assimetria de informações parecem ser razões exógenas da incompletude, na linguagem adotada por CLERICO[127]. Isto porque as partes, ou apenas uma delas, podem não ter acesso a informações que, se as tivessem, teriam sido determinantes para alterar ou complementar o conteúdo contratual com atenção a tal ponto. Isto ocorre, naturalmente em relações contratuais envolvendo partes pouco habituadas ao mercado, razão pela qual, por exemplo, o Código de Defesa do Consumidor estabelece amplos deveres de transmissão de informação da parte mais habituada ao mercado (o fornecedor) à parte menos habituada (o consumidor), a fim de que este possa compreender os riscos da operação (ainda que, na

[125] POSNER, *op. cit.*, 2010, p 63. Como mostra POSNER, as duas objeções podem ser rejeitadas (rejeitá-las, entretanto, naturalmente não implica construir um modelo econômico que se fundamente na racionalidade limitada e obtenha aceitação na doutrina econômica e jurídica).

[126] FORGIONI, *op. cit.*, 2009, p. 69.

[127] CLERICO, *op. cit.*, 2008, p. 261.

imensa maioria das vezes, não possa agir para alterar a distribuição de riscos, dado o caráter de contrato por adesão destes ajustes). Conquanto mais preocupante em contratações com partes inexperientes, o fenômeno da assimetria de informações é comum também em relacionamentos entre empresários experientes, uma vez que a produção, desenvolvimento e manutenção da informação ocorre de maneira desigual entre os diversos *players* de um mercado, que procuram ativamente diferenciais informacionais muitas vezes como vantagens competitivas.

Outrossim, pode ocorrer que nenhuma das partes tenha acesso à informação que se mostrou relevante no futuro, para o fim de determinar a incompletude do contrato. Como regra, tanto a assimetria quanto a falta de informações relevantes acabam levando à incompletude do conteúdo contratual e terminam por forçar o recurso do aplicador do direito a expedientes para além da mera 'aplicação literal' do texto do contrato. Abre-se maior espaço para a análise do comportamento das partes como elemento de interpretação ou para fins de integração do regulamento contratual[128].

2.4.3. Opção deliberada pela incompletude

Como dito acima, a incompletude de um contrato pode também ter razões endógenas, ou seja, as partes podem deliberadamente optar por não celebrar um contrato completo, seja porque querem evitar o acúmulo de custos de transação, seja porque, em alguns ambientes econômicos, é mais eficiente optar pela celebração de um contrato incompleto, mas 'auto--executável', à celebração de um contrato mais completo, dependente de execução estatal[129].

2.4.3.1. Custos de transação

A primeira explicação para a incompletude causada pela vontade deliberada das partes são os custos de transação envolvidos em qualquer

[128] A nosso ver, todavia, a falta de informações pode, em alguns casos e dadas algumas circunstâncias, implicar também imprevisibilidade para fins da aplicação do art. 478 do Código Civil, opinião que é expressada por FORGIONI, para quem o instituto da "excessiva onerosidade, que autoriza a denúncia no caso do advento de evento imprevisto e imprevisível, capaz de alterar profundamente a economia contratual", como um exemplo de tratamento jurídico aos temas da falta de informações e da racionalidade limitada dos agentes – *op. cit.*, 2009, p. 69.

[129] CLERICO, *op. cit.*, 2008, p. 262.

negociação. Diante destes custos, a celebração de um contrato incompleto é economicamente mais eficiente do que o prolongamento de negociações para a obtenção de um contrato mais completo.

A expressão "custos de transação" foi popularizada por RONALD COASE no seu estudo "*The nature of the firm*", publicado em 1937[130], e retomada em seu "*The problem of social cost*", de 1960[131].

COASE investigou a razão que leva os agentes econômicos a organizarem sua atividade em empresas, se, de acordo com a teoria econômica dominante à época, a atividade econômica estava determinada pelo mecanismo de preço, não havendo espaço para uma forma autêntica de organização e coordenação[132]. O autor apontava que, embora variando de acordo com cada tipo de atividade, a integração vertical da atividade econômica poucas vezes estava orientada por uma lógica de preço[133]. O propósito de COASE era suplantar a lacuna à época existente na teoria econômica resultante de duas proposições distintas, ambas tidas como verdade: a primeira, de que o mecanismo de preço determina a alocação de recursos, a segunda de que esta alocação depende do empreendedor. Sua tarefa seria procurar descobrir porque uma empresa surge numa economia de mercado[134].

[130] Disponível em: http://www.colorado.edu/ibs/es/alston/econ4504/readings/The%20Nature%20of%20the%20Firm%20by%20Coase.pdf. Acesso em 5 de março de 2018, às 08h54.

[131] Disponível em: http://www.econ.ucsb.edu/~tedb/Courses/UCSBpf/readings/coase.pdf. Acesso em 5 de março de 2018, às 08h55.

[132] COASE, *op. cit.*, 1937, p. 388.

[133] COASE, *op. cit.*, 1937, p. 389. Assim, afirmava o autor que: "*It can, I think, be assumed that the distinguishing mark of the firm is the supersession of the price mechanism*". Em tradução livre: "Pode, eu penso, ser assumido que um caractere distintivo da firma é a superação do mecanismo de preço".

[134] COASE, *op. cit.*, 1937, p. 389 e 390. Um pouco mais à frente, o autor oferece o seu conceito de empresa ("*firm*") da seguinte maneira: "*A firm, therefore, consists of the system of relationships which comes into existence when the direction of resources is dependent on an entrepreneur. The approach which has just been sketched would appear to offer an advantage in that it is possible to give a scientific meaning to what is meant by saying that a firm gets larger or smaller. A firm becomes larger as additional transactions' (which could be exchange transactions co-ordinated through the price mechanism) are organized by the entrepreneur and becomes smaller as he abandons the organisation of such transactions*" (p. 393). Em tradução livre: "Uma empresa, portanto, consiste em um sistema de relações que passam a existir quando a direção de recursos é dependente de um empresário. A aproximação que tem sido esboçada pareceria oferecer uma vantagem na qual é possível dar um sentido

Para COASE, a principal razão para se estabelecer uma empresa é o custo envolvido em se utilizar o mecanismo de preço[135]. Segundo o autor, o primeiro e mais evidente custo para se utilizar o mecanismo de preço para a organização da produção é o de se determinar quais preços são relevantes[136]. Este dispêndio pode ser minimizado – mas não eliminado – pelo recurso a especialistas que vendem esta informação[137]. Outra despesa decorre da negociação e celebração de contratos próprios para cada transação necessária à produção no mercado – despesa que também pode ser minimizada por meio de técnicas contratuais (por exemplo, a contratação estandardizada), mas não eliminado.

O autor afirma também existirem interesses das partes, muitas vezes da parte compradora, de entabular relações de longa duração, seja para garantir o suprimento de bens ou serviços no futuro, seja para evitar os gastos envolvidos na celebração de vários contratos de curta duração. Estes contratos, todavia, não permitem uma previsão exaustiva de todas as condutas ou bens que deverão ser entregues no futuro por uma parte a outra – o que leva as partes a estabelecerem neles um regramento genérico, a ser especificado oportunamente por uma das partes (usualmente, o comprador/tomador). Para COASE, este cenário – a direção dos recursos dependente de uma das partes – é ideal para o surgimento de uma empresa[138].

Em termos simples, COASE defende que os custos envolvidos na operação tipicamente de mercado, que envolvam sobretudo a organização de contratos e a própria celebração destes contratos, são a principal razão para a organização da atividade econômica em empresas, que pelos seus mecanismos internos procuram minimizar ou estabilizar tais custos[139].

científico ao que se quer dizer quando se diz que uma empresa fica maior ou menor. Uma empresa fica maior quando transações adicionais (que poderiam ser transações de troca coordenadas através do mecanismo de preço) são organizadas pelo empresário e se torna menor quando ele abandona a organização dessas transações".

135 COASE, *op. cit.*, 1937, p. 390.

136 COASE, *op. cit.*, 1937, p. 390.

137 COASE, *op. cit.*, 1937, p. 390 e 391.

138 COASE, *op. cit.*, 1937, p. 391 e 392.

139 COASE, *op. cit.*, 1937, p. 392. Evidentemente, esta não seria a única razão das empresas ou de seu crescimento. O autor também sublinha a incerteza ("*uncertainty*") das relações no mercado (p. 392) e o tratamento tributário diferente entre operações de mercado e operações

Atualmente, há uma certa popularização da expressão custos de transação, que ganhou força através de sua adoção pela doutrina comercialista[140]. Assim, para FORGIONI, por exemplo, os custos de transação são aqueles "dispêndios associados à solução 'de mercado', i.e., à obtenção do bem ou do serviço mediante a contratação de terceiros"[141]. A autora explica que os custos de transação são classificados como '*ex ante*' e '*ex post*' pela doutrina, que relaciona os primeiros à negociação do contrato e os segundos à sua execução.[142] Além disso, os custos de transação também podem ser relacionados "à coordenação" e "à motivação" dos agentes. "Os primeiros são os gastos inerentes às negociações, incluindo a definição de suas condições (preço, prazo, época de entrega etc.) e mesmo à busca de parceiros comerciais"[143]. Por sua vez, os custos de motivação seriam divididos em "dois principais tipos: [i] aqueles ligados à assimetria e à falta de completude da informação, quando as partes não conhecem todos os dados relevantes e necessários sobre a outra e sobre o negócio, e [ii] aqueles inerentes ao possível prejuízo decorrente do comportamento oportunista da outra"[144].

A seu turno, RACHEL SZTAJN explica que a corrente conhecida como "*transaction cost economics*" "estuda o impacto dos custos de transação na modelagem do contrato"[145]. Segundo a autora, poderiam ser tomados como custos de transação "aqueles incorridos na realização de uma troca econômica, impostos pela participação em um dado mercado"[146]. Assim,

> o custo de obter informação compreende o de saber se o bem está disponível, em qual mercado e qual o menor preço; o custo de negociação e o desenho do clausulado contratual; o custo de fiscalização e de garantia do cumprimento

internas à empresa (p. 393) como motivos que influenciam o surgimento e, sobretudo, o crescimento das empresas.

140 Por todos, FORGIONI, *op. cit.*, 2009, p. 62 e ss., e SZTAJN, *op. cit.*, 2014, p. 75 e ss.

141 FORGIONI, *op. cit.*, 2009, p. 61.

142 FORGIONI, op. cit., 2009, p. 62.

143 FORGIONI, *op. cit.*, 2009, p. 63.

144 FORGIONI, *op. cit.*, 2009, p. 63.

145 SZTAJN, *op. cit.*, 2014, p. 75.

146 SZTAJN, *op. cit.*, 2014, p. 75.

do contratado, incluindo medidas judiciais que representem expressões do custo de transação.[147]

Nos contratos de duração, os custos de transação também são impactados pela "possível e eventual alteração da distribuição original de riscos – benefícios e ônus – derivados de mudanças do estado da natureza, como os economistas se referem a eventos futuros, previsíveis ou não".[148]

2.4.3.2. Contratos auto-executáveis

Ao lado dos custos de transação, CLERICO apresenta como possível explicação para a eleição pelas partes de um contrato incompleto, sua opção por um contrato auto-executável ("*self-enforcing*")[149].

As partes optariam conscientemente por um contrato mais simples e auto-executável sobretudo em mercados menores, de bens mais homogêneos, em que tende a ressaltar o mecanismo da reputação, compreendida como "a informação sobre o comportamento de qualquer contratante que nasce e se difunde no mercado"[150]. Nestas situações, de maneira diferente da comumente imaginada (em que se prefere o inadimplemento ao cumprimento economicamente desvantajoso), é preferível cumprir uma prestação desvantajosa a perder a futura possibilidade de novas contratações com aquela ou outras partes.[151] Todavia, o mecanismo da reputação como garantia da auto-execução do contrato é limitado, uma vez que necessita de um processo "gradual e lento de formação, acumulação e difusão da informação"[152]. Dessarte, a sanção reputacional não é eficaz sobretudo em mercados maiores e/ou mais heterogêneos, nos quais a dispersão da informação do inadimplemento é ineficiente ou a perda da

[147] SZTAJN, *op. cit.*, 2014, p. 75.

[148] SZTAJN, *op. cit.*, 2014, p. 76.

[149] CLERICO, *op. cit.*, 2008, p. 262.

[150] CLERICO, *op. cit.*, 2008, p. 262. Sobre uma interessante experiência de contratos 'auto-executáveis', em razão da reputação das partes envolvidas – ainda que não só – no mercado de diamantes: BERNSTEIN, Lisa. Opting out of the legal system: extralegal contractual relations in the diamond industry. Journal of Legal Studies, Chicago: The University of Chicago, vol. XXI, p. 115 a 157, 1992.

[151] CLERICO, op. cit., 2008, p. 265.

[152] CLERICO, op. cit., 2008, p. 265.

possibilidade de contratações futuras com uma parte é irrelevante (ou de menor relevância)[153].

Diante da impossibilidade de se apoiar apenas na sanção reputacional como explicação para a incompletude dos contratos, CLERICO alia esta explicação aos estudos da economia comportamental para a percepção e atuação dos agentes conforme um critério de justiça (no original, "*fairness*").[154]

Segundo o autor, os autores da corrente do Direito e Economia, orientados pelo *standard* da escolha racional que determina uma conduta orientada única e exclusivamente ao próprio interesse, deixaram de lado, em grande parte, a análise da 'justiça' nas relações negociais.[155]

Este *standard* foi submetido a cerradas críticas de duas correntes, a primeira constituída pela análise experimental, que, apesar de não ter conseguido formalizar uma teoria alternativa unificada, como se disse acima, teve o mérito de comprovar que sujeitos colocados em situação de escolha tendem a cometer erros cognitivos[156]. A segunda corrente aceita a noção de escolha racional, mas não admite que a escolha dos agentes seja conduzida apenas por ela.[157] Esta corrente se apoia em diversas pesquisas da econômica experimental que comprovaram que as escolhas individuas também são motivadas por "objetivos de reciprocidade e de *fairness*"[158]. Assim, por exemplo, o experimento conhecido como o "jogo do ultimato" ("*Ultimatum game*"). Nesta experiência, em linhas gerais, é disponibilizado um dado valor em dinheiro a dois indivíduos. Um destes indivíduos é incumbido de propor, a seu critério, ao outro uma forma de divisão desta soma. Se o outro indivíduo aceita a proposta, o dinheiro é dividido conforme e ambos recebem a sua parte. Se ele a rejeita, todavia, nenhum dos dois recebe qualquer valor[159]. Segundo o autor, propostas em que o proponente receberia 80% ou mais do valor total foram rejeitadas em 50% dos casos, o que mostra que não é apenas a maximização de sua vantagem individual que interfere na escolha do agente, mas também

[153] CLERICO, *op. cit.*, 2008, p. 265.
[154] CLERICO, *op. cit.*, 2008, p. 266.
[155] CLERICO, *op. cit.*, 2008, p. 266.
[156] CLERICO, *op. cit.*, 2008, p. 266 e 267.
[157] CLERICO, *op. cit.*, 2008, p. 267.
[158] CLERICO, *op. cit.*, 2008, p. 267.
[159] CLERICO, *op. cit.*, 2008, p. 267, nota 11.

critérios de justiça (afinal, se importasse apenas a escolha 'racional', todas as propostas seriam aceitas, pois qualquer forma de divisão deixa aquele que a recebe com maior valor do que sua rejeição).[160] Além disso, o fato de que as propostas foram mais equânimes neste "jogo" do que no "jogo do ditador" ("*Dictator game*") (no qual um dos indivíduos impõe a divisão ao outro[161]), mostraria que as decisões foram tomadas considerando também "o temor da represália contra comportamentos individuais não inspirados em critérios de *fairness* amplamente compartilhados"[162]. Ainda que os resultados não sejam unívocos, eles ao menos demonstram que nem sempre os indivíduos agirão em desconsideração dos interesses alheiros (evidentemente, é possível entender que a cooperação é adotada também como uma forma de garantir a maximização do resultado individual)[163]. Assim, "na presença de *fairness* recíproca mesmo um contrato altamente incompleto pode ser respeitado pelos contratantes"[164].

CLERICO destaca três razões para se preferir um contrato "*self--enforcing*" a um contrato completo. Para o autor, a execução destes contratos tem menor custo do que a execução estatal, a justiça recíproca traz benefícios mútuos na repartição do excedente contratual, ao evitar discussões em torno de questões pouco verificáveis, e estes contratos resolvem o problema dos arranjos em que uma das partes é responsável por uma prestação complexa, em que apenas algumas partes são objetivamente verificáveis pela outra (contratos "*multitask*"). Para tais casos, não é interessante estabelecer rigidamente a remuneração de acordo com estas partes que são verificáveis, pois pode haver um incentivo a deixar de lado as outras atividades, gerando um prejuízo à qualidade global da prestação[165].

3. Conclusões do capítulo

Há boas razões para se crer que a categoria dos contratos de duração seja lócus privilegiado para a discussão de comportamentos posteriores

[160] CLERICO, *op. cit.*, 2008, p. 267.
[161] CLERICO, *op. cit.*, 2008, p. 268, nota 14.
[162] CLERICO, *op. cit.*, 2008, p. 268.
[163] CLERICO, *op. cit.*, 2008, p. 268.
[164] CLERICO, *op. cit.*, 2008, p. 272.
[165] CLERICO, *op. cit.*, 2008, p. 273.

à celebração, tanto para fins de interpretação dos textos e contextos contratuais, quanto para a avaliação de eventuais modificações ou complementações tácitas e de hipóteses de tutela direta da confiança de um dos contratantes em detrimento de direitos e faculdades do outro.

Como visto, os contratos de duração aliam duas caraterísticas que dão espaço ao recurso ao comportamento das partes. Se de um lado devem protrair-se no tempo, sob pena de não atenderem, de outra forma, os interesses dos contratantes, o que garante um prazo necessário para que comportamentos surjam e se consolidem, por vezes à margem dos textos, de outro lado estes contratos são tendencialmente incompletos, o permite construções baseadas em – ou em grande medida – comportamentos consolidados no tempo.

Desta forma, será importante analisar em um dado caso como as partes se comportaram após a celebração do contrato, pois este comportamento pode consubstanciar um relevante indício do que as partes pretenderam ou não incluir em seu contrato, ou do que era razoável compreender que elas nele incluíram segundo uma perspectiva de boa-fé – ou seja, este comportamento pode ser um excelente material interpretativo à disposição do jurista. Mas, além disso, este comportamento pode servir para complementar ou alterar soluções previamente estabelecidas pelas partes que, por qualquer razão, deixam de corresponder ao efetivo estágio de seu relacionamento. Nestas hipóteses, poder-se-á falar por vezes de declaração tácita, por vezes de tutela da confiança, como se passa a ver.

CAPÍTULO 2
A INTERPRETAÇÃO DOS CONTRATOS DE DURAÇÃO E O COMPORTAMENTO DAS PARTES

1. A interpretação

1.1. Breve introdução à interpretação

De maneira ampla, a interpretação é um processo cognitivo por meio do qual se obtém a compreensão de uma manifestação humana[166]. Por exemplo, obras de arte ou discursos políticos são interpretados pelos seus destinatários, que buscam reconstruir o sentido que o seu autor procurou-lhes atribuir[167]. Justamente por isso se diz que "tudo o que chega até nós vindo do espírito alheio apela e invoca nossa sensibilidade e nossa inteligência para ser compreendido"[168]. De maneira um pouco mais restrita, mas ainda abrangente, sob o enfoque do direito "interpretar é,

[166] BETTI, Emilio. As categorias civilistas da interpretação. In:______. Interpretação da lei e dos atos jurídicos. São Paulo: Martins Fontes, 2007, p. XXXIII: "Onde quer que nos encontremos na presença de manifestações objetivas, por meio das quais outro espírito fala ao nosso, apelando para a nossa compreensão, entra em movimento a nossa atividade interpretativa para entender qual sentido têm essas manifestações e o que querem nos dizer". Mais à frente, o autor afirma: "Em geral, o processo interpretativo responde ao problema epistemológico do entendimento. Utilizando aqui a conhecida distinção entre ação e evento, podemos provisoriamente caracterizar a interpretação como a ação, cujo êxito ou evento útil é o entendimento" (p. XXXIX).

[167] BETTI, *As categorias civilistas...*, *op. cit.*, 2007, p. XXXIII.

[168] BETTI, *As categorias civilistas...*, *op. cit.*, 2007, p. XXXIII.

fundamentalmente, atribuir sentido a um texto normativo, definindo o seu alcance"[169].

O intérprete, todavia, por ser sempre um sujeito historicamente localizado[170], não pode simplesmente acreditar que seu processo cognitivo é infalível e permite, efetivamente, uma completa e exaustiva cognição da coisa. Impositivo que se proteja a interpretação da "arbitrariedade das intuições repentinas e da estreiteza dos hábitos de pensar imperceptíveis, e voltar seu olhar para 'as coisas elas mesmas' (que para os filólogos são textos com sentido, que tratam, por sua vez, de coisas)".[171] Este objetivo pode ser alcançado adotando-se uma "estrutura circular para a compreensão", que implica constante "reprojetar" de sentidos a respeito de um texto, de modo a afastar de sua compreensão conceitos prévios equivocados de que tenha partido o intérprete[172].

> Quem quiser compreender um texto, realiza sempre um projetar. Tão logo apareça um primeiro sentido no texto, o intérprete prelineia um sentido do todo. Naturalmente que o sentido só se manifesta porque quem lê o texto lê a partir de determinadas expectativas e na perspectiva de um sentido determinado. A compreensão do que está posto no texto consiste precisamente na elaboração desse projeto prévio, que, obviamente, tem que ir sendo constantemente revisado com base no que se dá conforme se avança na penetração do sentido. Essa descrição é, naturalmente, uma abreviação rudimentar. O fato de toda revisão do projeto prévio estar na possibilidade de antecipar um novo projeto de sentido; que projetos rivais possam se colocar lado a lado na elaboração, até que se estabeleça univocamente a unidade do sentido; que a interpretação comece com conceitos prévios que serão substituídos por outros mais adequados; justamente todo esse constante reprojetar que perfaz o movimento de sentido do compreender e do interpretar é o processo descrito por Heidegger. Quem busca compreender está exposto a erros de opiniões prévias que não se confirmam nas próprias coisas. Elaborar

[169] MARTINS-COSTA, Judith. A Boa-Fé no Direito Privado: Critérios para sua aplicação. São Paulo: Marcial Pons, 2015, p. 445.

[170] GADAMER, Hans-Georg. Verdade e Método I. Traços fundamentais de uma hermenêutica filosófica. 14ª ed. Petrópolis: Editora Vozes. Bragança Paulista: Editora Universitária São Francisco, 2014, p. 355. BETTI, *As categorias civilistas...*, *op. cit.*, 2007, p. XXXIX.

[171] GADAMER, *op. cit.*, 2007, p. 355.

[172] GADAMER, *op. cit.*, 2007, p. 356.

> os projetos corretos e adequados às coisas, que como projetos são antecipações que só podem ser confirmadas "nas coisas", tal é a tarefa constante da compreensão. (...). A compreensão só alcança sua verdadeira possibilidade quando as opiniões prévias com as quais inicia não forem arbitrárias. Por isso, faz sentido que o intérprete não se dirija diretamente aos textos a partir da opinião prévia que lhe é própria, mas examine expressamente essas opiniões quanto à sua legitimação, ou seja, quanto à sua origem e validez.[173]

Esta advertência prévia a respeito do caráter circular da interpretação deve ser mantida em mente para que se possa compreender adequadamente o ponto de vista do estudo ora empreendido e, sobretudo, o que é dito sobre o procedimento da interpretação dos contratos no direito brasileiro. Para além de um procedimento organizado de maneira cronológica (e, portanto, de maneira linear), trata-se, de fato, da utilização de valores e perspectivas distintas conforme o material interpretativo disponível ao intérprete, não representando o início de uma nova fase qualquer a 'preclusão' cabal da fase anterior, sempre aberta a novas (e mais legítimas, com base no material interpretativo) projeções do intérprete[174].

1.2. Objeto da interpretação

Para que a interpretação possa ter lugar, o "espírito" humano deve se exteriorizar, pois é impossível interpretar aquilo que não chega aos sentidos[175]. Por isso, BETTI fala em uma "forma representativa"[176],

[173] GADAMER, *op. cit.*, 2007, p. 356.

[174] Sobre o ir e vir da interpretação e da aplicação do direito, veja o capítulo "A conformação e apreciação jurídica da situação de facto", de KARL LARENZ, Metodologia da ciência do direito. 6ª ed. Lisboa: Fundação Calouste Gulbenkian, 2012, p. 391 a 438. VINCENZO ROPPO também se pronuncia a respeito da não-linearidade do processo de elucidação do regulamento contratual. Assim: ROPPO, Vincenzo. Il contrato. In: INDICA, Giovanni. ZATTI, Paolo (Org.). Tratatto di diritto privato. Milano: Giuffrè, 2001, p. 462 e 463.

[175] BETTI, *As categorias civilistas...*, *op. cit.*, 2007, p. XXXIV.

[176] BETTI, *As categorias civilistas...*, *op. cit.*, 2007, p. XXXIV. A expressão "forma representativa" foi cunhada por BETTI aproveitando-se de uma noção ampla do termo "forma", elaborada por ADELCHI BARATONO, "de relação unitária de elementos sensíveis, idônea para conservar a marca de quem a criou", acrescida de uma "qualificação ou função 'representativa'", que "deve ser entendida no sentido de que, por meio da forma, deve manifestar-se a nós, apelando para a nossa compreensão, outro espírito diferente do nosso e, no entanto, intimamente semelhante ao nosso"

que atinge e aguça, de maneira voluntária ou não, os sentidos de um destinatário: interpreta-se a forma representativa e não o conteúdo do espírito – o conhecimento deste é o resultado da interpretação e não o seu objeto[177].

Sob a perspectiva deste trabalho, ressaltam-se dois desdobramentos destas afirmações: (i) o contrato, qualquer que seja a forma que apresente (expressa ou tácita, escrita ou verbal, solene etc.), é uma "forma representativa" do espírito das partes, e, por esta razão, deve ser interpretado para que se possa afirmar quais regras as partes aceitaram para seu relacionamento – por isso, rejeita-se a máxima "*interpretatio cessat in claris*", pelo "círculo vicioso" que implica, uma vez que para se afirmar a clareza de uma disposição qualquer é necessário, antes de tudo, interpretá-la[178,179],

[177] BETTI, *As categorias civilistas...*, *op. cit.*, 2007, p. XXXVIII: "Contra um equívoco bastante difundido, especialmente entre nós juristas, nunca se insistirá o suficiente no fato de que, nos comportamentos práticos, não menos do que nas declarações, o objeto da interpretação não é a 'vontade', como tal, mas sempre e apenas a forma, na qual a vontade se expôs e se realizou: aquilo que se fez ou aquilo que se disse".

[178] REALE, Miguel. Questões de Direito Privado. 2ª tiragem. São Paulo: Saraiva, 2010, p. 3. No mesmo sentido: LORENZETTI, Ricardo Luis. Tratado de los contractos. Parte general. 2ª Ed. amp. y act., Santa Fe: Rubinzal-Culzoni Editores, p. 473 e 474. ALPA, Guido. Corso di diritto contrattuale. Padova: CEDAM, 2006, p. 89. CANARIS, Claus-Wilhelm. GRIGOLEIT. Hans Christoph. Interpretation of Contracts. Acesso em http://ssrn.com/abstract=1537169, embora afirmem que "a questão da interpretação surge quando existe uma ambiguidade no conteúdo de um contrato", terminam por reconhecer que "virtualmente todo entendimento de um contrato pressupõe e é – ainda que frequentemente não dito – baseado na interpretação" (*op. cit.*, p. 1). Continuam os autores afirmando que: "*In fact, the mere statement that a contract does not require or allow interpretation constitutes in itself an act of interpretation and the result of such interpretation*". Em tradução livre: "De fato, a mera afirmação de que um contrato não requer ou permite interpretação constitui, em si mesma, um ato de interpretação e o resultado de tal interpretação".

[179] Interessante questão gira em torno dos casos em que as partes de um processo (judicial ou arbitral) concordam com o significado e as consequências a serem atribuídas a determinada previsão contratual. A nosso ver, neste caso, pelas regras do jogo processual – que se rege essencialmente pela matriz dispositiva – o juiz ou árbitro não deveria se imiscuir no significado aderido, impondo às partes outro (por exemplo, um que seja mais concorde a uma avaliação objetiva dos termos utilizados). A reforçar este argumento, lembra-se que a primeira regra da interpretação jurídica de declarações negociais é atender justamente "*mais à intenção nelas consubstanciada do que ao sentido literal da linguagem*" (artigo 112 do Código Civil). Se as partes declaram e concordam com o significado, o juiz não mais precisa (ou pode) interpretar o contrato para compreendê-lo – será necessário interpretar este acordo das partes a respeito

reafirmando-se a importância primordial da interpretação para a solução de inúmeros casos práticos, pois apenas através dela será possível determinar parte relevante do regulamento contratual (aquela pertinente ao conteúdo voluntário do contrato), e, assim, também dos direitos e deveres das partes –; e (ii) não apenas manifestações voluntárias das partes serão relevantes ao intérprete, mas tudo aquilo que seja exteriorizado pelas partes, sobretudo, nesta sede, seus comportamentos posteriores à formação do contrato[180].

1.3. Caráter dialético da interpretação

O objeto interpretado não é um simples invólucro que serve como veículo de uma mensagem a ser competentemente 'retirada' pelo intérprete, em procedimento comparável àquele de quem neutralmente abre uma embalagem[181]. O que realmente ocorre é que o intérprete a percebe por seus sentidos, como manifestação de um espírito ao qual ele não tem acesso direto, e essa percepção move o seu próprio espírito, as suas concepções a respeito do conteúdo que o objeto transmite.

Por essa razão, a interpretação, ainda que orientada pela objetividade, será sempre uma atividade marcada pelo sujeito intérprete, que "reconhece e ressuscita" as formas representativas pretéritas, "animando-as com sua própria vida"[182]. Dessarte, reafirma-se a importância do intérprete e de sua subjetividade para que se possa obter um resultado o mais consentâneo possível com a realidade da coisa reconhecida[183]. Deste modo e diante do inegável componente subjetivo nela

do significado aderido. Esta operação, no entanto, apenas indiretamente trata do significado contratual.

[180] BETTI, *As categorias civilistas...*, *op. cit.*, 2007, p. XLI.

[181] BETTI, *As categorias civilistas...*, *op. cit.*, 2007, p. XXXV. BETTI ensina, com base em uma alegoria atribuída a HUMBOLDT, que "as portas da mente só se abrem de dentro para fora, por espontaneidade interior, e aquilo que se recebe é apenas o incitamento a vibrar em harmonia com o estímulo, em função de seu valor semântico" – ou seja, não há neutralidade na interpretação, o intérprete não retira o conteúdo retido dentro da forma representativa, mas o reconstrói com sua própria psique e experiência.

[182] BETTI, *As categorias civilistas...*, *op. cit.*, 2007, p. XXXIX.

[183] Na lição de GADAMER, é necessário tornar claros os preconceitos e antecipações do intérprete, para se obter uma "compreensão guiada por uma consciência metodológica", que garantirá uma visão correta das coisas. Ao ver do autor, os preconceitos não-expostos nos tornariam "surdos" à "coisa". Por essa razão, é necessário que o intérprete se mantenha

envolvido, o estudo da interpretação serve para estabelecer as balizas da conduta do intérprete, evitando que seu trabalho descambe para o voluntarismo[184].

Diante da existência de "dois termos" na interpretação – um sujeito, que procura conhecer aquilo que é exteriorização de outro espírito, e um objeto, ao qual o intérprete deve necessariamente respeitar, sob pena de criar e não de interpretar. Por esta razão, diz-se que a interpretação é a "inversão" do processo criativo, de modo que são necessárias regras que evitem a sujeição de um objeto ao sujeito e, assim, a criação arbitrária de sentido por este último[185].

Há, portanto, uma dialética entre sujeito e forma representativa, pois a forma provoca a subjetividade do intérprete, impulsionando-a a mover-se em busca do sentido, que, afinal, acaba sendo reconstruído pelo sujeito com base em suas concepções, experiências e intelecto. O sujeito que simplesmente crê dominar o objeto, analisando-o de maneira absolutamente neutra é impossível e perigoso, com grande propensão à arbitrariedade[186].

1.4. Cânones hermenêuticos

Para lidar com a dialética entre sujeito e forma representativa e garantir o "justo resultado epistemológico"[187], BETTI localiza na "doutrina civilista" quatro cânones hermenêuticos, ou "categorias civilistas fundamentais", dois atinentes ao objeto que se interpreta, e dois atinentes ao sujeito que interpreta[188].

Esses quatro cânones são os da: a) imanência do critério hermenêutico ou da autonomia hermenêutica; b) totalidade e coerência da consideração

sempre aberto à opinião do texto, que se paute sempre pela coisa concretamente analisada, respeitando e se mostrando receptivo "à alteridade do texto" (*op. cit.*, 2007, p. 357 a 359).

184 Sobre o voluntarismo judicial, vide a introdução e o seminal texto de LÊNIO STRECK: Hermenêutica Jurídica e(m) Crise. Uma exploração hermenêutica da construção do Direito. 11ª Ed. revista, atualizada e ampliada. Porto Alegre: Livraria do Advogado, 2014.

185 BETTI, *As categorias civilistas...*, *op. cit.*, 2007, p. XL.

186 BETTI, *As categorias civilistas...*, *op. cit.*, 2007, p. XL e XLI.

187 Expressão do próprio BETTI em Teoria Generale della Interpretazione. Milano: Dott. A. Giuffrè – Editore, 1955, Tomo I, p. 304. No original: "*il retto esito epistemologico*".

188 BETTI, *As categorias civilistas...*, *op. cit.*, 2007, p. XLIII e seguintes. Do mesmo autor, *Teoria Generale della Interpretazione*, *op. cit.*, p. 304 e ss.

hermenêutica; c) atualidade do entendimento; e d) adequação do entendimento ou da correspondência ou consonância hermenêutica[189].

O primeiro cânone hermenêutico descrito por BETTI prega a superioridade do espírito que se manifesta ao documento em que se reveste tal manifestação humana. Segundo o autor, constituindo o objeto da interpretação uma "objetivação do espírito", é mister que este objeto seja compreendido de acordo com este espírito, "e não segundo um espírito e um pensamento diferentes, tampouco segundo o significado que pode ser atribuído à forma nua quando se fizer abstração da função representativa a que ela serve em relação àquele espírito e àquele pensamento"[190].

Este cânone resguarda a própria forma representativa em sua autonomia funcional e estrutural com relação ao sujeito intérprete. Ou seja, proíbe-se que este inculque ao objeto seu "sentido", de "modo indevido e sub-reptício"[191].

Por sua vez, o segundo cânone hermenêutico, também referido ao objeto da interpretação, é o da totalidade e coerência, a exigir que o intérprete tenha presente o "todo do discurso", como forma de proteger a forma representativa da fragmentação e da manipulação[192].

> [A]ssim como o significado, a intensidade e a nuança de uma palavra só podem ser entendidas no contexto em que tal palavra foi dita ou se encontra, o significado e o valor de uma proposição e daquelas que se associam a ela só podem ser compreendidos pelo nexo recíproco e pelo conjunto orgânico do discurso a que pertencem[193].

Discorrendo sobre esse cânone, sob a perspectiva da teoria dos contratos, JUDITH MARTINS-COSTA explica que "do ponto de vista

[189] BETTI, *As categorias civilistas..., op. cit.*, 2007, p. XLIV a LVI. Do mesmo autor, *Teoria Generale della Interpretazione, op. cit.*, p. 305 a 317.

[190] BETTI, As categorias civilistas..., *op. cit.*, 2007, p. XLIII e XLIV. Do mesmo autor, *Teoria Generale della Interpretazione, op. cit.*, p. 305.

[191] BETTI, As categorias civilistas..., *op. cit.*, 2007, p. XLIV. Do mesmo autor, *Teoria Generale della Interpretazione, op. cit.*, p. 305.

[192] BETTI, *As categorias civilistas..., op. cit.*, p. XLIII a XLV, e, do mesmo autor, *Teoria Generale della Interpretazione, op. cit.*, p. 308 e 309.

[193] BETTI, *As categorias civilistas..., op. cit.*, p. XLVII, e, do mesmo autor, *Teoria Generale della Interpretazione, op. cit.*, p. 309.

da atividade hermenêutica, um contrato é um todo, uma totalidade de sentido"[194]. "A interpretação contratual não compactua com uma perspectiva atomizada"[195] e deve considerar "todas as circunstâncias do caso"[196], o que implica recurso "aos contextos verbal e situacional do negócio, pois o significado linguístico é influenciado pelo significado lexical, a ser deduzido do contexto em que a expressão linguística interpretada está situada"[197]. Estes dois primeiros cânones devem guiar a compreensão do artigo 112 do Código Civil Brasileiro,[198] como guiam a do artigo 1.362 do Código Civil Italiano[199].

Além dos cânones hermenêuticos acima, referidos ao objeto da interpretação, há dois cânones aplicáveis ao sujeito intérprete.[200]

O primeiro é o da "atualidade do entendimento" e afirma a necessidade de o intérprete reavivar em sua própria individualidade o processo criativo originário do objeto interpretado, que necessariamente provém do passado. O objeto é assim "experiência de vida" de outrem, "fato de experiência própria, por meio de uma espécie de transposição, no círculo da própria vida espiritual, em virtude da mesma síntese com a qual o reconhece e o reconstrói"[201].

[194] MARTINS-COSTA, *op. cit.*, 2015, p. 454.

[195] MARTINS-COSTA, *op. cit.*, 2015, p. 454 e 455.

[196] MARTINS-COSTA, *op. cit.*, 2015, p. 458. A noção foi retirada pela autora de KARL LARENZ e desenvolvida no texto em questão.

[197] MARTINS-COSTA, *op. cit.*, 2015, p. 458.

[198] São desta opinião MARINO, Francisco Paulo De Crescenzo. Interpretação do Negócio Jurídico. São Paulo: Saraiva, 2011, p. 62, para quem: "De acordo com os cânones da autonomia e da totalidade, o significado do negócio jurídico deve ser extraído não somente do sentido literal (*vox dicentis*) da linguagem contida na declaração negocial (forma representativa), mas sim da *mens dicentis*, da intenção consubstanciada na declaração (artigo 112 do Código Civil), tendo em vista o contexto verbal e, sobretudo, o contexto situacional", e MARTINS-COSTA, *op. cit.*, 2015, p 459, para quem o "vigente art. 112" teria introduzido "a expressão atinentemente à intenção revelada na declaração: a expressão 'nelas consubstanciada' bem demonstra que os elementos a considerar defluem da declaração como um todo, contextualmente situada, fazendo segui esse texto normativo com o do art. 113".

[199] Parece ser a opinião do próprio BETTI em Teoria Geral do Negócio Jurídico, Campinas: Servanda Editora, 2008, p. 498 a 500.

[200] BETTI, *Teoria Generale della Interpretazione, op. cit.*, p. 314.

[201] BETTI, *As categorias civilistas, op. cit.*, p. LII. Do mesmo autor, *Teoria Generale della Interpretazione, op. cit.*, p. 314.

O cânone da atualidade do entendimento se baseia na constatação de que o sentido "é algo que o intérprete tem de reconstruir e reproduzir em si mesmo com a sua sensibilidade e inteligência"[202]. BETTI lembra que, à primeira vista, estas exigências podem parecer como "conaturais" à própria interpretação e, pois, uma "necessidade inelutável" e não um "cânone a ser observado"[203]. Todavia, o autor apoia-se nesse cânone para afastar o preconceito da "nua objetividade"[204], que suporia possível a interpretação sem a colaboração do intérprete e de suas categorias mentais[205].

O cânone assenta, portanto, em que todo processo interpretativo começa com um "interesse atual da nossa vida presente" de compreender a forma representativa colocada em questão. Por esta razão, fala-se em "espontaneidade" do intérprete[206].

O quarto e último cânone sistematizado por BETTI trata da "abertura mental" do intérprete à forma representativa, para que possa "colocar-se na perspectiva correta". Assim, o intérprete deveria adotar um "comportamento ao mesmo tempo ético e teorético", com um aspecto negativo e um aspecto positivo[207]:

[202] BETTI, *As categorias civilistas, op. cit.*, p. LIII. Do mesmo autor, *Teoria Generale della Interpretazione, op. cit.*, p. 314.

[203] BETTI, *Teoria Generale della Interpretazione, op. cit.*, p. 314. O autor chega a afirmar que "*tanto è ovvio che l'interpretazione muova e sia sostenuta dall'attualità spirituale dell'interprete, che è come l'atmosfera che egli respira*". Em tradução livre: "tanto é óbvio que a interpretação se mova e seja sustentada pela atualidade espiritual do intérprete, que é como a atmosfera que ela respira".

[204] BETTI, *As categorias civilistas, op. cit.*, p. LIII. Do mesmo autor, *Teoria Generale della Interpretazione, op. cit.*, p. 315.

[205] BETTI, *Teoria Generale della Interpretazione, op. cit.*, p. 315. Lembre-se que, para BETTI, como visto acima, a subjetividade do intérprete é "a indispensável condição de possibilidade" da interpretação.

[206] BETTI, *As categorias civilistas, op. cit.*, p. LIV. Com relação a esta espontaneidade, no âmbito dos contratos, JUDITH MARTINS-COSTA lembra que "todo e qualquer texto normativo se torna problemático no momento de sua aplicação, mas essa constatação, pertinente à interpretação jurídica em geral, mais agudamente se faz sentir quando se trata de compreender, qualificar e aplicar as regras de um contrato. O problema polariza a hermenêutica contratual porque o contrato foi feito precisamente para ser executado" (MARTINS-COSTA, *op. cit.*, 2015, p. 447).

[207] BETTI, *As categorias civilistas, op. cit.*, p. LV. Do mesmo autor, *Teoria Generale della Interpretazione, op. cit.*, p. 318.

> [S]ob o aspecto negativo pode ser caracterizado como abnegação de si e distinguir-se por prescindir decisivamente dos próprios preconceitos e hábitos mentais que servem de obstáculo, enquanto sob o aspecto positivo deve ser caracterizado como a extensão e a capacidade de horizonte, que gera uma disposição congenial e fraterna para com aquilo que é objeto de interpretação[208].

Destarte, o "intérprete deve se esforçar para colocar a atualidade em que está vivendo em íntima adesão e harmonia com o incitamento que (...) lhe provém do objeto, de modo que uma e outro vibrem em perfeito uníssono"[209].

Estes quatro cânones iluminam a interpretação em geral e são as bases sobre as quais se constrói a argumentação empreendida abaixo.

1.5. Ponto de relevância hermenêutica

Fala-se em "ponto de relevância hermenêutica" como a perspectiva determinante para a interpretação[210]. No âmbito das declarações negociais receptícias, defendeu-se que o ponto de relevância hermenêutica resida no destinatário[211]. Desta forma, o sentido apareceria, num primeiro momento,

> tal como o declaratário o compreende ou, em síntese referida a contratos, na compreensão comum concreta de ambas as partes, apurada a partir dos elementos atendíveis. (...). Neste modelo, o declarante aparece num segundo

[208] BETTI, *As categorias civilistas, op. cit.*, p. LV. Do mesmo autor, *Teoria Generale della Interpretazione, op. cit.*, p. 318.

[209] BETTI, *As categorias civilistas, op. cit.*, p. LVI. Do mesmo autor, *Teoria Generale della Interpretazione, op. cit.*, p. 319 e 320.

[210] BETTI, Emilio. Interpretação da lei e dos atos jurídicos. São Paulo: Martins Fontes, 2007, p. 350 e seguintes. O tema foi desenvolvido em BETTI, Emilio. *Teoria geral do negócio jurídico. op. cit.*, 2008, p. 470 e seguintes: "E quando se fala da recognoscibilidade objetiva como fato social (§3º), deve entender-se que as atitudes em questão podem ser reconhecíveis, não por qualquer pessoa, onde e quando forem tomadas, mas onde e quando tiverem relevância jurídica em relação à contraparte interessada – quando há uma contraparte -, ou no círculo social do disponente (quando não há contraparte) e em conformidade com a estrutura típica do negócio em questão. Há, portanto, um ponto relevante para o tratamento interpretativo – ponto de relevância hermenêutica -, que o jurista intérprete deve procurar numa sede, que é diferente conforme a estrutura exigida para a eficácia jurídica do negócio".

[211] BETTI, *Interpretação ..., op. cit.*, 2007, p. 350 e 351.

plano. A mediação do declaratário surge como proeminente, não só por assentar na sua compreensão o critério da interpretação, mas também porque é em função da compreensão esperada que o declarante escolhe o modo de expressão[212].

Se não for possível comprovar que o declaratário conheceu a intenção do declarante e, assim, interpretar esta declaração de acordo com a perspectiva do declaratário, faz-se necessário o recurso a um "declaratário normal",

> configurado em função das características do declaratário real, designadamente, competência linguística, nível e tipo de cultura, profissão, natureza e localização da atividade, conhecimentos gerais, técnicos e do mercado relacionados com negócio jurídico, objetivos empresariais ou de consumo. O sentido relevante é aquele que se considere corresponder à compreensão do comportamento do declarante, segundo um padrão normal de diligência, atenção e racionalidade[213].

No entanto, nem sempre o contrato se forma pela pura e simples aceitação de uma proposta formalizada por uma das partes ('proponente', no rígido esquema desenhado pelos artigos 427 a 435 do Código Civil)[214]. Nestes casos, não se pode simplesmente desconsiderar a "pluralidade de declarações e a cumulação na mesma pessoa das qualidades de declarante e de declaratário"[215].

[212] ALMEIDA, Carlos Ferreira de. Contratos IV. Funções. Circunstâncias. Interpretação. Coimbra: Almedina, 2014, p. 259. Segundo o autor, esta seria a posição assumida pelo nº 2 do artigo 236º do Código Civil Português, que estabelece que "sempre que o declaratário conheça a vontade real do declarante, é de acordo com ela que vale a declaração negocial".

[213] ALMEIDA, *op. cit.*, 2014, p. 262.

[214] Para ALMEIDA, *op. cit.*, 2014, p. 268, aliás, "nem sempre a aceitação consiste simplesmente na concordância com a proposta, porque esta deixa, por vezes, em aberto alternativas de escolha pelo destinatário (...); de qualquer modo, a aceitação tem sempre que ser interpretada, no mínimo para saber se um determinado comportamento vale como aceitação" (p. 268). Desta forma, para o autor português "a interpretação do contrato compõe-se de dois momentos e duas operações: primeiro, interpretar cada uma das declarações pelas quais o contrato se terá formado, seja qual for o modo de formação; segundo, verificar se há consenso, operação que não se confunde com a anterior, porque exige um trabalho comparativo de averiguação sobre a existência de um sentido comum ou de sentidos compatíveis de ambas as declarações".

[215] ALMEIDA, *op. cit.*, 2014, p. 267.

Por isso, a doutrina sistematiza o tema do ponto de relevância hermenêutica a partir do modo de formação do contrato em torno de quatro 'grupos': (i) contratos formados por aceitação de proposta, incluídos também os formados por aceitação de proposta ao público; (ii) contratos cuja formação integra convite a contratar ou contraproposta; (iii) contratos formados por declarações contratuais conjuntas (um só documento subscrito pelas partes), e (iv) contratos formados por diálogo oral.

Para os primeiros, aplicável a perspectiva do aceitante a respeito da intenção do proponente. Caso o aceitante opte por alguma alternativa aberta pelo proponente – por exemplo, um formulário padrão com diversas opções abertas ao oblato –, a perspectiva do proponente também será importante para este aspecto[216]. A mesma orientação é oportuna para contratos formados por aceitação de proposta ao público, tomando-se como relevante a perspectiva de um declaratário normal do público considerado[217].

Para o segundo grupo, "decisivo" "saber quem introduziu no diálogo contratual a referência a este ou àquele componente do acordo". Este será reputado declarante, de modo que a compreensão relevante deva ser, em regra, daquele que não introduziu o termo disputado (o declaratário para estes fins)[218].

Nos contratos formados por declarações conjuntas (em um só documento), terceiro grupo mencionado acima, deve ser realizada uma "dupla" verificação do sentido relevante. As declarações contidas serão analisadas por ambas as perspectivas, de modo que,

> se o contrato for de compra e venda, a declaração do vendedor será interpretada em conformidade com a compreensão efetiva do comprador ou a compreensão presumida de um comprador padronizado com base no concreto comprador; a declaração do comprador será interpretada em conformidade com a compreensão efetiva do vendedor ou a compreensão presumida de um vendedor padronizado com base no concreto vendedor[219].

216 ALMEIDA, *op. cit.*, 2014, p. 269.

217 ALMEIDA, *op. cit.*, 2014, p. 269.

218 ALMEIDA, *op. cit.*, 2014, p. 272.

219 ALMEIDA, *op. cit.*, 2014, p. 273.

Finalmente, na última hipótese aventada, o intérprete deve reconstruir o "texto que reproduz os termos do consenso". Uma vez feito isto, pode-se utilizar o mesmo esquema das declarações conjuntas[220].

O ponto de relevância hermenêutica é essencial para que se possa aferir a "comum intenção" consubstanciada em uma declaração (artigo 112), pois permite determinar, muitas vezes, o critério de seleção de um sentido entre os vários possíveis, segundo as regras depuradas abaixo.

1.6. Caracteres especiais da interpretação jurídica dos contratos

A interpretação jurídica, evidentemente, insere-se no panorama mais amplo da teoria hermenêutica[221]. Por isso, as observações feitas acima são a ela aplicáveis[222].

Todavia, a interpretação jurídica se qualifica e se individualiza com relação à teoria geral em razão de seu objeto peculiar, o que lhe impõe também adstrição a "requerimentos legais" (por exemplo, os artigos 112 e 113 do Código Civil) e "julgamentos de valores" impostos *ex ante* e externamente pela ordem jurídica[223] (através, por exemplo, de princípios e postulados constitucionais)[224].

220 ALMEIDA, *op. cit.*, 2014, p. 275. Um interessante caso em que foi necessário primeiro reconstruir o texto do contrato, que era integralmente verbal, para então avaliar suas potencialidades significativas encontra-se na apelação nº 0166861-21.2010.8.26.0100, relatora Desembargadora Carmen Lucia da Silva, 25ª Câmara de Direito Privado do Tribunal de Justiça do Estado de São Paulo, julgada em 25 de agosto de 2016.

221 CANARIS, GRIGOLEIT, *op. cit.*, p. 1.

222 CANARIS, GRIGOLEIT, *op. cit.* p. 1.

223 CANARIS, GRIGOLEIT, *op. cit.* p. 1. Também MESSINEO, Francesco. Contratto. In: Enciclopedia del diritto. Milano: Dott. A. Giuffrè – Editore, 1961, p. 166).

224 Extremamente relevante no âmbito da teoria hermenêutica e, de certa forma, ligada à própria razão de ser desta pesquisa, é a distinção funcional entre a interpretação jurídica e outras interpretações sustentada, por exemplo, por BETTI, que ensinava que: "A interpretação que interessa ao direito é uma atividade voltada a reconhecer e a reconstruir o significado a ser atribuído, na órbita de uma ordem jurídica, a formas representativas ("Categ." 3 s.), que são fontes de avaliações jurídicas ou que de tais avaliações constituem o objeto. Fontes de avaliações jurídicas são normas jurídicas e preceitos a elas subordinados (...). Objeto de avaliação jurídica, podem ser declarações ou comportamentos, que se desenvolvem no círculo social disciplinado pelo direito, enquanto tiverem relevância jurídica segundo as normas e preceitos em vigor: (...). A interpretação jurídica, assim entendida, é apenas uma espécie, talvez a mais importante, do

Ou seja, para se refletir sobre o valor de determinados comportamentos das partes para uma interpretação feita à luz do direito, é primordial a etapa de análise das regras construídas a partir de um texto normativo--jurídico ou por afirmação jurisprudencial[225].

Por ora, vale notar também que dentro do campo da interpretação jurídica, a interpretação de negócios jurídicos de direito privado se distingue da interpretação da lei e de outros atos de autoridade em geral, como provimentos, justamente por se orientar pelo "intento prático" perseguido pelas partes, para o "interesse em sentido objetivo, que busca satisfação no preceito que a autonomia privada realizou"[226]. Evidentemente, não se trata de interpretar a "vontade interna" das partes, "mas sim a declaração ou o comportamento, enquadrados na esfera de circunstâncias, que confere seu significado e seu valor"[227].

Desta forma, a interpretação toma os negócios jurídicos como objetos concretos, identificáveis socialmente através da objetivação realizada pela manifestação (declaração ou comportamento) da vontade de seus autores. Este reconhecimento deve levar em conta o ambiente em que o negócio deva operar, ou seja, aqueles indivíduos para os quais o ato tem "relevância jurídica".

Note-se que nem todas estas questões foram expressamente previstas nos artigos 112 e 113 do Código Civil, de modo que o recurso à doutrina

gênero denominado "interpretação em função normativa". Ora, o problema que caracteriza esse tipo de interpretação é o de entender para agir ou, de todo modo, para decidir, (...)". Desta forma, a interpretação jurídica seria "não apenas a representação, como atividade teorética destinada a provocar uma experiência contemplativa (intelectiva ou estética), mas também a ação, como atividade prática". In: BETTI, *Interpretação...*, *op. cit.*, 2007, p. 5 e 6.

225 No âmbito da interpretação, estas regras jurisprudenciais parecem ter mais importância para sistemas conhecidos como de "*Common Law*". A respeito da interpretação no direito norte-americano, vide, por exemplo, BURTON, Steven J. Elements of contract interpretation. New York: Oxford University Press, 2009.

226 BETTI, *Interpretação...*, *op. cit.*, 2007, p. 345 e 346.

227 BETTI, *Interpretação...*, *op. cit.*, 2007, p. 347. A lição de BETTI neste particular se assemelha muito à interpretação do artigo 112 do Código Civil, afirmando que "[n]a verdade, o que conta é menos o teor das palavras ou a materialidade do comportamento do que a situação objetiva em que elas são pronunciadas ou subscritas, e isso é mantido, ou seja, aquele contexto e conjunto de circunstâncias em que a declaração se enquadram como na sua esfera natural e assumem, segundo as visões da consciência social, seu típico significado e sua importância".

especializada, inclusive a estrangeira, é essencial para um panorama mais completo da matéria.

1.7. Tempo relevante à interpretação dos contratos

A interpretação dos contratos corresponde a ato de "reconstituição histórica" do sentido que as partes lhe atribuíram à época de sua celebração[228]. Cumpre investigar a intenção comum consubstanciada na declaração, logo, o tempo relevante para a interpretação é o tempo da emissão de cada declaração formativa do acordo[229] e não algum momento posterior. Em outras palavras, ainda que um contrato perdure muitos anos, a sua interpretação reconstrói o regulamento tal qual as partes o propuseram, o que é referido por alguns como "cânone genético-histórico"[230].

Esta precisão é essencial para a boa compreensão do objeto deste capítulo. Os comportamentos posteriores, portanto, são índices do que as partes quiseram dizer, ou do que era razoável compreender, à época da celebração do contrato, do que foi dito[231].

Neste sentido, por exemplo, a Apelação nº 7.185.165-9, julgada pela Vigésima Terceira Câmara de Direito Privado do Tribunal de Justiça do Estado de São Paulo, em 20 de agosto de 2008, relatada pelo Desembargador J. B. Franco de Godoi, em que se reconheceu o momento de formação do contrato como o relevante à determinação do sentido da vontade comum das partes:

> Trata-se da vontade que motivou a formação e a celebração do contrato, ou seja, a vontade histórica, e não a vontade que as partes podem ter em um momento posterior. É a vontade comum de ambas as partes, e não a individual de cada uma delas[232].

Caso existam mudanças bruscas de comportamento das partes que redundem em novas regras contratuais, muitas vezes se está diante de declarações tácitas modificativas do conteúdo contratual[233]. Logo, não

[228] ALMEIDA, *op. cit.*, 2014, p. 287.
[229] ALMEIDA, *op. cit.*, 2014, p. 287.
[230] ALMEIDA, *op. cit.*, 2014, p. 288.
[231] ALMEIDA, *op. cit.*, 2014, p. 288.
[232] Página 3 do acórdão.
[233] ALMEIDA, *op. cit.*, 2014, p. 288.

costuma haver uma 'interpretação contratual evolutiva', mesmo em caso de contratos de duração[234].

2. O conteúdo do contrato como objetivo da interpretação contratual

A interpretação é responsável por determinar o sentido de certa manifestação do espírito humano. Neste trabalho, interessa pesquisar a determinação do conteúdo contratual através da interpretação, procedimento que garante o implemento das "liberdades contratuais", pela determinação e proteção à vontade das partes "quando elas concluíram o contrato"[235].

A interpretação (assim também, a interpretação integrativa[236]) responde pela determinação do conteúdo total (expresso e implícito) do negócio jurídico, enquanto a integração supre eventuais lacunas de seus efeitos ou impõe certas regras tidas como cogentes e limitadoras da liberdade das partes (o que pode, inclusive, derrogar efeitos expressamente queridos pelas partes). O conteúdo do contrato pode ser compreendido em um sentido formal e em um sentido substancial.[237]

No sentido formal, o conteúdo do contrato é o seu "texto", ou seja, o "conjunto de declarações" que o compõem.[238] Assim, do conteúdo formal do contrato participam não apenas as "declarações dispositivas", mas também declarações de outra natureza, como elementos narrativos a partir dos quais as partes elucidam os seus motivos, os

[234] ALMEIDA, *op. cit.*, 2014, p. 288. A interpretação evolutiva tem, todavia, importante papel na interpretação do direito legislado, uma vez que, nesta sede, serve para atualizar o sentido da norma jurídica de acordo com o atual contexto social e econômico em que ela está inserida. Assim, evita-se a paralisia do direito em função da paralisia do legislador. Sobre o assunto, vide MAXIMILIANO, Carlos. Hermenêutica e aplicação do direito. 5ª Edição. Rio de Janeiro: Livraria Freitas Bastos S.A., 1951, p. 67 a 69.

[235] BURTON, *op. cit.*, 2009, p. 2 e 3.

[236] "A interpretação integrativa é tida por distinta da integração do contrato, (...) A primeira é uma subespécie da interpretação; a segunda é uma operação (como se há visto), mediante a qual resta determinada, com o auxílio dos meios indicados nos artigos 1374, 1340, 1339 e 1349 do Código Civil, a medida dos efeitos do contrato". In: MESSINEO, *op. cit.*, 1961, p. 170, nota 707. Os meios indicados nos artigos citados são, por exemplo, a lei e a equidade.

[237] BIANCA, C. Massimo. Diritto Civile. Il contratto. Vol. III, ristampa. Milano: Dott. A. Giuffrè Editore, 1987, p. 311.

[238] BIANCA, *op. cit.*, 1987, p. 311.

antecedentes do contrato, entre outras questões que, embora não digam respeito a declarações imediatamente preceptivas, podem auxiliar sua interpretação[239].

Por sua vez, o sentido substancial do conteúdo do contrato se relaciona com o "conjunto das disposições contratuais", ou seja, "precisamente o que as partes estabeleceram"[240]. O conteúdo "se identifica no objeto do contrato" (desde que se considere este objeto de maneira ampla, como "a inteira operação desejada pelas partes")[241]. Exclui-se habitualmente do conteúdo substancial do contrato as imposições legais integradas à relação contratual. O conteúdo substancial do contrato é o campo da interpretação do contrato[242], não de sua integração[243], pois é o espaço de realização do "auto-regramento" das partes[244].

[239] BIANCA, *op. cit.*, 1987, p. 312.

[240] BIANCA, *op. cit.*, 1987, p. 312.

[241] BIANCA, *op. cit.*, 1987, p. 316 e 317.

[242] MIRANDA, Custódio da Piedade Ubaldino. Interpretação e integração dos negócios jurídicos. São Paulo: Editora Revista dos Tribunais, 1989, p. 206.

[243] Neste sentido a lição de MESSINEO, *op. cit.*, 1961, p. 155: "*L'integrazione si esplica, non tanto sul contenuto del contratto, quanto sulla qualità e misura degli effetti di esso, essendo quella – a differenza dall'interpretazione – diretta, non a stabilire il senso della volontà contrattuale, bensì a far scaturire dal contratto effetti, che potrebbero non trarsi dalla mera interpretazione. L'integrazione del contratto è un portato della volontà dell'ordinamento giuridico*". Em tradução livre: "A integração se explica não tanto pelo conteúdo do contrato, quanto pela sua qualidade e medida dos seus efeitos, sendo aquela – diferentemente da interpretação – direta, não estabelecendo o sentido da vontade contratual, mas para fazer acrescentar ao contrato efeitos que não poderiam ser obtidos pela mera interpretação. A integração do contrato é uma realização da vontade do ordenamento jurídico". Esta posição, no entanto, não retirava do autor italiano consciência do papel social da integração, na proteção dos contratantes menos afeitos à técnica jurídica: "*essa, oltre tutto, viene a proteggere, in particolar modo, i contraenti più impreveggenti, o più profani della tecnica giuridica o del contratto (aspetto sociale dell'integrazione del contratto)*". Em tradução livre: "essa, entretanto, vem a proteger de maneira particular os contratos mais imprevidentes, os mais leigos na técnica jurídica ou no contrato (aspecto social da integração do contrato)". Mais recentemente, parte da doutrina procurou dar relevo à atividade integrativa, demonstrando que ela pode servir à intervenção do Estado no conteúdo do contrato, com fins à efetivação dos seus fins próprios, e, por esta razão, participar do próprio conteúdo contratual. Neste sentido: MELLO FRANCO. Vera Helena de. Aspectos da Integração dos Contratos no Direito Comercial. Biblioteca Pioneira de Direito Empresarial. São Paulo: Livraria Pioneira Editora. 1979, *passim*.

[244] Neste sentido, BIANCA, 1987, p. 312. Também, MIRANDA, *op. cit.*, 1989, p. 206 a 209.

O conteúdo substancial do contrato divide-se, por sua vez, em expresso e implícito[245]. Isto é, ao lado das regulamentações expressas pelas partes, existem outras que foram omitidas e estão implícitas naquelas expressas e no contexto do relacionamento das partes[246], por isso se diz que há uma 'lacuna' no conteúdo expresso do contrato, que deve ser resolvida por meio da "interpretação integrativa"[247].

Sob a perspectiva do conteúdo do contrato, o comportamento das partes adotado posteriormente à celebração do contrato pode ser utilizado pelo intérprete para efetuar a transição entre o conteúdo formal e o conteúdo substancial do contrato. Ou seja, o comportamento serve de suporte ao aplicador do direito, pois esclarece as intenções comuns das partes, além de permitir inferir o desdobramento lógico dos textos adotados, quando se percorre o por vezes tortuoso caminho do texto à regulamentação (ainda que implícita) construída pelas partes.

3. O procedimento da interpretação contratual

Já se mostrou que a interpretação jurídica se diferencia de outras 'formas' de interpretação, abarcadas pela hermenêutica de um modo geral, pelos valores que a orientam (próprios de um dado sistema jurídico) e pelas regras específicas (impostas por este sistema) que a determinam.

Tratando especificamente da interpretação jurídica de contratos, com relação aos valores orientadores de tal atividade, seu primeiro objetivo parece ser "implementar as liberdades contratuais", o que se obtém "determinando-se e implementando a intenção das partes quando elas concluíram o contrato"[248]. Isto é, a interpretação se relaciona à liberdade contratual, implicando respeito ao convencionado pelas partes, ainda quando o instrumento contratual não seja, à primeira vista, 'claro'.

De todo modo, a liberdade contratual não é o único valor jurídico ligado à interpretação de contratos no direito brasileiro, o que fica evidente pela eleição da boa-fé e dos usos do lugar da celebração do contrato como vetores para sua interpretação no *caput* e nos incisos II e III do parágrafo 1º do artigo 113 do Código Civil. A tutela à boa-fé objetiva é uma tutela

[245] MIRANDA, *op. cit.*, 1989, p. 134 e ss.

[246] MIRANDA, *op. cit.*, 1989, p. 135.

[247] MIRANDA, *op. cit.*, 1989, p. 135 a 137.

[248] BURTON, *op. cit.*, 2009, p. 2 e 3.

à confiança e à segurança nas relações jurídicas – para alguns, expressão de um caráter social do direito em linha com vetores constitucionais do ordenamento jurídico.[249]

JUDITH MARTINS-COSTA se refere à confiança como 'princípio' da interpretação, situado ao lado da autonomia contratual:

> Toda interpretação contratual envolve, pois, um juízo de respeito e atenção ao manifestado pelas partes (então subjazendo os princípios da autonomia contratual e da confiança) e um juízo de qualificação ou categorização jurídica incidente tanto sobre a declaração negocial quanto sobre o exercício jurídico pelos contraentes[250].

Desta forma, os dois principais valores tutelados pela interpretação dos contratos (e mais amplamente, dos negócios jurídicos) no direito brasileiro são justamente a autonomia privada e a confiança – conclusão que se alinha às regras contidas nos artigos 112 e 113.[251]

3.1. As regras jurídicas de interpretação no direito positivado brasileiro

Já se viu que BETTI sustenta a existência de ao menos quatro cânones hermenêuticos "descobertos pela jurisprudência civilista" que guiariam a interpretação jurídica e controlariam a dialética entre o sujeito-intérprete e a forma representativa interpretada[252]. Estes cânones são relevantes para qualquer processo interpretativo e, por essa razão, estão presentes também na interpretação jurídica dos contratos no direito brasileiro. Parte

[249] Assim, SCHREIBER, Anderson. A proibição de comportamento contraditório. Tutela da confiança e venire contra factum proprium. 3ª ed. rev. e atual. Rio de Janeiro: Editora Renovar, p. 50 a 59 e 107 a 109.

[250] MARTINS-COSTA, *op. cit.*, 2015, p. 449.

[251] Em outras regras mais específicas, como o artigo 423 do Código Civil, realizam-se ainda a tutela de outros valores, como, neste caso, a tutela do aderente diante do conteúdo predisposto do contrato por adesão. Veja-se, ainda o artigo 1.799 do Código Civil, que pretende tutelar a vontade 'real' do testador, tomada pela sua perspectiva mais subjetiva, e o artigo 47 do Código de Defesa do Consumidor, que dá azo ao mandamento constitucional de proteção ao consumidor, tomado como hipossuficiente, art. 170, V, da Constituição Federal.

[252] BETTI, *As categorias...*, *op. cit.*, p. XLIII. O autor também se referia a estes cânones como "categorias civilistas fundamentais" (ver "As categorias..., op. cit., p. XLV).

da doutrina relaciona os dois primeiros cânones preponderantemente ao artigo 112 do Código Civil, enquanto os dois últimos costumam estar mais associados ao *caput* do artigo 113 do Código Civil[253]. Estas regras são essenciais ao processo interpretativo no direito brasileiro e sua compreensão deve ser aprofundada.

Uma primeira questão diz respeito à convivência entre as regras aparentemente díspares do artigo 112 (que substituiu, de maneira aperfeiçoada, o criticado artigo 85 do Código Civil de 1916[254]) e do artigo 113. Enquanto o artigo 112 manda que se interprete a declaração negocial de acordo com a intenção comum das partes nela consubstanciada, o artigo 113 impõe interpretar em conformidade com a boa-fé objetiva e os usos do local da celebração do contrato (tendo os incisos de seu parágrafo primeiro, com exclusão de seu inciso I[255], incluídos pela Lei 13.874/2019, procurado oferecer mais concretude para este exercício).

Ao ver de parte da doutrina, as regras podem ser harmonizadas por meio de um procedimento bifásico de interpretação, ainda que estas 'fases' não devam ser consideradas de maneira estanque e cronológica (uma aplicação 'primeiro uma, depois a outra').[256]

A divisão em duas fases do procedimento da interpretação encontrou desenvolvimento teórico relevante na Itália, escudada nas regras de interpretação estabelecidas pelo Código Civil de 1942 (artigos 1.362 e seguintes), tendo sido sustentado ao lado de uma interpretação subjetiva, voltada à busca pela "vontade real", como "uma necessidade lógica", "o estabelecimento de regras de interpretação (objetiva) que prevejam quando, pela indisponibilidade em concreto da vontade das partes, sob

[253] MARINO, *op. cit.*, 2011, p. 63.

[254] Criticava-o, por exemplo, MIRANDA, *op. cit.*, 1989, p. 169 e ss.

[255] Em uma primeira leitura, o referido inciso parece tratar efetivamente da reconstrução da intenção das partes consubstanciada na declaração, e não, efetivamente, de interpretação conforme a boa-fé ou os usos. Sob esta acepção, é exemplificação do procedimento adotado pelo intérprete quando aplicando o mandamento do artigo 112 do Código Civil ("interpretação subjetiva"). De toda forma, o inciso I pode cumprir um papel relevante também à interpretação integrativa do contrato, que visa a colmatação de lacunas de seu conteúdo expresso. Nesta acepção, o inciso, ainda que pareça deslocado dos demais incisos do parágrafo primeiro, pertence efetivamente à interpretação dita objetiva do contrato.

[256] GOMES, Orlando. Contratos. 8ª ed. Rio de Janeiro: Forense, 1981, p. 236 e ss. MARINO, *op. cit.*, 2011, p. 159 e ss.

risco de não se conseguir um resultado útil".[257] Assim, enquanto o artigo 1.362 do Código Civil Italiano introduz um critério subjetivo de interpretação do contrato (que deve atender mais à intenção consubstanciada na declaração que ao sentido literal das palavras), o art. 1.366 do mesmo Código, que ordena que "o contrato deve ser interpretado segundo a boa-fé", adota a interpretação dita objetiva do contrato[258]. Diante deste panorama legislativo, OPPO ensinava ser comum distinguir as normas que regulam a interpretação dos negócios entre normas direcionadas à reconstrução da vontade concreta das partes e normas que as socorrem quando esta vontade não é detectável[259].

O teor desses dois artigos do Código Civil italiano aparece, em certo grau, reproduzido nos artigos 112 e 113 do Código Civil Brasileiro[260].

[257] OPPO, Giorgio. Profili dell'interpretazione oggettiva del negozio giuridico. In: ____. Obbligazioni e negozio giuridico. Scritti giuridici III. Padova: CEDAM, 1992, p. 3.

[258] MESSINEO, *op.cit.*, 1961, p. 170.

[259] OPPO, *Profili...*, *op. cit.*, 1992, p. 2 e ss. Reconhece a importância da divisão, por exemplo, também ALPA, *op. cit.*, 2006, p. 89.

[260] A nosso ver, o teor das normas também é semelhante aos §§133 e 157 do Código Civil Alemão. Todavia, esta semelhança foi recusada por BETTI (*Teoria Geral do Negócio Jurídico, op. cit.*, p. 498 e 499), que enxergava no §133 do BGB uma consagração do dogma da vontade, que privilegiava o declarante, ignorando o declaratário. Efetivamente, a redação do §133 („*Bei der Auslegung einer Willenserklärung ist der wirkliche Wille zu erforschen und nicht an dem buchstäblichen Sinne des Ausdrucks zu haften*".Em tradução livre: "Na interpretação de uma declaração de vontade deve-se ater à vontade real e não ao sentido literal da expressão") refere-se apenas à prevalência da "real vontade („*der wirkliche Wille*") sobre o "sentido literal da manifestação" („*buchstäblicher Sinne des Ausdrucks*"), sem fazer qualquer referência à "vontade comum das partes" (como consta do artigo 112 do Código Civil Brasileiro e do artigo 1.362 do Código Civil italiano: "*Nell'interpretare il contratto si deve indagare quale sia stata la comune intenzione delle parti e non limitarsi al senso letterale delle parole*". Em tradução livre: "No interpretar um contrato se deve indagar qual era a intenção comum das partes e não se limitar ao sentido literal das palavras"). Entretanto, a doutrina alemã contemporânea reconhece que o §133 impõe uma análise da intenção comum das partes, determinando, ademais, a aplicação do §157 do BGB (que ordena a interpretação dos contratos de acordo com a boa-fé, tomando em consideração os usos do tráfico) apenas após a constatação de que não é possível determinar a intenção comum das partes, de acordo com o §133 do BGB. Esta interpretação do §133 já era referida, por exemplo, entre nós por Eduardo Espínola (*apud* MOREIRA ALVES, José Carlos. A Parte Geral do Projeto de Código Civil Brasileiro, com análise do texto aprovado pela Câmara dos Deputados. São Paulo: Saraiva, 1986, p. 103 e 104). Na doutrina alemã, vide KÖTZ, Hein. Vertragsrecht. 2ª Ed., Tübingen: Mohr Siebeck, 2009, p. 31.

O artigo 112, que baliza a interpretação subjetiva do contrato (para alguns, e de maneira mais técnica, "fase meramente recognitiva"[261]), estabelece que "*nas declarações de vontade se atenderá mais à intenção nelas consubstanciada do que ao sentido literal da linguagem*". Por isso, a busca pela intenção (ainda que comum e declarada das partes) dá o tom subjetivo ao referido artigo, ainda que não se olvide que

> na busca do significado declarativo (seja expresso na declaração, seja inferido de um comportamento concludente) a atenção do intérprete deverá estar voltada, primeiramente, à intenção tal qual exteriorizada (por palavras ou por comportamentos), buscando-se um sentido conotado à manifestação socialmente apreensível[262].

Por sua vez, o *caput* do artigo 113 complementa a regra do artigo anterior determinando deverem ser os negócios jurídicos "*interpretados conforme a boa-fé e os usos do lugar de sua celebração*". Isto significa que "ao menos *prima facie* o sentido deverá corresponder ao que é usual ou corriqueiro no mercado, ou ao específico setor que situa, contextualmente, aquele concreto negócio jurídico interpretado"[263].

A fase objetiva da interpretação correspondente a tal artigo se fundamenta na insuficiência da fase subjetiva para iluminar com precisão o conteúdo contratual, em alguns casos, porquanto muitas declarações contratuais são imperfeitas, em maior ou menor grau, impondo ao intérprete, por vezes, esclarecer contradições, aclarar obscuridades ou superar omissões. Para lidar com as imperfeições da declaração, a fase objetiva da interpretação dever ser iluminada por premissas diferentes (a boa-fé objetiva[264] e os usos do lugar da celebração do contrato) daquelas que

[261] MARINO, *op. cit.*, 2011, p. 163.

[262] MARTINS-COSTA, *op. cit.*, 2015, p. 451 e 452.

[263] MARTINS-COSTA, *op. cit.*, 2015, p. 452. Note-se que a opinião foi dada antes da promulgação da Lei 13.874/2019, mas veio a ser confirmada pela inclusão do inciso II ao artigo 113.

[264] O recurso à boa-fé objetiva na complementação de uma interpretação de cariz subjetivo do negócio jurídico já era reconhecido por BEVILAQUA, ainda na ausência de disposição expressa no Código Civil de 1916: "*Nas declarações de vontade, attende-se mais á intenção do que ás palavras, porque as palavras são simplesmente os signaes que revelam a resolução tomada, e, se forem mal empregadas, por ignorancia ou descuido, não manifestam a vontade como esta existiu no momento de ser celebrado o acto. É licito, portanto, buscar a fórma da volição em sua realidade, por traz da imperfeição*

guiam sua fase subjetiva, buscando desenvolver "ao máximo as potencialidades do conteúdo do negócio jurídico", sem que seja (ou antes que seja) necessário o recurso à integração do negócio[265].

A divisão do processo interpretativo em duas fases, ainda que não estanques, todavia, não é unanimidade na doutrina brasileira, que também recorre a outros expedientes para harmonizar as regras do artigo 112 e 113. GUSTAVO TEPEDINO, HELOÍSA HELENA BARBOZA e MARIA CELINA BODIN DE MORAES, por exemplo, no que parecem acompanhar FRANCISCO AMARAL[266], enxergam no artigo 112 a função de equilibrar a interpretação "objetiva" (segundo os autores, calcada na declaração) e uma interpretação "subjetiva" (orientada à busca da "real intenção" do agente)[267]. Segundo os autores, o referido artigo abarcaria ambas as orientações e ainda que sua utilização conjunta possa "parecer contraditória", "unidas, permitem ao intérprete desenhar o negócio jurídico da forma mais completa possível, de modo que serão contemplados tanto o real conteúdo da vontade – apurado também tendo em vista os elementos econômicos e sociais que a informaram – quanto o seu sentido literal"[268]. Nesta visão, o artigo 113, por sua vez, seria um "norte" a ser observado pelo intérprete durante a sua atividade, informando uma "tendência objetiva"[269].

> Como norma de interpretação dos negócios jurídicos, a boa-fé objetiva inaugura uma posição intermediária entre as tendências subjetiva e objetiva, presentes no artigo antecedente, equilibrando a interpretação geral nele

dos symbolos. Potentior est quam vox mens dicentis. Além disso, os actos jurídicos estão submetidos aos principios geraes do justo e do honesto, e devem ser interpretados como actos praticados de bôa fé." In: BEVILAQUA, Clovis. *Theoria geral do direito civil.* 6ª ed. actualizada por Achilles Bevilaqua. Rio de Janeiro: Livraria Francisco Alves, 1953, p. 275.

265 MARINO, *op. cit.*, 2011, p. 175. Por isso que se sustenta também no artigo 113 uma forma de tutela da autonomia privada.

266 AMARAL, Francisco. Direito civil: introdução. 7ª Ed. rev., mod. e aum. Rio de Janeiro: Renovar, 2008.

267 TEPEDINO, Gustavo. BARBOZA, Heloísa Helena. BODIN DE MORAES, Maria Celina. Código Civil interpretado conforme a Constituição da República. Volume I. Parte Geral e Obrigações (arts. 1º ao 420). 2ª Ed. rev. e atual. Rio de Janeiro: Renovar, 2007, p. 228 e 229.

268 TEPEDINO, BARBOZA, e BODIN DE MORAES, *op. cit.*, 2007, p. 228.

269 TEPEDINO, BARBOZA, e BODIN DE MORAES, *op. cit.*, 2007, p. 230.

estabelecida e remetendo o intérprete à análise do caso concreto, para nele estabelecer a presença ou ausência de boa-fé. Idêntica função tem a observação dos usos do lugar da celebração, onde se consideram as condições que o meio apresenta e, a partir delas, chega-se ao sentido dos efeitos desejados ao negócio[270].

Ressaltando três funções fundamentais à boa-fé objetiva (interpretativa, restritiva do exercício abusivo de direitos e criadora de deveres anexos), TEPEDINO, BARBOZA e BODIN DE MORAES ensinam que "a primeira função se refere à boa-fé como critério hermenêutico, exigindo que a interpretação das cláusulas contratuais privilegie sempre o sentido mais conforme à lealdade e honestidade em relação aos propósitos comuns, a busca do sentido mais consentâneo com os objetivos perseguidos pelo negócio"[271].

JUDITH MARTINS-COSTA, por sua vez, procura trazer uma perspectiva que, não negando um conteúdo próprio a cada artigo, procura conjugá-los ambos para afirmar a "prevalência do significado normal da declaração de vontade segundo a prática corrente, entre os figurantes, se for o caso, o comportamento das partes e os usos dos negócios"[272]. Desta forma, advoga existir uma atuação conjunta das regras dos artigos 112 e 113[273] (não apenas entre si, mas também com as regras especiais relacionadas ao modo de formação do contrato – artigo 423 – ou ao tipo contratual – artigo 843, por exemplo)[274].

Para a autora, o artigo 112 impõe que "na busca do significado declarativo (seja expresso na declaração, seja inferido de um comportamento concludente) a atenção do intérprete deverá estar voltada, primeiramente, à intenção tal qual exteriorizada (por palavras ou por comportamentos), buscando-se um sentido conotado à manifestação socialmente apreensível"[275]. Todavia, como "essa apreensão é conotada a um determinado contexto, o artigo 113 indica deverem os negócios jurí-

[270] TEPEDINO, BARBOZA, e BODIN DE MORAES, *op. cit.*, 2007, p. 231.

[271] TEPEDINO, BARBOZA, e BODIN DE MORAES, *op. cit.*, 2007, p. 231.

[272] MARTINS-COSTA, *op. cit.*, 2015, p. 452.

[273] MARTINS-COSTA, *op. cit.*, 2015, p. 449.

[274] MARTINS-COSTA, *op. cit.*, 2015, p. 450.

[275] MARTINS-COSTA, *op. cit.*, 2015, p. 451 e 452.

dicos ser interpretados segundo a boa-fé e os usos do lugar da celebração, é dizer: ao menos *prima facie* o sentido deverá corresponder ao que é usual ou corriqueiro no mercado, ou ao específico setor que situa, contextualmente, aquele concreto negócio jurídico interpretado".[276]

Sem descurar do cânone da totalidade hermenêutica, a autora sustenta dever o processo interpretativo iniciar pela interpretação literal referida pelo artigo 112 (ainda que como solução não-prioritária), "considerada insuficiente para resolver todas as particularidades do caso concreto, sendo a linguagem humana sempre conotada e sujeita a ambiguidades"[277].

> Isso significa dizer que a interpretação deverá considerar em qualquer caso, o conjunto contratual, compreensivo de todas as circunstâncias fáticas e normativas de relevo para o caso, o que vem expresso – em regra antiquíssima, advinda do *ius commune* – como "cânone da totalidade hermenêutica"[278].

De toda forma, a este trabalho, mais do que a discussão a respeito da mais adequada estruturação do processo interpretativo, interessa ressaltar que o comportamento das partes tem um papel primordial seja para a regra do artigo 112, seja para aquela do 113[279] – apenas para facilitar a compreensão da análise, adota-se a divisão bifásica, desdobrando em maior detalhe as regras de cada artigo e sua interação com o comportamento posterior das partes.

Para a primeira fase, o comportamento serve à própria determinação do conteúdo expresso do contrato, seja aclarando-o ou mesmo confirmando ou infirmando as conclusões que a interpretação (literal) das declarações expressas possa ter alcançado[280].

276 MARTINS-COSTA, *op. cit.*, 2015, p. 452.

277 MARTINS-COSTA, *op. cit.*, 2015, p. 454.

278 MARTINS-COSTA, *op. cit.*, 2015, p. 454.

279 O que ficou ainda mais explícito pela inclusão do inciso I do parágrafo primeiro do artigo 113 pela Lei 13.874/2019.

280 MARINO, *op. cit.*, 2011, p. 177. MARTINS-COSTA, *op. cit.*, 2015, p. 468. O reconhecimento explícito deste papel, que existia no Código Comercial de 1850, artigo 131, 3, voltou para o ordenamento jurídico brasileiro no inciso I do parágrafo primeiro do artigo 113 do Código Civil. Todavia, não se advoga o simples 'transplante' do inciso I para o artigo 112, uma vez que é de se reconhecer um papel a ele dentro da interpretação integrativa, objeto do artigo 113, como se discute adiante.

Assim, o comportamento das partes pode confirmar ou infirmar o primeiro (e provisório) sentido atribuído pelo intérprete ao conteúdo da declaração negocial. Caso a observação do comportamento das partes durante a execução contratual infirme as primeiras conclusões do intérprete acerca do que seria o conteúdo contratual, ter-se-á uma "ambiguidade extrínseca"[281], justificando o recurso a outros métodos interpretativos (ou outra "fase" de interpretação).

Para a fase objetiva ou complementar da interpretação, o comportamento concretamente adotado pelas partes pode ser valorado "contrastando a conduta efetivamente havida com o standard da conduta segundo a boa-fé"[282].

Além disso, o comportamento das partes pode oferecer ao intérprete as balizas que ele precisa para compor adequadamente o conteúdo não-declarado da relação jurídica contratual, por meio da assim chamada interpretação integrativa, que também é parte da interpretação complementar calcada no artigo 113 (aqui o inciso I de seu parágrafo primeiro desempenha um papel importante). Neste momento, a análise atenta do "comportamento global" das partes, iluminado pela relação concreta e pelas "circunstâncias relevantes", será essencial para que o intérprete torne evidente o verdadeiro conteúdo do contrato[283]. Ou seja, o comportamento das partes pode ser relevante para permitir a compreensão do conteúdo implícito do negócio jurídico, a fim de completar o trabalho realizado na primeira fase interpretativa.

3.2. A interpretação subjetiva – a intenção comum das partes

A fase subjetiva da interpretação contratual é o momento lógico em que o intérprete, tendo por base todo o contexto que circunda o relacionamento contratual das partes, procurará compreender o sentido do contrato segundo a intenção comum das partes consubstanciada na declaração, garantindo que essa intenção comum prevaleça[284], quando passível de ser aferida, ao sentido literal das palavras.

[281] MARINO, *op. cit.*, 2011, p. 177.

[282] MARTINS-COSTA, *op. cit.*, 2015, p. 468.

[283] MARINO, *op. cit.*, 2011, p. 224.

[284] GOMES, *op. cit.*, 1981, p. 244 e 245.

Com isso não se quer dizer que a interpretação literal não tenha lugar no direito brasileiro, mas apenas que esta deve ser o ponto de partida do intérprete que, adicionando outros elementos à sua análise, pode dela abrir mão (se contradisser a intenção comum declarada das partes) ou confirmá-la[285]. Crucial que não se esqueça que o sentido literal de um texto constitui o primeiro elemento cotejado pelo intérprete em seu mister, pois as partes, em regra, pretendem justamente que sua declaração se constitua com o sentido comum das palavras que usam[286].

ORLANDO GOMES lembrava que "intenção comum" constitui conceito de difícil apreensão, defendendo que "a intenção das partes passa a ser comum com a integração das vontades, mas não se sabe o que verdadeiramente se deve entender como tal nem como conduzir uma investigação para descobri-la". Isto não quer dizer que a interpretação de cariz subjetivo seja inútil, pois "a meta a ser alcançada pelo intérprete é a exata determinação dos efeitos jurídicos que as partes quiseram provocar"[287].

A interpretação do contrato deve buscar o conteúdo contratual. Desta forma, deve, antes de mais, procurar assentar a intenção comum das partes, pois o contrato é exercício da autonomia privada, pelo qual as partes dispõem de suas próprias esferas jurídicas[288]. Evidentemente, a busca pela intenção comum das partes não pode adotar uma orientação

[285] MARINO, *op. cit.*, 2011, p. 253. Concorda expressamente com esta posiçao JUDITH MARTINS-COSTA, *op. cit.*, 2015, p. 453. RODOLFO SACCO e GIORGIO DE NOVA, por outro lado, preferem falar em atribuição de um significado hipotético ('objetivo') às declarações formativas do contrato em uma primeira fase, devendo o intérprete, em seguida recorrer aos outros "elementos a utilizar na interpretação" para atribuir à declaração um significado "mais adequado ou mais completo" (SACCO, Rodolfo. DE NOVA, Giorgio. Il Contratto. Tomo Secondo. Terza edizione. Torino: UTET, 2004, p. 394).

[286] BIANCA, *op. cit.*, 1987, p. 396.

[287] GOMES, *op. cit.*, p. 244 e 245. Diante disto, continuamos o mister de tratar desta maneira de interpretar o contrato, advertindo que todos os conceitos e textos citados e utilizados representam tomadas de posição diante da doutrina existente e da legislação vigente, e, de forma alguma, impassíveis de crítica ou contradição.

[288] BIANCA, *op. cit.*, 1987, p. 387. Sobre o conceito de esfera jurídica, vide MELLO, Marcos Bernardes de. Teoria do fato jurídico. Plano da eficácia. 1ª parte. 5ª ed. São Paulo: Saraiva, 2009, p. 75 e ss.

psicológica que procure compreender a vontade real das partes, mas sim deve perquirir o valor objetivo do contrato, reconhecível pelas declarações congruentes e pela conduta das partes[289]. Esta inclusive a orientação do artigo 112 do Código Civil brasileiro, que, visando a sanar o que fora compreendido como um defeito de redação do artigo 85 do Código Civil de 1916[290], deixou claro que releva ao direito apenas a "*intenção consubstanciada na declaração*", ou seja, aquela intenção que se exteriorizou e se tornou assim "socialmente perceptível"[291]. Assim, a intenção comum deve estar "objetivada no acordo"[292] e o significado que as partes pretenderam dar ao seu contrato será, presumidamente, aquele que seja o sentido normal dentro de seu ambiente social e econômico[293]. Esta regra encontra, por exemplo, acolhida expressa no Código Civil português, em seu artigo 236º, permitida a prova de que as partes atribuíram outro significado à sua declaração[294].

Interessante analisar o que ocorre quando uma das partes atribui ao contrato um sentido diferente daquele "socialmente perceptível" objetivado na declaração. Neste caso, entende-se que a parte que erra sobre o sentido não pode opor este engano a outra parte, sob pena de prejudicar-se a certeza jurídica. Ou seja, impõe-se a ela o ônus do significado normal

[289] BIANCA, *op. cit.*, 1987 p. 387 e 388.

[290] A respeito deste defeito da redação do artigo 85, posicionou-se parte da doutrina brasileira à época no sentido de que sua correta interpretação já impunha o mesmo resultado obtido pelo atual artigo 112. Neste sentido: BARBOSA MOREIRA, *op. cit.*, 1983, p. 103 e 104. UBALDINO MIRANDA, *op. cit.*, p. 174 e ss.

[291] MARINO, *op. cit.*, 2011, p. 164 e 165.

[292] BIANCA, *op. cit.*, 1987, p. 388.

[293] BIANCA, *op. cit.*, 1987, p. 388.

[294] Código Civil português, art. 236º: "1. A declaração negocial vale com o sentido que um declaratário normal, colocado na posição do real declaratário, possa deduzir do comportamento do declarante, salvo se este não puder razoavelmente contar com ele. 2. Sempre que o declaratário conheça a vontade real do declarante, é de acordo com ela que vale a declaração emitida.". A respeito da interpretação do artigo na doutrina portuguesa mais recente, vide ALMEIDA, op. cit., 2014, p. 257 e ss. Em sentido semelhante, veja-se SACCO e DE NOVA, *op. cit.*, 2004, p. 390, para quem: "*In definitiva, quando la comune intenzione esiste ed è dato di scoprirla essa prevale – in via di massima – su ogni oggettivo valore della dichiarazione*". Em tradução livre: "Em definitivo, quando a intenção comum existe e é dado descobri-la, ela prevalece – em via de regra – sobre todos os valores objetivos da declaração".

de sua declaração, se ela não foi clara à outra sobre o sentido peculiar que pretendia dar aos termos empregados[295].

Justamente pelo caráter comum da intenção relevante, que deve vir de algum modo consubstanciada na declaração, é que a interpretação subjetiva tal como preconizada pelo artigo 112 do Código Civil (e pelo artigo 1.362 do Código Civil Italiano) não pode ser vista como uma posição "voluntarista"[296].

Na aferição da intenção comum das partes consubstanciada na declaração negocial, o intérprete possui ampla liberdade para eleger os elementos que o auxiliarão em sua tarefa, justamente em consagração ao cânone hermenêutico da totalidade, como visto. Neste sentido, o intérprete pode recorrer a "todas as circunstâncias, passadas ou presentes, e qualquer outra prova relevante, a respeito do que as partes tinham em mente quando falando ou ouvindo, escrevendo ou lendo a linguagem do contrato"[297].

[295] BIANCA, *op. cit.*, 1987, p. 389. A nosso ver, em algumas hipóteses esta parte que erra sobre o sentido normal da declaração pode procurar a anulação do contrato por erro, a teor dos artigos 138 e seguintes do Código Civil. Não pode, todavia, impor a outra parte um sentido que lhe é peculiar e íntimo, que não se deu a conhecer e não se tornou comum. A respeito destes ajustes para atribuir um sentido peculiar às partes a um termo comum, há exemplos na doutrina norte-americana, como no caso da pactuação do termo "*buy*" como "*sell*", e na doutrina alemã, na substituição, entre as partes, do termo "*Kaufen*" (comprar) pelo termo "*Verkaufen*" (vender), o que teria gerado confusão numa operação de bolsa naquele país.

[296] Evidentemente, o artigo 112, assim como artigo 1.362 do Código Civil Italiano (vide MESSINEO, *op. cit.*, 1961, p. 168), não encerrou a discussão a respeito da contradição entre vontade interna e declaração de vontade no direito brasileiro. De toda forma, assim como se afirmou para o direito italiano (vide MESSINEO, *op. cit.*, 1961, p. 168), uma eventual divergência deverá ser impugnada na forma de erro, regrado pelos artigos 138 a 144 do Código Civil, se atender a todos os requisitos estabelecidos nestes artigos, que redundará, por fim, em demonstrar que a "formação da vontade comum se deu de modo anormal, ou seja, que não é efetiva vontade comum" (MESSINEO, *op. cit.*, 1961, p. 168).

[297] BURTON, *op. cit.*, 2009, p. 51, "*Subjectivism draws inferences, from all of the circumstances, past and present, and any other relevant evidence, to what the parties had in mind when speaking or hearing, writing, or reading the contract's language*". Assim, BURTON arrola como principais elementos utilizados pelas Cortes americanas para a apuração da intenção comum das partes, as relações e negociações anteriores entre as partes ("*prior course of dealing*"), as negociações envolvendo o contrato ("*the course of negotiation*"), testemunho das partes a respeito da própria intenção ("*a party's testimony as to its intention*") e outras circunstâncias subjeticas ("*subjective circumstances*"). Interessante caso de interpretação contratual foi julgado pelo Tribunal de Justiça do Estado

de São Paulo e serve bem para ilustrar a amplitude de elementos que o julgador pode considerar quando interpretando um contrato à luz do artigo 112 do Código Civil. Trata-se do acórdão da apelação cível nº 0070048-50.2007.8.26.0224, julgada pela 1ª Câmara de Direito Privado do Tribunal de Justiça do Estado de São Paulo, cuja relatora foi a Des. Christine Santini. O caso envolveu apelações interpostas por YAMAHA MOTOR DA AMAZONIA LTDA. e COMPANY ON PRODUÇÕES CINEMATOGRÁFICAS LTDA. Em primeiro grau, a Company On havia proposto ação cautelar de busca e apreensão de DVDs contendo material publicitário desenvolvido por ela para a YAMAHA na sede desta, sob alegação de que este material estaria sendo distribuído pela YAMAHA em discordância com o respectivo contrato de prestação de serviços. Obtida a liminar, a Company On ingressou com ação de indenização por violação de direitos autorais contra a YAMAHA, alegando que teria havido divulgação do material publicitário aos revendedores da YAMAHA em mídia (DVD) não autorizada pelo contrato e que a YAMAHA tê-los-ia autorizado a reproduzir os DVDs mediante pagamento, o que caracterizaria pirataria. A YAHAMA propôs reconvenção pleiteando o pagamento de cláusula penal e indenização pela resilição antecipada do contrato pela Company On, uma vez que, com a medida cautelar proposta, o gozo do material teria cessado com apenas 4 meses de contrato, sendo que o prazo original era de 6 meses. Pleiteou também danos morais em razão da lesão à sua imagem pela acusação de que teria praticado pirataria. Em primeira e em segunda instância (ainda que com algumas diferenças nas verbas condenatórias) foi julgada procedente a reconvenção da YAMAHA. O âmago da questão dizia respeito à interpretação da cláusula 2.3 do contrato, que determinava que "Cláusula 2.3 – A Campanha Publicitária será veiculada em todo o território nacional pelo período de 06 (seis) meses, contados a partir da primeira inserção (que, por sua vez, não deverá ultrapassar 30 (trinta) dias do 15 (quinze) de junho de 2007), através de (i) mídia eletrônica: TV aberta, TV à Cabo (sic), rádio, internet, cinema; (ii) mídia impressa: jornais, revistas, materiais promocionais e de marketing direto, materiais de ponto-de-venda e de divulgação à imprensa (Press Release); (iii) mídia externa: outdoor, mobiliário urbano, painel eletrônico, *frontlight* e *backlight*; e, por fim (iv) mídia alternativa: exibição em eventos e feiras de automóveis, convenção de vendas, na sede, filiais e concessionários da CLIENTE." Segundo a Company On, a divulgação por meio de DVDs não estava prevista na cláusula acima, de modo que, a teor do artigo 4º da Lei 9.610/1998, que determina que "interpretam-se restritivamente os negócios jurídicos sobre os direitos autorais", esta via estaria vedada à YAMAHA. A YAMAHA, por outro lado, apoiando-se justamente na regra geral do artigo 112, que determina a busca pelo intento comum das partes, sustentava que sua intenção de ampla divulgação pelas concessionárias do material publicitário sempre fora conhecida e aceita pela Company On. O Tribunal, entendendo que a aplicação do artigo 4º da lei 9610 não poderia levar a uma interpretação "dissociada aos princípios jurídicos" aplicáveis ao contrato, determinou que "de rigor o reconhecimento da ré de reproduzir a obra através do suporte DVD". Para chegar a esta decisão, que equivaleria à intenção comum das partes quando da celebração do contrato (de que o material tivesse ampla divulgação) o Tribunal considerou não só o depoimento de diversas testemunhas a respeito

3.2.1. O comportamento para a determinação da intenção comum das partes

Entre os diversos elementos a apoiar o intérprete na busca pela intenção comum das partes está o seu comportamento, sobretudo após a celebração do contrato[298]. Tal era a regra consagrada pelo Código Comercial de 1850, em seu art. 131, 3, segundo o qual "o fato dos contraentes posterior ao contrato, que tiver relação com o objeto principal, será a melhor explicação da vontade que as partes tiverem no ato da celebração do mesmo contrato; (...)", e que voltou a ser consagrada pelo artigo 113, parágrafo primeiro, inciso I, do Código Civil, que dispõe "§ 1º A interpretação do negócio jurídico deve lhe atribuir o sentido que: I - for confirmado pelo comportamento das partes posterior à celebração do negócio; (...)".

Destarte, reconhece-se há muito o comportamento das partes como (o "melhor", na dicção legal) indicativo do que elas, em momento anterior ao litígio, compreenderam pela disposição contratual interpretada. O comportamento das partes não pode passar desapercebido pelo intérprete. Como ressalta JUDITH MARTINS-COSTA:

> o valor hermenêutico do comportamento posterior das partes (traduzido em declarações, condutas e atos de execução contratual) é induvidoso, aqui e alhures, acentuando-se na jurisprudência: o comportamento das partes é "fator revelador da composição de interesses e respectiva normatização que terminou por se estabelecer, dando a melhor interpretação possível ao que fora pactuado".[299]

Na mesma toada, BETTI ressalta a utilidade para o jurista da pesquisa do "valor representativo implícito de comportamentos práticos"[300], que

desta intenção comum, como também contratos anteriores celebrados entre as mesmas partes (em que teria havido a distribuição do material às concessionárias sem reclamação da Company On). O caso é bastante interessante por demonstrar a amplitude de elementos (inclusive contratos anteriores entre as partes) que pode fazer parte do contexto do contrato que auxiliará a interpretação do contrato. Além disso, ele também mostra a importância da causa concreta do negócio para a sua interpretação ao trazer e ressaltar o objeto do contrato, que se destinaria "à utilização em campanha publicitária", o que implica a "divulgação junto às concessionárias em todo o território nacional".

298 GOMES, *op. cit.*, 1981, p. 237.

299 MARTINS-COSTA, *op. cit.*, 2015, p. 469.

300 BETTI, *As categorias...*, *op. cit.*, 2007, p. XXXVI.

são ou a própria espécie analisada, ou a integram como seu elemento, ou a esclarecem.[301] Nesta última função, atuam como "indícios de um modo de ver e, portanto, de uma interpretação autêntica, que os próprios autores dão com o fato ao preceito por eles realizado", ou seja:

> (...) o objeto de interpretação é sempre a manifestação objetiva de um pensamento que se denuncia num comportamento prático; pois esse é avaliado como representação indireta, ou seja, implícita, de um determinado modo de pensar; o que faz com que esse comportamento, considerado sob o aspecto desse seu valor sintomático, possa muito bem se qualificar como uma forma representativa no amplo significado de objetivação do espírito que tratamos há pouco.[302]

Em outro trecho particularmente interessante, o autor explica que

> de resto, a interpretação não pressupõe necessariamente que o pensamento tenha sido manifestado com um fim representativo ou com um interesse dependente da vida de relação. Mesmo uma manifestação isenta de tal interesse e um comportamento não voltado por si só a manifestar um pensamento podem ser objeto de interpretação, enquanto se tratar de extrair dessa manifestação o valor expressivo que lhe é próprio, o seu estilo de arte ou de vida, ou, respectivamente, enquanto se tratar de deduzir a partir desse comportamento uma tomada de posição ou uma orientação, ou seja o modo de conceber e de avaliar para o qual ele se demonstra objetivamente preparado.[303]

Assim, um primeiro e proeminente papel desempenhado pelo comportamento à interpretação dos contratos, é o de auxiliar o esclarecimento do seu conteúdo voluntário[304].

[301] BETTI, *As categorias...*, *op. cit.*, 2007, p. XXXVI.

[302] BETTI, *As categorias...*, *op. cit.*, 2007, p. XXXVII.

[303] BETTI, *As categorias...*, *op. cit.*, 2007, p. XXXV.

[304] Evidentemente, como lembram SACCO e DE NOVA, este comportamento deve ser das partes, e não de terceiros (*op. cit.*, 2004, p. 404). Esta função é objeto de diferentes perspectivas e fundamentações da doutrina, todavia, não esgota o papel do comportamento das partes para a interpretação. Além disso, o comportamento das partes pode, ao invés de esclarecer, trazer uma dúvida razoável sobre o conteúdo voluntário do contrato, obrigando o intérprete a ampliar a sua atividade investigativa, com recurso a outros elementos e perspectivas, na

3.2.2. O esclarecimento do conteúdo contratual pelo comportamento

A primeira função do comportamento das partes para a interpretação dos contratos de duração reside em auxiliar o intérprete a compreender o sentido da intenção comum das partes. CARLOS FERREIRA DE ALMEIDA, que procura estudar o fenômeno da interpretação jurídica sob a ótica da linguística, analisando os papeis da semiótica e da pragmática para a determinação do significado negocial, apresenta uma interessante explicação para este papel do comportamento[305]. Sustenta o autor que a interpretação parte, em regra, da dimensão semântica da mensagem[306]. Grosso modo, a dimensão semântica pode ser equiparada ao que se chama de interpretação literal, que todavia insuficiente, "não pode ser recusada"[307].

A dimensão semântica é complementada por uma dimensão pragmática, que, a seu turno, considera o uso "particular" da linguagem, conforme a "situação concreta" ou o "contexto em que se enquadra" um dado negócio jurídico, sendo uma preocupação de todas as linhas doutrinárias modernas a respeito do negócio jurídico[308].

> De facto, a dimensão (meramente) semântica do significado negocial é insuficiente. Se é de recusar a tese clássica caracterizada por um subjetivismo puro, em que o significado do negócio jurídico consistiria no "conteúdo da vontade", tal como revelado pela manifestação, também não é aceitável considerar um significado que tomasse o texto como se fosse anónimo, descarnado, despersonalizado e isolado da relação comunicativa concreta que se estabelece entre quem o produz e quem dele toma conhecimento[309].

chamada interpretação objetiva. Dentro desta fase, o comportamento pode ser relevante à análise feita sob a perspectiva da boa-fé objetiva e no desdobramento do conteúdo expresso levado a cabo pela interpretaçao integrativa).

[305] ALMEIDA, Carlos Ferreira de. Texto e enunciado na teoria do negócio jurídico. Vol. I. Coimbra: Livraria Almedina, 1992, p. 147 e seguintes. Do mesmo autor, *Contratos IV*. Funções. Circunstâncias. Interpretação. Coimbra: Almedina, 2014, p. 245 a 256.

[306] A nosso ver, quando houver tal dimensão. Ver-se-á que nos casos de declaração tácita a dimensão semântica não estará, em regra, presente.

[307] ALMEIDA, *op. cit.*, 1992, p. 155.

[308] ALMEIDA, *op. cit.*, 1992, p. 161.

[309] ALMEIDA, *op. cit.*, 1992, p. 163.

Assim, no âmbito da pragmática, o significado de um negócio jurídico depende do "contexto" ou da "situação de comunicação", que inclui "as marcas de subjectividade, as relações entre os protagonistas e a representação que cada um deles faz de si próprio e da situação do outro"[310]. "A dimensão pragmática acrescenta à determinação do significado das declarações negociais a distinção entre uso geral e uso particular da linguagem, atendendo aos interlocutores e ao contexto (...) Só com a dimensão pragmática se alcança o sentido interativo da ação comunicativa concreta"[311]. Logo, para ser adequadamente compreendido, o texto precisa ser colocado no seu contexto, que pode ser linguístico, quando "formado por elementos constantes de frases antecedentes e subsequentes do mesmo texto e pela remissão para lugares desse texto, através de anáforas e de outros índices referenciais"[312], ou "extralinguístico (ou situacional)", quando "integra a situação espácio-temporal e o ambiente sociocultural, o meio de comunicação e a audiência, as relações interpessoais"[313].

Dentro das relações interpessoais incluem-se os comportamentos das partes[314], como uma das inúmeras "circunstâncias atendíveis" "na interpretação dos negócios jurídicos e dos contratos"[315]. Desenvolvendo este raciocínio, afirma o autor que:

[310] ALMEIDA, *op. cit.*, 1992, p. 164. Para este autor, "as marcas de subjectividade são indiretamente portadoras de todas as influências subjectivas e intersubjectivas que concretizam o significado", como, por exemplo, "a competência linguística", "o estatuto social", e os "objectivos" de cada parte. "Mas comunicação é, por natureza, interacção subjectiva e frequentemente uma relação dialógica, de tal modo que só é possível entre membros de uma mesma comunidade semiótica, e cada uma das determinações pessoais só revela (e revela tanto mais) se, e na medida em que, sejam (ou possam ser) integradas numa esfera de conhecimento mútuo que as torne atendíveis como factores de compreensão do sentido do texto".

[311] ALMEIDA, *op. cit.*, 2014, p. 249.

[312] ALMEIDA, *op. cit.*, 2014, p. 251.

[313] ALMEIDA, *op. cit.*, 2014, p. 251.

[314] ALMEIDA, *op. cit.*, 2014, p. 281.

[315] ALMEIDA, *op. cit.*, 2014, p. 281. O autor ressalta que o direito português (como o brasileiro) não possui "um elenco das circunstâncias atendíveis ou relevantes na interpretação dos negócios jurídicos e dos contratos". Todavia, em argumento que também parece aplicável ao direito brasileiro, sustenta o autor não ser controverso que quaisquer circunstâncias que possam ajudar a elucidar o sentido da declaração sejam atendíveis.

> [a] conduta pode consistir em ato de linguagem ou outro, de conteúdo positivo ou negativo, praticado pelos contraentes em conjunto ou em separado. Embora o tempo relevante para a interpretação do contrato seja o da sua celebração, ou melhor, da eficácia de cada um dos enunciados de que se compõe (...), condutas anteriores e posteriores podem ser reveladoras do sentido que deve ser atribuído aos enunciados sob interpretação.[316]

Portanto, o comportamento compõe o contexto extralinguístico em que está metido o negócio jurídico interpretado e que deve ser considerado para a determinação da dimensão pragmática do sentido deste negócio. Esta lição é acompanhada no direito brasileiro por MARINO[317], que fala em comportamento como "meio interpretativo".

No direito brasileiro, pugna-se pelo emprego de todos os meios interpretativos existentes no caso para a determinação do conteúdo total do negócio jurídico[318], assim, naturalmente, o comportamento das partes[319]. Para MARCELO VICENZI, atribui-se especial relevância ao comportamento das partes, pois a declaração de vontade contratual se insere em "um processo que integra uma multiplicidade de contatos precedentes", fazendo "imperativo" analisar "o acordo na sua totalidade, do que resulta o exame também daquilo que as partes disseram e fizeram antes e depois da declaração de vontade conclusiva"[320].

Ademais, ainda dentro de uma função esclarecedora, é possível enxergar o papel do comportamento das partes através de uma perspectiva mais autônoma, como cânone de uma "interpretação global" ou "*comportamento complessivo*", visão proveniente, sobretudo, da doutrina italiana[321].

Nessa doutrina, a teorização a respeito do papel do comportamento na determinação da intenção comum das partes tem o seu fundamento

316 ALMEIDA, *op. cit.*, 2014, p. 282.

317 MARINO, *op. cit.*, 2011, p. 102 e 111 a 113. No mesmo sentido, mas sem remissão a ALMEIDA, GOMES, *op. cit.*, 2009, p. 243 e ss. ALPA, *op. cit.*, 2006, p. 88 e ss. OPPO, *Profili*, *op. cit.*, 1992, *passim*. KÖTZ, *op. cit.*, 2009, p. 30 e 31.

318 MARINO, *op. cit.*, 2011, p. 102.

319 MARINO, *op. cit.*, 2011, p. 116.

320 VICENZI, Marcelo. Interpretação do contrato. Ponderação de interesses e solução de conflitos. São Paulo: Editora Revista dos Tribunais, 2011, p. 136 e 137.

321 Por todos, BIANCA, *op. cit.*, 1987, p. 397. ROPPO, *op. cit.*, 2001, p. 473. MESSINEO, *op. cit.*, 1961, p. 169.

normativo na segunda parte do artigo 1.362 do Código Civil italiano[322], que manda atender, para a apuração da intenção comum das partes, também ao "seu comportamento global ainda que posterior à conclusão do contrato"[323].

Para MESSINEO, a lei italiana intenta valorizar qualquer comportamento das partes, antes, durante ou após a celebração do contrato para os fins da interpretação[324]. O autor sustenta ser o valor do comportamento à interpretação distinto em cada fase contratual, devendo aquele posterior ser tomado como uma maneira de "descobrir de que modo entende a intenção comum, cada contraente", enquanto o comportamento anterior serve ao esclarecimento do procedimento e do modo pelo qual as partes teriam chegado à declaração contratual[325].

De todo modo, para MESSINEO, tratar-se-ia de cânone hermenêutico subordinado e supletivo, a ser utilizado quando impossível apurar a intenção comum das partes por ambiguidade e/ou ineficiência do clausulado contratual[326]. Ou seja, desnecessário referir-se ao comportamento quando a univocidade da literalidade das palavras empregadas pelas partes permita, por si, a reconstrução de sua intenção comum[327].

Parte relevante da doutrina italiana mais contemporânea, todavia, recusa tal caráter subsidiário ao comportamento "*complessivo*" das partes à interpretação[328]. Estes doutrinadores procuram ressaltar que as declara-

[322] SACCO e DE NOVA lembram que faltam monografias específicas a respeito desta regra do artigo 1.362, bem como capítulos próprios nos tratados gerais sobre a interpretação. Para os autores, este desinteresse se explica, uma vez que a regra não oferece uma "metodologia precisa" de trabalho ao intérprete (*op. cit.*, 2004, p. 403).

[323] Código civil italiano, art. 1.362, segunda parte: "*Per determinare la comune intenzione delle parti, si deve valutare il loro comportamento complessivo anche posteriore alla conclusione del contratto*". Em tradução livre: "Para determinar a intenção comum das partes se deve valorar o seu comportamento global ainda que posterior à conclusão do contrato".

[324] MESSINEO, *op. cit.*, 1961, p. 169.

[325] MESSINEO, *op. cit.*, 1961, p. 169.

[326] MESSINEO, *op. cit.*, 1961, p. 169.

[327] MESSINEO, *op. cit.*, 1961, p. 169.

[328] Neste sentido: BIANCA, *op. cit.*, 1987, p. 401. ROPPO (*op. cit.*, 2001, p. 470 e 471), por sua vez, ressalta ser a "letra" do contrato o ponto de partida da interpretação, cujo sentido literal, mesmo claro, pode ser abandonado se houver elementos "extratextuais" (como "o comportamento das partes na fase de execução do contrato") que coloquem dúvidas sobre ele. Desta forma, parece razoável concluir que o autor tampouco considera o critério subsidiário,

ções formativas de um contrato não podem ser isoladamente consideradas, pois se constituem em um momento lógico e cronologicamente precedido por inúmeros atos anteriores (comportamento precedente) a exigirem, para o atendimento de seus fins, atos de cooperação e execução a elas posteriores (comportamento posterior)[329].

Logo, têm valor à interpretação contratual não apenas os comportamentos assumidos pelas partes, mas também aqueles unilaterais, quando reconheçam certo significado em favor do outro contratante, ou, quando em favor do atuante, sejam aceitos sem protestos pela contraparte[330]. Isto porque se presume que um contratante adimplente tenha uma conduta contrária ao seu próprio interesse somente quando se sente juridicamente obrigado a tanto e que o credor aponte desde logo caso constate a violação de alguma obrigação por parte do devedor[331].

O comportamento posterior pode ser composto por declarações das partes[332], pela atividade executiva do programa contratual[333], ou também pela conclusão de um contrato diferente e sucessivo ao que está sendo interpretado[334], seja entre as mesmas partes, seja entre uma delas e um terceiro. Tal comportamento, ainda quando divirja do sentido literal das palavras empregadas, pode ser um critério superior a elas para determinar a intenção comum das partes, desde que o comportamento dissonante seja aceito – ou simplesmente não seja objetado – pelas partes[335,336].

a ser aplicado apenas na ambiguidade ou obscuridade do texto (como MESSINEO, *op. cit.*, 1961, p. 169). Sobre este caráter gerador de dúvidas do comportamento, tratar-se-á mais à frente no texto.

329 BIANCA, *op. cit.*, 1987, p. 398.

330 BIANCA, *op. cit.*, 1987, p. 398. No mesmo sentido, ROPPO, *op. cit.*, 2001, p. 473.

331 SACCO e DE NOVA, *op. cit.*, 2004, p. 405.

332 BIANCA, *op. cit.*, 1987, p. 400. No mesmo sentido, ROPPO, *op. cit.*, 2001, p. 473.

333 BIANCA, *op. cit.*, 1987, p. 400. No mesmo sentido, ROPPO, *op. cit.*, 2001, p. 474.

334 ROPPO, *op. cit.*, 2001, p. 473.

335 BIANCA, *op. cit.*, 1987, p. 400 e 401.

336 Neste caso, todavia, mister também certificar-se que o comportamento destoante não configura violação ao contrato ou mesmo uma declaração tácita modificativa de tal conteúdo. Referem-se a tal possibilidade: BIANCA, *op. cit.*, 1987, p. 400 e 401, ROPPO, *op. cit.*, 2001, p. 474. SACCO e DE NOVA, *op. cit.*, 2004, p. 403. Para SACCO e DE NOVA, todavia, esta distinção (entre comportamento conforme e comportamento disforme ao contrato) seria "um pouco ingênua", uma vez que pressupõe que o conteúdo do contrato está claramente delimitado antes da verificação do comportamento global das partes – ou seja, como se fosse

3.2.3. O comportamento destoante do sentido literal do contrato

Demonstrou-se que o comportamento das partes de um contrato pode ser relevante à sua interpretação por constituir parte de seu contexto situacional, ou seja, parte do conjunto de acontecimentos, fatores e situações que cercam a relação contratual. Mas o que acontece se tal comportamento contrariar, ao invés de esclarecer, o sentido literal dos termos empregados pelas partes?

Não se pode, sob grave risco à segurança jurídica, tomar a *contrario sensu* o disposto no inciso I do parágrafo primeiro do artigo 113 do Código Civil e se afirmar, sem maiores fundamentações, dever prevalecer a regra intuída do comportamento contra o texto. O que efetivamente se identifica nesta hipótese é uma ambiguidade do conteúdo contratual e deve ter início uma análise tendente a saná-la. A ambiguidade existe quando um determinado texto possui mais de um sentido razoável, porque um sentido é obtido pela sua interpretação literal e outro pela sua interpretação global, que o insere em seu contexto, composto também pelo comportamento das partes[337].

Dividem-se as ambiguidades em duas espécies. A primeira é referida como ambiguidade "intrínseca" ou "patente" e surge da própria interpretação literal do contrato, sem qualquer referência ao contexto, enquanto a segunda é dita "extrínseca" ou "latente", localizável apenas através da análise pelo intérprete do contexto do contrato[338].

Esta classificação possui impacto relevantíssimo no direito estadunidense, onde existe resistência de muitos Tribunais em aceitar a alegação de ambiguidades extrínsecas[339]. No Brasil, por outro lado, o intérprete é sempre obrigado a lidar com a ambiguidade, seja qual for sua espécie,

suficiente a mera interpretação literal do contrato para se apurar o seu conteúdo e só fosse útil à interpretação o comportamento que fosse conforme a esta interpretação literal. Os autores acreditam que esta conclusão só pode ser alcançada após a avaliação do comportamento global das partes. (SACCO e DE NOVA, *op. cit.*, 2004, p. 404 e 405).

337 BURTON, *op. cit.*, 2009, p. 106.

338 BURTON, *op. cit.*, 2009, p. 107. No mesmo sentido, MARINO, *op. cit.*, 2011, p. 177.

339 A classificação, diferentemente do direito americano, por exemplo, não possui relevâncias práticas no direito brasileiro. O intérprete é obrigado, aqui, a lidar com qualquer tipo de ambiguidade. De todo modo, é importante dizer que a ambiguidade que se refere ao comportamento das partes é aquela de tipo "extrínseco" ou "latente". Sobre a perspectiva do direito americano sobre a matéria, vide BURTON, *op. cit.*, 2009, p. 108 e 109.

não podendo o juiz se recusar a sentenciar (artigo 140 do Código de Processo Civil de 2015). Assim, ambas as espécies de ambiguidades são cotidianas na atuação do julgador brasileiro, mas, mister dizer, o tema ora investigado possui relação fulcral com a ambiguidade do tipo latente, pois ela só pode ser localizada através da consideração global do contexto negocial.

A localização de qualquer ambiguidade impõe, necessariamente, que o intérprete trabalhe para saná-la através da consideração de todos os elementos à sua disposição, remetendo-o, forçosamente, à próxima fase da interpretação, a fase objetiva ou complementar, antes que recorra à integração do conteúdo contratual por fontes heterônomas[340].

Ademais, caso se depare com um comportamento divergente do sentido literal do contrato, o intérprete também deve garantir que não está diante de um caso de declaração tácita ou de comportamento contraditório a ser vedado pela boa-fé objetiva[341], ou diante de inadimplemento contratual puro e simples. Se, dadas as circunstâncias fáticas, for possível concluir que se trata de uma das duas primeiras figuras, o intérprete deve ter consciência da alteração ontológica do próprio objeto interpretado (discurso contratual), enquanto fonte do regulamento contratual, diante de sua alteração por fonte autônoma (declaração tácita) ou heterônoma (tutela da confiança).

Neste caso, fica evidente o caráter não-linear da atividade do aplicador do direito de que nos fala LARENZ – isto é, a intepretação, tendo alcançado resultados preliminares, acaba "suspensa" para permitir a conclusão de ter havido uma alteração do próprio conteúdo (ou de seus efeitos) e é retomada sobre esse conteúdo renovado.

A conclusão pelo inadimplemento, em contrapartida, parte da aplicação do próprio conteúdo contratual desvelado pela interpretação ao comportamento observado na prática. É, portanto, momento logicamente posterior à interpretação e só pode ser afirmado após a localização de conteúdos mínimos e firmes pelo intérprete.

340 Neste sentido, MARINO, *op. cit.*, 2011, p. 175.

341 Referem-se a tal possibilidade: BIANCA, *op. cit.*, 1987, p. 400 e 401, ROPPO, *op. cit.*, 2001, p. 474. SACCO e DE NOVA, *op. cit.*, 2004, p. 403.

3.2.4. Casos julgados com recurso ao comportamento posterior na interpretação subjetiva

A análise de alguns casos concretos pode oferecer maior concretude ao que foi dito. Na jurisprudência brasileira[342] há casos interessantes em que o comportamento posterior cumpriu relevante papel para a determinação do conteúdo e regulamento do contrato.

O primeiro caso que cumpre apresentar é a Apelação nº 807399-00/0, decidido pela 11ª Câmara do Segundo Tribunal de Alçada Cível do Estado de São Paulo, relatada pelo Juiz Egidio Giacoia e julgada em 17 de novembro de 2003. Nos autos, contendiam Plena Visão Publicidade S/C Ltda. e Condomínio Edifício São Geraldo em razão de contrato de locação de espaço para publicidade. A Plena Visão locava, desde 1988, uma parede lateral do Condomínio, para a afixação de um "painel de publicidade". Ainda que não houvesse vedação expressa no contrato ao uso de outros meios de publicidade, a Plena Visão sempre utilizara o espaço para a pintura de painéis de publicidade. Após cerca de dez anos de vigência do contrato, a Plena Visão procurou alterar a forma do painel, instalando um luminoso no local daquele outrora pintado. O Condomínio se insurgiu contra esta alteração, sob o argumento de que o contrato não o autorizaria, proibindo sua afixação pela Plena Visão, que ingressou com ação de perdas e danos, alegando ter havido violação do contrato pelo Condomínio. A sentença de primeiro grau deu razão à Plena Visão, condenando o Condomínio a lhe ressarcir os danos sofridos.

O relator designado para a apelação iniciou seu voto procurando consignar os fatos da seguinte maneira: "prende-se a controvérsia, fundamentalmente, sobre a possibilidade ou não da autora substituir a forma de propaganda realizada por 'pintura' na parede externa do Edifício São Geraldo locado para fins de publicitários, pela forma de 'painel luminoso'"[343]. Notando existirem "dois tipos" de interpretação contratual, o subjetivo e o objetivo, ressaltou que "o importante na busca da intenção comum das partes é o exame e valoração dos respectivos comportamentos durante a denominada fase de execução do contrato, período delimitado

[342] Aqui é feito recorte ao Tribunal de Justiça de São Paulo e ao Superior Tribunal de Justiça que, sem prejuízo dos demais Tribunais brasileiros, possuem jurisprudência farta o suficiente para ilustrar as considerações deste trabalho.

[343] Vide acórdão, página 3.

entre sua formação e sua extinção"[344]. Destarte, destacou que "o comportamento das partes durante a execução do pacto locativo, num período de mais de 10 anos, sempre foi pelo uso da parede com a denominada propaganda em forma de 'pintura'"[345]. Por isso, durante grande período de tempo, a referência ao termo "painel" implicou, forçosamente, que este seria pintado. Do caso se depreende que o próprio modo pelo qual as partes cumprem suas obrigações ou exigem seus direitos é relevante à interpretação do texto contratual.

Ainda que possam existir outros elementos interpretativos importantes para a intenção comum das partes – por exemplo, a recusa do Condomínio em aceitar a assinatura de contrato que se referia expressamente a "painéis luminosos" e prova testemunhal de empregado do Condomínio –, o comportamento das partes foi central para o esclarecimento do conteúdo desse contrato.

> Esse raciocínio [compreender o termo painel como abrangendo o painel luminoso], além de afrontar a intenção comum das partes haurida do comportamento reiterado durante mais de 10 anos com utilização apenas da propaganda em sua forma 'pintada', acaba também por contrariar o próprio conteúdo do vínculo, atingindo os princípios da boa-fé objetiva e da conservação do contrato.[346]

Outro caso em que o aplicador do direito teve de recorrer ao comportamento das partes para a reconstrução do conteúdo foi julgado pela 25ª Câmara de Direito Privado do Tribunal de Justiça do Estado de São Paulo, sob nº 0166861-21.2010.8.26.0100, relatado pela Desembargadora Carmen Lucia da Silva, em que litigaram Malharia Bete Ltda. contra Borda Korte Confecções Ltda. e Noite de Sonhos Confecções Ltda.

Borda Korte e Noite de Sonhos ajuizaram ação de obrigação de dar coisa certa cumulada com indenização contra a Malharia Bete sob o fundamento de que existiria entre as três empresas um contrato verbal de prestação de serviços de tecelagem, pelo qual a Malharia receberia fios de algodão das autoras para beneficiamento, que seriam então devolvidos tecidos às

[344] Vide acórdão, página 4.

[345] Vide acórdão, página 4.

[346] Vide acórdão, página 6.

autoras ou a quem elas indicassem. Neste processo, seria tolerável uma perda de 1 a 2% do material entregue. As autoras alegavam que, após uma auditoria interna, teriam descoberto que durante a longa vigência do contrato (2005 a 2010), a Malharia não lhes teria retornado a quantidade correta de tecido, considerada a margem de perda estabelecida. Desta forma, a Malharia deveria ser obrigada a devolver estes fios ou indenizar-lhes o seu valor, bem como eventuais lucros cessantes.

A Malharia se defendeu alegando que as autoras não haviam juntado qualquer prova da entrega dos materiais, mas apenas notas fiscais de remessa, que não serviriam a comprovar, afinal, que o material foi efetivamente entregue à tecelagem.

Os julgadores, todavia, puderam observar das provas juntadas aos autos, que durante todo o relacionamento das partes, a única comprovação documental produzida pelas autoras e exigida pela ré a respeito da quantidade de material entregue para beneficiamento foram as notas fiscais. Desta forma, entendeu-se que o regulamento contratual não previa qualquer outra formalidade para a comprovação das entregas, podendo interpretar-se do comportamento adotado pelas partes que elas não pretendiam estabelecer quaisquer formalidades especiais para comprovação dos volumes entregues.

3.3. A interpretação objetiva

Sói ocorrer que a interpretação subjetiva não logre êxito em compreender completamente o conteúdo contratual por faltarem elementos suficientes para embasar uma conclusão sobre ou mesmo a própria busca pela intenção comum das partes, pois se depara o intérprete com, por exemplo, uma lacuna no texto contratual que não pode ser preenchida pelo recurso a estes elementos, ou as hipóteses de sentido obtidas de cada elemento em si se contradizem ou obscurecem.

Para ilustrar, tome-se por exemplo um caso julgado pelo Tribunal de Justiça do Estado de São Paulo em que se discutiu a abusividade da recusa em renovar um contrato de locação de equipamentos pela locatária e a correspondente imposição de multa.[347] Neste caso, o contrato estabelecia textualmente o seguinte:

[347] Apelação cível nº 1005192-52.2014.8.26.0309, Desembargador Kioitsi Chicuta, 32ª Câmara de Direito Privado do TJSP, julgada em 5 de maior de 2016.

> 4.1. O prazo de locação é de 36 (trinta e seis) meses, contados a partir da data da instalação do(s) equipamento(s), renovando-se automaticamente por igual período, salvo manifestação expressa em contrário, por uma das partes, com antecedência máxima de 60 (sessenta) dias antes do termo final ajustado.

Diante desta redação, a locatária manifestou sua intenção de não renovar o contrato com dois dias de antecedência do seu termo final, atitude plenamente de acordo com o sentido literal do contrato, pois "antecedência máxima de 60 dias" quer dizer simplesmente "em qualquer momento após o 60º dia antes do término do prazo". O relator acaba por recorrer à interpretação de acordo com a boa-fé, ou seja, substituindo o ponto de relevância hermenêutica da disposição (que de outra forma estaria na pessoa do oblato) e a avaliando de acordo com a perspectiva de uma pessoa razoável. No caso, não é clara a existência de elementos que tivessem autorizado a interpretação subjetiva do texto da cláusula. Por meio deste expediente, conclui o julgador que a cláusula deve ser compreendida como estabelecendo uma antecedência mínima (e não "máxima") para a manifestação da intenção de não renovar o contrato e condena a locatária a pagar a multa contratual, feitas algumas reduções que julga equitativas.

Em suma, são casos como esse, em que se há de suprir lacunas, sanear contradições ou obscuridades do contrato, que dão azo à interpretação objetiva.

A divisão do processo interpretativo em duas fases atende necessidades de ordem lógica e positiva, não pretendendo negar o caráter unitário da atividade do intérprete[348]. Diante das possibilidades naturalmente limitadas da interpretação subjetiva, é "exigência lógica" do sistema a aplicação

[348] Neste sentido, OPPO, *Profili*, *op. cit.*, 1992, p. 2 e 3: "*Il riconoscimento della diversa funzione dei due gruppi di regole interpretative non minaccia, come da taluno si è temuto, l'unità del 'fenomeno interpretativo', ma solo lo analizza e lo disciplina nei suoi diversi momenti. La distinzione dei quali è comunque giustificata e necessaria e dal punto di vista logico e dal punto di vista positivo*". Em tradução livre: "O reconhecimento das diversas funções dos dois grupos de regras interpretativas não ameaça, como era temido por alguns, a unidade do 'fenômeno interpretativo', mas somente o analisa e o disciplina nos seus diversos momentos. A distinção dos quais é justificada e necessária do ponto de vista lógico e do ponto de vista positivo".

de regras tendentes a sanar lacunas, obscuridades e contradições detectadas pelo intérprete[349].

Quando o intérprete lançar mão da interpretação contratual objetiva, em regra, já restam esgotados os recursos disponíveis à luz da interpretação subjetiva, não sendo mais possível determinar o sentido de uma questão relevante atinente ao contrato à luz do critério da "intenção comum das partes".

Neste momento, a regra do *caput* do artigo 113 do Código Civil impõe a substituição do ponto de relevância hermenêutica adotado pelo intérprete durante a fase subjetiva, abandonando-se a perspectiva do declaratário (usada como regra geral na interpretação subjetiva) para passar-se à perspectiva da pessoa média e ponderada, colocada nas mesmas condições daquele, ou seja, uma perspectiva fundada na boa-fé objetiva[350]. Assim, é possível dizer que a boa-fé objetiva, em sua função interpretativa, leva a considerar cada contratante como responsável pelo sentido que o contrato tem como um ato comunicativo e social[351]. Para JUDITH MARTINS-COSTA, a boa-fé objetiva "viabiliza *valorar a conduta* das partes no curso do processo obrigacional".[352]

Dentro da interpretação objetiva, a outra via possível é recorrer aos "usos do lugar da celebração do contrato". Não se trata aqui de integrar o contrato com base em normas consuetudinárias, mas de tomar as "práticas usuais e palavras usadas habitualmente no mesmo sentido"[353].

O recurso aos usos e costumes se justifica pelas "legítimas expectativas de atuação" que estes ensejariam às partes, que esperariam da outra parte a adoção de "comportamentos que se conformam ao modelo usual"[354].

[349] OPPO, *Profili, op. cit.*, 1992, p. 3.

[350] Neste sentido, MARINO, *op. cit.*, 2011, p. 185, quando tratando da "interpretação à luz da boa-fé objetiva".

[351] KÖTZ, *op. cit.*, 2009, p. 31: "*Treu und Glauben gebieten es nun aber, dem Umstand Rechnung zu tragen, dass jede auf einen Vertrag hin abgegebene Erklärung einen Akt der sozialen Kommunikation darstellt, für den der Erklärende Verantwortung trägt, weil er wissen muss, dass der andere der Erklärung einen bestimmten Sinn beilegen und im Vertrauen darauf irgendwelche Dispositionen treffen wird*".

[352] MARTINS-COSTA, *op. cit.*, 2015, p. 468.

[353] GOMES, *op. cit.*, 1981, p. 248.

[354] FARIAS, Cristiano Chaves de. ROSENVALD, Nelson. Curso de Direito Civil. Contratos. Teoria Geral e Contratos em Espécie. Vol. IV. 6ª Edição revista e atualizada. Salvador: Ed. JusPodium, 2016, p. 447.

Estes usos são aqueles ditos "interpretativos"[355], com "função hermenêutica"[356]. De modo diverso da interpretação conforme a boa-fé objetiva, na interpretação pelos usos em função hermenêutica o ponto de relevância hermenêutico não é transferido para um terceiro razoável colocado no mesmo local das partes, mas é mantido no oblato, para quem os usos devem poder ser efetivamente conhecidos. Ou seja, apenas quando "um declaratário normal, colocado na posição do declaratário real, podia e devia conhecê-los" é que serão aplicados os usos interpretativos[357]. Um exemplo interessante e que costuma aparecer na doutrina é o emprego do termo "alqueire" como medida de área em diversos lugares do Brasil[358]. A venda *ad mensuram* de uma fazenda de 100 alqueires implicará, se não for possível determinar a qual alqueire se referiam as partes, medidas bastante diversas conforme a região do país em que o contrato seja celebrado. Esta medida somente poderá ser imposta ao declaratário se conhecia, ou devia conhecer, o uso aplicável.

Enfim, através de dois expedientes específicos, a interpretação objetiva busca sanear problemas da declaração negocial que impeçam sua total compreensão com base nos critérios do artigo 112 do Código Civil.

3.3.1. O comportamento na interpretação objetiva

Destarte, o comportamento também tem o seu papel na interpretação objetiva dos contratos. Além de ser, eventualmente, causa da ambiguidade do conteúdo do contrato reconstruído pelo intérprete na primeira fase da interpretação, o comportamento na fase objetiva passa, de elemento esclarecedor ou obscurecedor do texto, a elemento que deve ser, ele próprio, valorado de acordo com a boa-fé objetiva, como *standard* de conduta. Esta boa-fé "autoriza o intérprete a concluir – em razão do comportamento seguido – qual o sentido a conferir à manifestação de vontade, pois todo

[355] Assim, GOMES, *op. cit.*, 1981, p. 248 e MARINO, *op. cit.*, p. 187.

[356] Assim, GOMES, *op. cit.*, 1981, p. 248.

[357] MARINO, *op. cit.*, 2011, p. 189.

[358] Segundo a Tabela de Medidas Agrárias não-decimais do Ministério da Agricultura, Pecuária e Abastecimento, disponível em http://sistemas.mda.gov.br/arquivos/TABELA_MEDIDA_AGRARIA_NAO_DECIMAL.pdf, há 12 diferentes medidas de área que equivalem, em diferentes regiões, ao "alqueire".

contrato importa um dever de manutenção de uma linha de coerência 'quer a pessoa esteja na posição de credor quer na de devedor'"[359].

Dentro do ordenamento jurídico brasileiro, além do inciso I do parágrafo primeiro do artigo 113 do Código Civil, é possível encontrar ao menos mais uma referência expressa com relação à utilização do comportamento das partes subsequente para a interpretação do contrato de acordo com a boa-fé objetiva. Trata-se do artigo 8 da Convenção das Nações Unidas sobre Contratos de Compra e Venda Internacional de Mercadorias, promulgada no Brasil pelo Decreto nº 8.327/2014:

> Art. 8: (1) Para os fins desta Convenção, as declarações e a conduta de uma parte devem ser interpretadas segundo a intenção desta, desde que a outra parte tenha tomado conhecimento dessa intenção, ou não pudesse ignorá-la.
>
> (2) Não sendo caso de aplicação do parágrafo anterior, as declarações e a conduta de uma parte devem ser interpretadas segundo o sentido que lhes teria dado uma pessoa razoável, com a mesma qualificação e nas mesmas circunstâncias da outra parte.
>
> (3) Para determinar a intenção de uma parte, ou o sentido que teria dado uma pessoa razoável, devem ser consideradas todas as circunstâncias pertinentes ao caso, especialmente negociações, práticas adotadas pelas partes entre si, usos e costumes e qualquer conduta subsequente das partes.

A Convenção não trata diretamente da interpretação conforme à boa-fé objetiva, todavia, estabelece que interpretação conforme o sentido atribuído por uma pessoa razoável, colocada nas mesmas circunstâncias que as partes e com a sua qualificação, raciocínio que, como vimos, é utilizado pela doutrina para 'operacionalizar' a interpretação de boa-fé.[360]

[359] MARTINS-COSTA, *op. cit.*, 2015, p. 468.

[360] Sobre o papel do comportamento para a interpretação neste artigo da Convenção, vide: SCHLECHTRIEM, Peter. SCHWENZER, Ingeborg. Comentários à Convenção das Nações Unidas sobre Contratos de Compra e Venda Internacional de Mercadorias. Coordenação de tradução: GREBLER, Eduardo. FRADERA, Vera. PEREIRA, César Guimarães. São Paulo: Editora Revista dos Tribunais, 2014, p. 299 a 301. Os autores ainda alertam para a complexa fronteira entre interpretação e a modificação tácita do contrato, conforme o artigo 29 da Convenção.

3.4. Interpretação integrativa

A interpretação integrativa é, grosso modo, um prolongamento do processo de interpretação, que visa a responder questões cuja solução não pode ser obtida diretamente do conteúdo expresso da declaração negocial.

Desta forma, cumpre desenvolver o sentido já obtido pelo intérprete a partir do texto e dos mais diversos elementos de interpretação, dentre os quais o comportamento, para oferecer resposta que corresponda à solução que as partes, com consideração à posição uma da outra, teriam querido houvessem previsto o problema[361]. A interpretação integrativa diz respeito, portanto, diretamente ao tema da incompletude contratual, como se viu no primeiro capítulo[362]. Também aqui parece desempenhar um

[361] Neste sentido, veja-se LARENZ, Karl. Derecho Civil. Parte general. Editorial Revista de Derecho Privado, 1978, p. 744, que ensinava que "*Se plantea la cuestión de si esta puede llenarse prosiguiendo consecuentemente en la consideración de la regulación adoptada en el contrato con base en los módulos de valoración admitidos por ambas partes, tomando en cuenta la finalidad del contrato y la situación de intereses en su totalidad, integrando, por tanto, la regulación incompleta a partir de sus propios presupuestos y su contexto*". Em sentido similar, MIRANDA, *op. cit.*, 1989, p. 209. MARINO, *op. cit.*, 2011, p. 216. KÖTZ, *op. cit.*, 2009, p. 33. Contra: CARNEIRO DA FRADA, Manuel A., Contrato e deveres de proteção. Separata do volume XXXVIII do Suplemento ao Boletim da Faculdade de Direito da Universidade de Coimbra. Coimbra: Editora Coimbra, 1994, p. 70, para quem "a interpretação complementadora é um processo de integração do contrato pelo desenvolvimento congruente dos parâmetros valorativos estabelecidos pelas partes no seu acordo. A sua sede, no nosso ordenamento jurídico, encontra-se no art. 239.". A nosso ver, é justamente o fundamento normativo do instituto que embasa a divergência entre a posição dos autores. Enquanto no direito alemão, de que tratam LARENZ e KÖTZ, o instituto é remetido aos artigos 157 (interpretação conforme à boa-fé, em consideração aos usos do tráfico) e 242 (performance de boa-fé), o direito português é expresso em enquadrar o instituto como forma de integração, justamente no artigo 239º mencionado por CARNEIRO DA FRADA ("Artigo 239º. Integração. Na falta de disposição especial, a declaração negocial deve ser integrada de harmonia com a vontade que as partes teriam tido se houvessem previsto o ponto omisso, ou de acordo com os ditames da boa fé, quando outra seja a solução por eles imposta".). No nosso direito, a doutrina não costuma se manifestar expressamente a respeito da sede legal do instituto. O posicionamento de MARINO, todavia, remetendo-a à noção de "etapa complementar da interpretação" e à ideia de revelação do "conteúdo implícito do negócio jurídico" (vide p. 216 a 218), parece apontar para o artigo 113 do Código Civil (o que iria de encontro com a posição de KÖTZ, ao apontar os artigos 157 e 242 do BGB como este fundamento).

[362] Diante deste fenômeno, a doutrina da análise econômica do direito procurou oferecer critérios para a interpretação do contrato diante de sua constatada incompletude. Estes critérios, que derivam essencialmente de preocupações econômicas, são, resumidamente, os seguintes: (i) valer-se do "sentido majoritário" de uma expressão, ou seja, aquele que o maior

papel importante o inciso I do parágrafo primeiro do artigo 113 do Código Civil, pois o sentido de uma declaração 'confirmado' pelo comportamento posterior pode dar base à compreensão do sentido não-expresso pelas partes sob um assunto correlato.

A doutrina costuma enquadrar a interpretação integrativa como forma de "auto-integração"[363], entendendo que sua hipótese privilegiada de aplicação é justamente a lacuna do texto contratual expresso. Por esta razão, mister precisar o conceito de lacuna contratual, que é relevante também para as matérias de heterointegração do contrato, abordadas nos próximos capítulos.

Em primeiro lugar, a mera "ausência de estipulação das partes" a respeito de um tema não implica, necessariamente, lacuna contratual[364]. A lacuna

> traduz-se numa incompletude do conteúdo preceptivo do contrato, falha do plano regulador previsto ou querido pelas partes. O critério de determinação da lacuna implica, portanto, um padrão aferidor imanente ao contrato. Não é qualquer ausência de estipulação das partes que autoriza a lacuna e o processo integrativo: somente aquela que se reporte a uma condição *sine qua non* da execução do plano obrigacional gizado pelas partes, ou então, a que contrarie a própria lógica ou unidade de sentido do negócio, levam àquele resultado. Ou seja, a lacuna só pode aferir-se em função da teleologia do contrato conforme resulta do plano contratual.[365]

A doutrina ressalta, ademais, um "princípio da necessidade" para a apuração da existência de lacunas: "só há lacuna se a omissão houver de ser preenchida"[366]. Destarte, a "lacuna é a omissão ou insuficiência de um

número de pessoas utilizasse; (ii) utilizar o "sentido não-desejado", ou seja, aquele que a maior parte das pessoas não usaria, de modo a incentivar as partes a elaborar textos contratuais mais claros; (iii) interpretação literal, ou seja, aquele sentido que o senso comum ou o dicionário entendem como o correto; e, por fim (iv) utilizar o sentido mais eficiente no caso particular, qualquer que seja ele. Vide: POSNER, Eric. Análise econômica do direito contratual: sucesso ou fracasso? Tradução e adaptação de Luciano Benetti Timm, Cristiano Carvalho e Alexandre Viola. São Paulo: Saraiva, 2010, p. 27 a 29.

363 MIRANDA, *op. cit.*, 1989, p. 207.

364 Neste sentido, CARNEIRO DA FRADA, *op. cit.*, 1994, p. 76.

365 CARNEIRO DA FRADA, *op. cit.*, 1994, p. 76 e 77.

366 ALMEIDA, *op. cit.*, 2014, p. 322.

elemento da composição de um contrato que uma situação prática revela a necessidade de preencher"[367]. A lacuna pode ser, logo, uma total ausência de regramento específico ou apenas uma insuficiência deste regramento.

A interpretação integrativa não acrescenta elementos inteiramente novos à vontade das partes, ou seja, não é o veículo para disposições absolutamente estranhas ao conteúdo voluntário do contrato, mas busca desenvolver as ideias imanentes do conteúdo voluntário expresso em busca de um conteúdo voluntário implícito[368].

Ao compor o contexto do contrato, o comportamento das partes posterior à celebração do contrato possui papel proeminente também na interpretação integrativa, pois pode servir de substrato para que o intérprete avance em busca de colmatar a lacuna a partir do próprio conteúdo implícito do contrato.

Como a interpretação integrativa tem por objetivo o preenchimento de lacunas, por vezes sua aplicação entra em conflito com a aplicação do direito dispositivo, ou seja, disputa espaço com a 'verdadeira' integração do contrato[369]. Neste caso, é possível que as partes tenham previsto expressamente que o direito dispositivo não deveria ser aplicado ao caso, o que, desde que não se enquadre dentro de uma das hipóteses de cláusula abusiva estabelecidas pelo ordenamento jurídico (art. 424 do Código Civil e 51 do Código de Defesa do Consumidor), parece perfeitamente possível em nosso direito.

Entretanto, se as partes assim não houverem previsto, surgirá uma dúvida legítima a respeito do que deve prevalecer. A nosso ver, enquanto houver espaço para a interpretação, a integração por fonte heterônoma de natureza supletiva (não cogente) deve ser evitada, prevalecendo a intenção (comum) das partes sobre as normas de tal natureza[370]. Pense-se,

[367] ALMEIDA, *op. cit.*, 2014, p. 322.

[368] Esta parece ser a posição de MIRANDA, *op. cit.*, 1989, p. 207, que escreve: "*Haverá, então, um* minus dictum, *sendo mister entender-se, ainda por via e no domínio da interpretação, a letra da declaração ao seu espírito que se induz da mesma letra. Trata-se de uma interpretação extensiva ou integrativa. O conteúdo negocial não foi expresso, mas está implícito ao que foi expresso. Para alem da fórmula da declaração, há, muitas vezes, algo que resulta da idéia que presidiu à elaboração desta fórmula*".

[369] Neste sentido, por exemplo, KÖTZ, *op. cit.*, 2009, p. 33.

[370] Alguma doutrina, todavia, pugna por uma suposta maior segurança jurídica no recurso às regras supletivas, ainda quando haja espaço para a interpretação integrativa. Isto porque a interpretação integrativa poderia abrir margem a distorções por parte do intérprete, pois

por exemplo, em um contrato de corretagem, no qual não tenha havido a estipulação expressa do valor da comissão do corretor, mas no qual seja possível obter essa informação a partir da interpretação integrativa. Parece que a solução de buscar esse valor estendendo ao máximo a interpretação é muito preferível a se recorrer comodamente à regra do arbitramento pelo juiz segundo "a natureza do negócio e os usos locais" (artigo 724 do Código Civil).

4. Conclusão do capítulo

Demonstrado que o comportamento das partes posterior à celebração do contrato é um elemento interpretativo de relevância para o aplicador do direito, podendo desempenhar papéis na investigação da intenção comum das partes, do sentido objetivo do texto contratual e para o preenchimento de lacunas do conteúdo expresso do contrato. A potencialidade deste elemento para elucidar o conteúdo dos contratos já foi até mesmo comparada a forma de interpretação autêntica dos contratos pelos próprios contratantes.

No âmbito dos contratos de duração, estes papéis ganham ainda mais destaque diante do maior espaço que a categoria oferece para o surgimento e consolidação de condutas relevantes das partes.

O comportamento elucida o conteúdo dos contratos de duração, permitindo que o intérprete alcance efetivamente a almejada intenção comum consubstanciada pelas partes na declaração negocial.

Por outro lado, o comportamento também pode infirmar o sentido literal de um contrato. Dessa forma, o intérprete se vê preso entre um sentido literal que é contraditório com o comportamento que as partes efetivamente adotaram durante a vigência do seu contrato. Estar-se-á

é espaço de natural abertura, ainda que existam balizas concretas (o texto contratual e o material interpretativo efetivamente disponível) a limitá-lo. Nesse sentido, KÖTZ sustenta ser interessante a aplicação do direito positivo diretamente, salvo se num dado caso concreto se puder se demonstrar que o interesse das partes diferia daquele tomado como padrão para a construção de solução supletiva pelo legislador (KÖTZ, *op. cit.*, 2009, p. 33). Entendemos que o argumento de que pode haver abuso por parte do aplicador do direito é, de certo modo, *ad terrorem* e ignora o movimento atual do direito em direção à abertura à interpretação e à adequação do direito ao caso concreto, que se pode ver em diversas normas jurídicas, como por exemplo, nas cláusulas gerais e nas próprias regras – *de per si*, bastante abertas – de interpretação existentes no Código Civil brasileiro.

diante de uma dúvida ou uma ambiguidade e o aplicador deverá recorrer a uma interpretação de cariz objetivo. Nessa fase, o comportamento não é descartado pelo intérprete, mas será lido a partir da perspectiva de um terceiro de boa-fé, ou mesmo pela perspectiva do próprio oblato, mas agora iluminada pelos usos em função hermenêutica.

Um pouco mais adiante, o intérprete pode precisar colmatar lacunas do conteúdo expresso do contrato. Pode ser que as partes não tenham estabelecido expressamente o regramento sobre um ponto relevante do contrato. Nesse caso, a interpretação integrativa pode se valer do comportamento das partes como índice para deduzir qual teria sido esse regramento, houvesse as partes previsto o problema. Aqui, aparece especificamente a problemática referida no primeiro capítulo sobre os contratos incompletos e uma das maneiras pelas quais o direito tem procurado oferecer uma resposta juridicamente aceitável a essa situação social e econômica.

Em suma, em qualquer fase ou procedimento interpretativo de um contrato de duração, o comportamento cumpre um papel relevante na busca de respostas juridicamente aproveitáveis e deve ser analisado com atenção pelo intérprete.

CAPÍTULO 3
A DECLARAÇÃO TÁCITA NOS CONTRATOS DE DURAÇÃO

1. Introdução

A declaração tácita é tema tradicional na ciência do direito, tendo sido objeto de estudo de inúmeros pensadores que se dedicaram à teoria do negócio jurídico pelo menos desde o final do século XIX[371]. Por esta razão, o tema possui uma riqueza doutrinária impossível de abarcar integralmente neste trabalho[372]. Ciente de que o conceito de declaração tácita, suas características comumente aceitas e os critérios para sua apuração em um caso concreto sofreram, durante este período de tempo, influência de diversas escolas e autores (e mesmo de outros ramos do conhecimento)[373], este trabalho se limita a expor e debater os conceitos e questões essenciais da matéria, de acordo com os posicionamentos mais consolidados da doutrina contemporânea e que mantenham pertinência temática com o campo do estudo empreendido.

[371] Ver neste sentido a nota 1 ao texto de MOTA PINTO, Paulo Cardoso Correia. Declaração tácita e comportamento concludente no negócio jurídico. Coimbra: Almedina, 1995, p. 1, na qual se lista diversos contributos teóricos ao assunto desde 1888.

[372] Para análises mais compreensivas do desenvolvimento doutrinário durante os séculos XIX e XX, vide, sobretudo, MOTA PINTO, *op.cit.*, 1995, p. 10 a 67 e 73 a 100. Também o primeiro capítulo de MUCCIOLI, Nicoleta. Studio sul contegno concludente. Torino: G. Giappichelli Editore, 2015, p. 1 a 50.

[373] MUCCIOLI, *op. cit.*, 2015, p. 146.

A declaração tácita[374] é campo dos mais propícios para a análise da utilização do comportamento das partes posterior à celebração do contrato para a solução de controvérsias, sobretudo por meio de negócios modificativos[375] (que podem ou não ser novativos[376]) ou complementares do conteúdo contratual originário, pois aqui, mais que em qualquer outro lugar, há a centralidade do comportamento das partes.

Intuitivo que as diversas teorias acerca do negócio jurídico tenham impacto sobre as construções doutrinárias a respeito da declaração tácita[377]. Hoje prevalece na doutrina um conceito estrutural do negócio jurídico, que o procura enfocar sob o aspecto de seus elementos constitutivos,

[374] AZEVEDO, Antonio Junqueira de. Negócio jurídico: existência, validade e eficácia. 4ª. Ed. atual. de acordo com o novo Código Civil (Lei n. 10.406 de 10-1-2002), São Paulo: Saraiva, 2002, p. 126.

[375] Como ensina GUIDO ALPA, o contrato pode ser modificado de maneira explícita, "*se le parti concludono un negozio che si riferisca al precedente e ne modifichi gli elementi*", ou implícita, "*per fatti concludenti*" (ALPA, Guido. Corso di diritto contrattuale. Padova: CEDAM, 2006, p. 103). Para este trabalho, releva, sobretudo, as modificações "*per fatti concludenti*", uma vez que estas envolverão o comportamento das partes. Ainda para ALPA, pode ocorrer que, durante o curso de vigência de um contrato, as partes não levem em consideração algumas cláusulas ou partes delas. Neste caso, "*si comportano come se il contratto avesse un tenore diverso, e concordemente si uniformano alla nuova disciplina*" (p. 105). Ressaltando a importância do comportamento para a determinação dos negócios jurídicos tácitos, MOTA PINTO ensina que "A determinação da existência de uma declaração tácita depende, em primeira linha, do apuramento do seu elemento objectivo, de modo a, segundo os cânones interpretativos, se poder inferir aquela a partir do comportamento concludente" (MOTA PINTO, *op. cit.*, 1995, p. 746 e 747).

[376] Segundo o artigo 360 do Código Civil, temos um caso de novação em três hipóteses, a saber, "quando o devedor contrai com o credor nova dívida para extinguir e substituir a anterior;" "quando novo devedor sucede ao antigo, ficando este quite com o credor"; e "quando, em virtude de obrigação nova, outro credor é substituído ao antigo, ficando o devedor quite com este". A primeira é dita novação objetiva (pois nova a própria obrigação), enquanto a segunda é conhecida como novação subjetiva (pois nova o sujeito devedor). Por sua vez, a terceira é uma hipótese mista das duas primeiras, em que há novação objetiva e subjetiva. O artigo seguinte, 361, expressamente exige que a declaração de novação seja dada de forma inequívoca, ainda que tácita ("Não havendo ânimo de novar, expresso ou tácito mas inequívoco, a segunda obrigação confirma simplesmente a primeira"). Ou seja, exige-se a inequivocidade, mas não que a declaração seja expressa. Desta forma, entende-se que o caso de novação é um daqueles casos especiais em que o juízo de concludência deva ser inequívoco, como se verá adiante.

[377] MUCCIOLI, *op. cit.*, 2015, p. 146.

mais do que sob sua relação genética com a vontade, ou sob seus efeitos preceptivos ou normativos[378]. Como explica ANTONIO JUNQUEIRA DE AZEVEDO, "não se procurará mais saber como o negócio surge, nem como ele atua, mas sim, simplesmente, o que ele é"[379]. Para o autor, o negócio jurídico pode ser conceituado de maneira abstrata, ou seja, como "categoria", ou de maneira concreta, como "fato jurídico concreto"[380]. Aqui interessa mais o negócio jurídico como categoria, que JUNQUEIRA DE AZEVEDO explica da seguinte maneira:

> Como categoria, ele é a hipótese de fato jurídico (às vezes dita "suporte fático"), que consiste em uma manifestação de vontade cercada de certas circunstâncias (as *circunstâncias negociais*) que fazem com que socialmente esta manifestação seja vista como dirigida à produção de efeitos jurídicos; negócio jurídico, como categoria, é, pois, a hipótese normativa consistente em declaração de vontade (entendida esta expressão em sentido preciso, e não comum, isto é, entendida como manifestação de vontade, que, pelas suas circunstâncias, é vista socialmente como destinada à produção de efeitos jurídicos).[381]

Esta teoria do negócio jurídico é o pano de fundo deste trabalho e as remissões ao negócio e à declaração negocial feitas neste estudo devem ser consideradas como elaboradas dentro de seu referencial teórico próprio.

[378] AZEVEDO, *op. cit.*, 2002, p. 15.

[379] AZEVEDO, *op. cit.*, 2002, p. 15.

[380] AZEVEDO, *op. cit.*, 2002, p. 16.

[381] AZEVEDO, *op. cit.*, 2002, p. 16. Em sentido algo similar, no entanto com enfoque e terminologia distintos, vide MELLO, Marcos Bernardes de. Teoria do fato jurídico. Plano da existência. 16ª ed. São Paulo: Saraiva, 2010, p. 191: "Considerados os fundamentos expostos, podemos concluir que o negócio jurídico é o fato jurídico cujo elemento nuclear do suporte fático consiste em manifestação ou declaração consciente de vontade, em relação à qual o sistema jurídico faculta às pessoas, dentro de limites predeterminados e de amplitude vária, o poder de escolha de categoria jurídica e de estruturação do conteúdo eficacial das relações jurídicas respectivas; quanto ao seu surgimento, permanência e intensidade no mundo jurídico". Note, todavia, que o segundo autor atribui uma importância constitutiva à consciência da declaração, o que não o faz o primeiro, para quem ela seria um requisito de validade (*op. cit.*, p. 43).

2. Declaração e forma: declaração expressa e declaração tácita

A declaração negocial[382] pode se apresentar expressa ou tácita[383]. Este fato é reconhecido expressamente em alguns ordenamentos jurídicos, como o português (Código Civil, artigo 217º, I)[384] e o austríaco (ABGB, §863)[385],

[382] Não se desconhece a celeuma doutrinária, sobretudo entre os autores italianos (vide, sobre o assunto, p. ex., MUCCIOLI, *op. cit.*, 2015, p. 27 a 29, e ROPPO, Vincenzo. Il contrato. In: INDICA, Giovanni. ZATTI, Paolo (Org.). Tratatto di diritto privato. Milano: Giuffrè, 2001, p. 192) com a utilização da expressão – que contém em si um contrassenso terminológico – "declaração tácita". Todavia, concorda-se com MOTA PINTO quando afirma que "numa declaração negocial tácita, há que distinguir os factos concludentes, a partir dos quais se realiza uma inferência, e a própria declaração inferida. De facto, tal como qualquer declaração expressa pode ter mais do que um significado, permanecendo estes independentes na sua relevância jurídica, também o comportamento concludente tem uma relevância diversa da que resulta da concludência, no sentido da declaração tácita" (*op. cit.*, 1995, p. 869). Desta forma, não parece possível simplesmente substituir as expressões, ainda que se concorde que o comportamento concludente tem um sentido objetivo que se alinha aos pressupostos teóricos daqueles autores.

[383] MOTA PINTO, *op.cit.*, 1995, p. 454. AZEVEDO, *op. cit.*, 2002, p. 126 – ANTONIO JUNQUEIRA DE AZEVEDO tratou dos negócios jurídicos formados sem que exista uma declaração expressa das partes dentro da análise da sua forma, aduzindo que estes possuem forma tácita, uma vez que "a declaração negocial se deduz de atos e fatos que a revelam". Desta forma, neste trabalho, utilizam-se as expressões "negócio jurídico tácito" ou "contrato tácito" para significar aqueles negócios ou contratos formados sem a declaração expressa as partes. Vide também ROPPO, *op. cit.*, 2001, p. 192. BETTI, Emilio. Teoria geral do negócio jurídico. Tomo I. Tradução de Fernando de Miranda. Coimbra: Coimbra Editora, 1969, p. 247. No âmbito do direito brasileiro: MARINO, Francisco Paulo De Crescenzo. Interpretação do Negócio Jurídico. São Paulo: Editora Saraiva, 2011, p. 84 a 97.

[384] Código Civil, artigo 217º, I: "A declaração negocial pode ser expressa ou tácita: é expressa, quando feita por palavras, escrito ou qualquer outro meio directo de manifestação da vontade, e tácita, quando se deduz de factos que, com toda a probabilidade, a revelam". A indicação deste artigo do Código Civil português encontra-se na obra de MOTA PINTO, *op. cit.*, 1995, p. 454.

[385] „*ABGB, § 863, (1) Man kann seinen Willen nicht nur ausdrücklich durch Worte und allgemein angenommene Zeichen; sondern auch stillschweigend durch solche Handlungen erklären, welche mit Überlegung aller Umstände keinen vernünftigen Grund, daran zu zweifeln, übrig lassen. (2) In Bezug auf die Bedeutung und Wirkung von Handlungen und Unterlassungen ist auf die im redlichen Verkehr geltenden Gewohnheiten und Gebräuche Rücksicht zu nehmen*". Em tradução livre: "§863 (1): Pode-se declarar a sua vontade não apenas de modo expresso, através de palavras e caracteres geralmente aceitos, mas também implicitamente através de atos tais que, dada a avaliação de todas as circunstâncias, não permitam qualquer motivo razoável para dúvidas a respeito desta. (2) Em relação ao sentido e efeito dos atos e omissões, devem ser levados em

enquanto aparece de maneira apenas implícita em ordenamentos como o brasileiro (Código Civil, artigo 107)[386], o italiano (Código Civil, artigo 1.327, I)[387] e o alemão (BGB, § 164)[388].

Regra geral, em ordenamentos que consagram a liberdade de forma, equiparam-se as duas formas de declaração, devendo a lei prescrever expressamente quando pretender que um tipo de negócio utilize uma forma ou outra (por exemplo, a forma escrita)[389]. Por esta razão, deve-se compreender precisamente qual é a efetiva distinção entre cada forma de declaração negocial e ressaltar os elementos que compõem a declaração tácita, entre os quais, ressalta necessariamente o comportamento concludente das partes[390].

consideração os usos e costumes vigentes do tráfico". A indicação deste parágrafo do ABGB encontra-se na obra de MOTA PINTO, *op. cit.*, 1995, p. 455.

[386] Código Civil, artigo 107: "A validade da declaração de vontade não dependerá de forma especial, senão quando a lei expressamente a exigir".

[387] Codice Civile, art. 1327: "*(Esecuzione prima della risposta dell'accettante) Qualora, su richiesta del proponente o per la natura dell'affare o secondo gli usi, la prestazione debba eseguirsi senza una preventiva risposta, il contratto è concluso nel tempo e nel luogo in cui ha avuto inizio l'esecuzione*". Em tradução livre: "(Execução prévia à resposta do aceitante) Sempre que, a pedido do proponente ou pela natureza do negócio ou de acordo com os usos, a prestação dever se executar sem uma resposta prévia, o contrato é celebrado no momento e lugar em que prestação teve início". Destaca um papel relevante deste artigo para a discussão do comportamento concludente, ROPPO, *op. cit.*, 2001, p. 200. Um posicionamento crítico a respeito do adequado enquadramento do artigo encontra-se em MUCCIOLI, *op. cit.*, 2015, p. 27.

[388] BGB, §164, (1): "*Eine Willenserklärung, die jemand innerhalb der ihm zustehenden Vertretungsmacht im Namen des Vertretenen abgibt, wirkt unmittelbar für und gegen den Vertretenen. Es macht keinen Unterschied, ob die Erklärung ausdrücklich im Namen des Vertretenen erfolgt oder ob die Umstände ergeben, dass sie in dessen Namen erfolgen soll.*" Em tradução livre: "BGB, §164, (1): Uma declaração de vontade, que alguém dentro de seu poder de representação vigente em nome do representado dá, tem efeitos imediatos para e contra o representado. Nao faz qualquer diferença se a declaração é dada expressamente em nome do representado, ou se resulta das circunstâncias em nome de quem ela foi dada." A indicação deste parágrafo do BGB para tais fins é feita por MOTA PINTO, com base na doutrina alemã, *op. cit.*, 1995, p. 455.

[389] MOTA PINTO, *op. cit.*, 1995, p. 456. AZEVEDO, *op. cit.*, 2002, p. 126. ROPPO, *op. cit.*, 2001, p. 193.

[390] MOTA PINTO, *op. cit.*, 1995, p. 746 e 747. ROPPO, *op. cit.*, 2001, p. 199. MUCCIOLI, *op. cit.*, 2015, p. 18.

A doutrina procurou estabelecer a distinção entre forma expressa e tácita de declaração, grosso modo, com base em critérios de cariz subjetivo e critérios de cariz objetivo[391].

Os representantes das posições subjetivas realizaram esforços sobretudo para aferir a "*intenção* do agente, o *escopo* por ele prosseguido".[392] Para os seguidores desta corrente doutrinária, na declaração expressa o declarante agiria com "a finalidade – única, ou, pelo menos, precípua, imediata – de dar a conhecer a outrem um dado conteúdo de sentido, de fazer uma declaração"[393]. Tal finalidade, de outro vértice, não existiria na declaração tácita e a vontade do declarante ficaria apenas subentendida de seus atos[394].

A posição subjetiva foi submetida a diversas críticas, algumas ligadas, naturalmente, aos ataques direcionados à própria teoria subjetiva do negócio jurídico, como, por exemplo, a dificuldade (que beira a impossibilidade) envolvida em uma "investigação psicológica" do agente[395].

Além disso, critica-se este critério por recorrer a elementos externos à declaração, que não a compõem efetivamente, ainda que, de certa forma, estejam em seu entorno[396]. Desta forma, sustentou-se que, recorrendo à vontade interna do declarante, que não é elemento constitutivo da declaração negocial[397], não seria possível obter um conceito da declaração tácita em si mesma, além de correr-se o risco de resultados incongruentes, em que uma mesma declaração seria classificada como expressa ou tácita conforme mudem os fins íntimos com que atua o declarante[398].

MOTA PINTO traz um interessante exemplo para ilustrar esta crítica, no qual uma conduta idêntica pode ser entendida ora como declaração expressa, ora como declaração tácita:

[391] MOTA PINTO, *op. cit.*, 1995, p. 463.

[392] MOTA PINTO, *op. cit.*, 1995, p. 464. Também, MARINO, *op. cit.*, 2011, p. 87.

[393] MOTA PINTO, *op. cit.*, 1995, p. 464.

[394] MOTA PINTO, *op. cit.*, 1995, p. 464.

[395] MOTA PINTO, *op. cit.*, 1995, p. 466.

[396] MOTA PINTO, *op. cit.*, 1995, p. 466.

[397] Lembre-se que, para o conceito estrutural de negócio jurídico apresentado por ANTONIO JUNQUEIRA DE AZEVEDO constituem a declaração negocial apenas a forma, o objeto e as circunstâncias negociais, (AZEVEDO, *op. cit.*, 2002, p. 32).

[398] MOTA PINTO, *op. cit.*, 1995, p. 467. Também, MARINO, *op. cit.*, 2011, p. 87

> quem consome ou aliena um bem adquirido pelo seu representante para além dos poderes de que este dispunha, ratificaria tacitamente o negócio, se queria apenas satisfazer uma necessidade, ou obter liquidez patrimonial. Mas tal ratificação já seria expressa se o agente quisesse, antes, em primeira linha, ratificar o negócio.[399]

Em razão dessas e de outras críticas, a doutrina contemporânea tem rejeitado distinguir as declarações expressas e tácitas conforme os critérios propostos pelas teorias subjetivas.

Em contraposição foram desenvolvidas teorias objetivas desta distinção. Todavia, se de um lado as posições subjetivas se deixavam aglutinar sob o denominador comum da intenção do declarante, as posições objetivas não podem ser tão facilmente reunidas em torno de um único critério genérico, tendo sido a distinção remetida, por exemplo, à natureza dos meios expressivos, à direção dos meios declarativos, ao grau de certeza expressiva e até mesmo à 'avaliação objetiva da finalidade do agente'[400]. Como tratar de cada uma destas correntes excede o objetivo desta pesquisa, remete-se para tal fim à doutrina especializada nesta matéria, discutindo-se aqui apenas a corrente de cariz objetivo com a qual tem concordado a doutrina mais contemporânea, em que este trabalho se apoia. Sob o ponto de vista objetivo, a distinção que se considera mais adequada sustenta uma oposição feita a partir de conceitos provenientes da linguística, mais precisamente, da contraposição entre símbolos e sinais[401].

Segundo esta doutrina, o símbolo tem origem convencional, estando em relação de equivalência[402] ou substituição[403] com o seu significado (arbitrariamente estabelecido pela convenção que dá origem ao símbolo)[404]. Sua gênese pode ser uma convenção comum a um grupo de pessoas, como a língua nacional ou um dialeto regional, ou uma convenção particular entre as partes, como no famoso exemplo anglo-americano do caso em

[399] MOTA PINTO, *op. cit.*, 1995, p. 467.

[400] Para uma síntese dos principais argumentos de cada corrente, vide MOTA PINTO, *op. cit.*, p. 469 a 493.

[401] MOTA PINTO, *op. cit.*, 1995, p. 515 e ss. ROPPO, *op. cit.*, 2001, p. 192 e 199-200. MUCCIOLI, *op. cit.*, 2015, p. 52 a 57. MARINO, *op. cit.*, 2011, p. 90 a 92.

[402] MUCCIOLI, *op. cit.*, 2015, p. 53.

[403] MOTA PINTO, *op. cit.*, 1995, p. 516.

[404] MOTA PINTO, *op. cit.*, 1995, p. 516.

que as partes teriam acordado que o termo 'comprar' deveria significar, entre elas, 'vender'[405].

Destarte, "o símbolo tem uma dimensão semântica constante, uma identidade objetiva, conservando a sua base convencional nos diversos contextos em que insere"[406]. A semântica, em apertada síntese, é o ramo da linguística que busca compreender o significado e interpretar palavras e frases dentro de um sistema de linguagem, "naquilo que é constante nas expressões linguísticas, abstraindo do uso por indivíduos específicos em situações concretas". A semântica se diferencia da sintaxe e da pragmática. A sintaxe investiga as "propriedades de combinações das palavras e das condições de boa formação das frases", ou seja, não é uma disciplina do significado, mas da "estrutura das frases"[407]. Por sua vez, a pragmática "estuda a linguagem em situações de uso, considerando o significado das palavras e das frases no seu contexto linguístico e situacional"[408].

O símbolo possui, portanto, uma "estrutura representativa" que substitui a própria experiência primária e que implica sua (relativa) autonomia com relação ao seu contexto[409]. Isso não significa, naturalmente, negar-se a dimensão pragmática da declaração negocial feita por símbolos. Como foi visto quando se tratou da interpretação, a declaração negocial, mesmo a expressa, isto é, mesmo aquela constituída por símbolos com dimensão semântica estável, deve sempre ser interpretada e compreendida de acordo com o contexto em que é proferida.[410] Logo, afirmação do conteúdo semântico estável dos símbolos, para além de sua distinção dos sinais, deve-se retirar o caráter consciencioso do intérprete com relação

[405] O exemplo consta do *Restatement (Second) of Contracts*, §212, cmt. b. illus. 4 (1981), de acordo com BURTON, Steven J. Elements of contract interpretation. Oxford: Oxford University Press, 2009, p. 28.

[406] MOTA PINTO, *op. cit.*, 1995, p. 516.

[407] ALMEIDA, Carlos Ferreira de. Contratos IV. Funções. Circunstâncias. Interpretação. Coimbra: Editora Almedina, 2014, p. 222 e 223.

[408] Todas, ALMEIDA, *op. cit.*, 2014, p. 223 a 225.

[409] MUCCIOLI, *op. cit.*, 2015, p. 52. No original: "*Il simbolo, infatti, per la sua struttura rappresentativa, si atteggia a sostituto dell'atto di esperienza originale. Tale 'sostitutività' fonda l'autonomia del simbolo stesso rispetto alla varietà delle circostanze ambientali*". Em tradução livre: "O símbolo, de fato, por sua estrutura representativa, coloca-se como substituto do ato de experiência originária. Tal 'substitutividade' dá fundamento à autonomia do símbolo mesmo a respeito da variedade de circunstâncias ambientais".

[410] MOTA PINTO, *op.cit.*, 1995, p. 516.

a esta convenção original. O intérprete, para afastá-la, deve ter contra si o ônus de argumentar coerentemente com base no contexto próprio da declaração.

O sinal, por sua vez, não possui significado convencionalmente estipulado, de forma que seu sentido só pode ser compreendido dentro de um conjunto de circunstâncias, de acordo com critérios de experiência[411]. "O sinal não tem sequer uma relação semântica constante, devendo a sua capacidade significativa inteiramente às circunstâncias em que se insere"[412]. Destarte, o sinal pode se consubstanciar em um

> comportamento que, de per se, representa um fato neutro e equívoco. Inserido na moldura do conjunto de circunstâncias, apreciado segundo critérios de experiência e com base em mecanismos de conexões empíricas reais, o comportamento pode adquirir capacidade significativa.[413]

Com base nesta distinção entre símbolo e sinal, a doutrina contemporânea propõe o critério de diferenciação entre declaração expressa e tácita. A declaração expressa é aquela em que se emprega preponderantemente símbolos para sua manifestação, enquanto a declaração tácita é aquela em que se utilizam sinais, cujo sentido se depreende necessariamente das circunstâncias[414].

Um exemplo muito simples pode ajudar a fixar a diferença conceitual que se pretende traçar entre símbolo e sinal. Assim, ainda que penda de interpretação, todos podem conceder que a palavra "comprar" possui um significado estável na convenção linguística que é o português. Por outro lado, colocar produtos sobre uma bancada não possui qualquer

[411] MUCCIOLI, *op. cit.*, 2015, p. 53.

[412] MOTA PINTO, *op. cit.*, 1995, p. 516.

[413] MUCCIOLI, *op. cit.*, 2015, p. 52. No original: "*un comportamento che, di per sé, rappresenta un fatto neutro ed equivoco. Inserito nella cornice delle circostanze d'insieme, apprezzate secondo criteri di esperienza ed in base a meccanismi di connessioni empiriche reali, il comportamento può acquistare capacità significativa*".

[414] MOTA PINTO, p. 515. BIANCA prefere se referir a "meios" ou "signos" "de linguagem", como aqueles empregados em manifestações expressas e a "comportamentos concludentes", "que não constituem meio de linguagem e dos quais, todavia, segundo as circunstâncias, se deduz o implícito intento negocial", como aqueles que consubstanciam "acordos tácitos" BIANCA, C. Massimo. Diritto Civile. Il Contratto. Vol. 3., ristampa, Milano: Dott. A. Giuffrè Editore, 1987, p. 212 e 213.

sentido constante, mas pode conter múltiplos significados, a depender do contexto, como da pessoa (vendedor – proposta, comprador – aceitação), do local (local de culto – doação, supermercado – compra) etc. em que ocorra.

Diante desta distinção, sustentou-se a existência de uma "maior potência representativa" nas declarações expressas, que seriam, por essa razão, mais aptas à manifestação de conteúdos complexos, enquanto os conteúdos manifestados pelas declarações tácitas deveriam ser, forçosamente, mais simples[415].

Por outro lado, defende-se a maior força do sinal para a apuração dos interesses das partes, pois

> a declaração tácita, que ocorre através de sinais, apesar de mais equívoca, permite – como tem sido posto em relevo – uma maior atendibilidade. Isto é, o sinal oferece maior garantia de verdade, na medida em que remete para uma realidade inferida a partir dele, e não apenas para o seu conceito ideal.[416]

De todo modo, independentemente da eventual complexidade do seu conteúdo, a declaração tácita tem em si elementos suficientes para ser reconhecido pelo ordenamento jurídico como constituindo um negócio juridicamente vinculante[417]. Ou seja, o comportamento que, dadas as circunstâncias, possa ser considerado um sinal manifestando um conteúdo negocial, será, dado o ordenamento jurídico vigente, reputado como exercício de autonomia privada. Neste sentido, veja BETTI:

> Também aqui, e não menos que nos negócios declarativos, o comportamento tem uma função constitutiva insubstituível, não meramente probatória, mas reveladora. O caráter concludente que se requer no comportamento, não é já entendido como referido a um indício, para permitir uma dedução segura acerca de um acto que não tem, por si, função comunicativa de uma incontrolável vontade puramente interna, mas é entendido como a univocidade da manifestação de autonomia, tomada no seu significado social, a avaliar, não segundo a exigência subjetiva de uma consciente "manifestação",

415 MOTA PINTO, *op. cit.*, 1995, p. 517.

416 MOTA PINTO, *op. cit.*, 1995, p. 517 e 518.

417 BETTI, *Teoria geral do negócio jurídico*, *op. cit.*, 1969, p. 247 e ss.

mas segundo a necessidade objectiva de sua recogniscibilidade por parte dos outros.[418]

3. O comportamento concludente

Visto que a declaração tácita é aquela composta por sinais, cujo valor significativo é dado conforme seu contexto próprio, importa estudar especificamente estes sinais, que assumem a forma de um comportamento da parte declarante. MOTA PINTO nota que este comportamento é comumente conhecido como "comportamento concludente" e constitui, efetivamente, o "elemento objetivo" da declaração tácita[419].

Com relação a esse comportamento concludente, a principal questão diz respeito, justamente, aos critérios necessários para se determinar a "concludência"[420] de um dado comportamento, que deve ser afirmada para que se possa ligar ao sinal (comportamento concludente) as eficácias típicas do negócio jurídico que ele constitui[421]. Por essa razão, o próximo tópico deste trabalho é dedicado à análise do juízo de concludência, colocando a teste os critérios expostos pela doutrina estrangeira através das normas do direito brasileiro para avaliar sua compatibilidade e sua aplicabilidade.

Antes, todavia, deve-se deixar fora de dúvida a exigência dos mesmos elementos para a existência da declaração tácita e para as declarações expressas. Como ambas são constituintes de negócios jurídicos, das mais diversas eficácias, são-lhes exigidos os mesmos elementos de existência,

[418] BETTI, *Teoria geral do negócio jurídico*, *op. cit.*, 1969, p. 252.

[419] MOTA PINTO, *op. cit.*, 1995, p. 746. É importante notar que parte da doutrina, sobretudo aquela que rejeita o uso da expressão declaração tácita, seja pela contradição que carrega, seja pela sua amplitude, procura abandonar a expressão declaração tácita e substituí-la pelo próprio comportamento concludente, de cariz objetivo, contrapondo este (e não a declaração tácita) à declaração dita expressa (neste sentido, vide MUCCIOLI, *op. cit.*, 2015, p. 27 e 28). A nosso ver, esta polêmica interessa menos a este trabalho do que a delimitação dos critérios necessários à determinação da ocorrência, de fato, de um comportamento concludente, com o que, como se verá, a doutrina está mais assente.

[420] Expressão de MOTA PINTO, *op. cit.*, 1995, p. 523, que parte da doutrina italiana para afirmar que "De acordo com ela (doutrina italiana), a concludência, num sentido estrito, é característica da declaração tácita, ou por factos concludentes. Esta efectua-se por sinais dos quais se pode inferir a declaração – que são, portanto, os tradicionais *facta concludentia* (na concepção tradicional, *ex quibus voluntas concludi potest*)".

[421] MOTA PINTO, *op. cit.*, 1995, p. 747.

debatendo-se apenas a respeito de um destes (a saber, a forma). Ou seja, ainda que se entenda que, em um dado caso concreto, um comportamento é concludente, antes que se possa afirmar pela formação de um negócio jurídico, é necessário averiguar se os demais elementos do negócio jurídico (i.e., o objeto e as circunstâncias negociais) também estão presentes no caso. Essa observação é importante quando se diferenciar mais a frente, em casos de fronteira, as declarações tácitas de hipóteses de tutela de confiança.

Outro tema que também interessa especialmente à concludência de um dado comportamento, sobretudo daquele que se verifica após a formação de um contrato de duração e que atuará, como se verá, para complementá-lo, modificá-lo ou extingui-lo, é a "*protestatio*". A "*protestatio*" é a atitude daquele que, em praticando um comportamento que julga pode ser compreendido socialmente como concludente, ressalva os efeitos deste, alertando os possíveis interessados de que este comportamento não é feito com intuito de concludência[422].

Próximo ao tema da "*protestatio*", mas que dele se distingue por alguns caracteres relevantes, está a cláusula de eleição de forma aplicável à modificação do contrato ou à novação das obrigações de suas partes.

Estes três tópicos compõem este item sobre o comportamento concludente e devem oferecer critérios razoavelmente seguros para aferir a concludência de um dado comportamento em um caso concreto.

3.1. Juízo de concludência

A afirmação da concludência de um dado comportamento em um caso concreto corresponde a um juízo de ilação sobre uma conexão entre o significado socialmente aferível da conduta e a declaração tácita[423]. Desta forma, para que se possa afirmar em um caso concreto a concludência de um dado comportamento, depender-se-á de sua interpretação dentro de seu contexto situacional, de acordo com as regras de interpretação aplicáveis[424]. Como explica MOTA PINTO

[422] Sobre o tema, vide: ROPPO, *op. cit.*, 2001, p. 205 e ss. Também MOTA PINTO, *op. cit.*, 1995, p. 786 e ss.

[423] MUCCIOLI, *op. cit.*, 2015, p. 73. Também MOTA PINTO, *op. cit.*, 1995, p. 746 e 747, BETTI, *Teoria geral do negócio jurídico, op. cit.*, 1969, p. 269. ROPPO, *op. cit.*, 2001, p. 201.

[424] MOTA PINTO, *op. cit.*, 1995, p. 748 e ss.

> [t]rata-se, aqui também, de determinar o significado de um comportamento (concludente), se bem que se ponha o problema de não existir uma linguagem, pelo que é necessária uma ilação a partir da conduta, enquadrada nas respectivas circunstâncias. Entendemos, pois, que, mesmo tendo de se realizar esta inferência, a avaliação da concludência é também um problema de interpretação.[425]

A interpretação da conduta cuja concludência se procura estabelecer, parte do que se chama usualmente de "nexo de concludência" e se apura segundo critérios específicos de coerência[426].

Antes de passar à análise específica de tais critérios, mister debater, ainda que brevemente, a questão de dever ser, ou não, o nexo de concludência averiguado de maneira unívoca e necessária, de forma dita "lógica" (considerando-se uma lógica dedutiva), ou se basta uma "elevada probabilidade" para sua configuração[427]. BETTI, por exemplo, leciona que o juízo pela concludência deve ser inequívoco e necessário, efetivamente permitindo a dedução desta característica do comportamento:

> É, pelo contrário, indirecta a recogniscibilidade e implícita a manifestação, quando se produz por meio de uma conduta que, tomada em si mesma, não tem a função de fazer conhecer aos interessados o conteúdo em questão, mas que, por ilação necessária e unívoca, permite deduzir e torna reconhecível uma tomada de posição vinculativa, a respeito de certos interesses alheios. O comportamento qualifica-se como concludente, quando impõe uma conclusão, uma ilação lógica, que não se fundamenta na consciência do agente (que até poderia nem dar conta da concludência da sua conduta), mas sobre o espírito de coerência que, segundo os pontos de vista comuns, deve informar qualquer comportamento entre membros da sociedade, e sobre a auto-responsabilidade que se liga, por uma exigência social, ao ónus de conhecimento.[428]

MUCCIOLI parece se posicionar no mesmo sentido, ao afirmar que enquanto o juízo de ilação deve ser sempre relativo, no entanto, o nexo

425 MOTA PINTO, *op. cit.*, 1995, p. 748.

426 MOTA PINTO, *op. cit.*, 1995, p. 759.

427 MOTA PINTO, *op. cit.*, 1995, p. 768 a 776.

428 BETTI, *Teoria geral do negócio jurídico, op. cit.*, 1969, p. 269.

de concludência (lógico e experimental) que liga o comportamento à declaração deve ser sempre "unívoco e necessário", considerados os dados concretos de tempo e lugar da atividade.[429]

MOTA PINTO, por outro lado, concorda que a concludência não pode ser aferida desrespeitando as leis da lógica, mas também entende que a sua determinação "não terá necessariamente de consistir numa verdadeira dedução lógica. Pois trata-se apenas de, num contexto prático de interacção, determinar o significado de um comportamento"[430]. Desta forma, basta a alta probabilidade, desnecessária a inequivocidade[431].

A nosso ver, parece ter razão MOTA PINTO em dispensar a univocidade do nexo de concludência, salvo se a lei – como no caso da novação (artigo 361 do Código Civil) – expressamente o exigir[432]. Sendo a apuração deste nexo um juízo interpretativo, é pouco provável que possa atingir resultados inequívocos, dada a própria natureza de tal processo (remete-se, para estas questões, à primeira parte do capítulo sobre o tema).

3.1.1. Critérios para apuração do nexo de concludência

Dito isto, passa-se a estudar os critérios pelos quais será avaliado o significado do comportamento obtido pela interpretação, para que se possa aferir o referido nexo de concludência. O direito brasileiro não arrola nem indica quais seriam estes critérios. A mesma situação se encontra na Itália e em Portugal, onde a doutrina procurou construir, sobretudo, com base em casos típicos de declaração tácita, os parâmetros que permitem inferir do comportamento uma ilação segura de concludência[433].

Destarte, a doutrina destaca a relevância da coerência lógica entre a conduta e o significado objetivo do negócio jurídico, que não está

[429] MUCCIOLI, *op. cit.*, 2015, p. 73 e 74: "*La questione perde decisamente rilievo, laddove si consideri che, mentre l'illazione in sé non può che essere 'relativa' (in quanto connessa alla situazione in cui l'agente opera, valutata alla stregua della comune esperienza), assolutamente 'univoco e necessario' deve apparire il nesso logico-sperimentale che la giustifica nei concreti limiti di tempo e luogo dell'attività considerata. (...) Di qui la necessità di determinare quali proprietà il comportamento debba possedere perché dia luogo a un rapporto illativo rigorosamente univoco e necessario.*"

[430] MOTA PINTO, *op. cit.*, 1995, p. 769.

[431] MOTA PINTO, *op. cit.*, 1995, p. 772 e 773.

[432] MOTA PINTO, *op. cit.*, 1995, p. 774 e 775.

[433] MUCCIOLI, *op. cit.*, 2015, p. 74. No mesmo sentido: BETTI, *Teoria geral do negócio jurídico*, *op. cit.*, 1969, p. 269. ROPPO, *op. cit.*, 2001, p. 201.

explícito nela, mas implícito[434]. Este critério de coerência lógica pode ser desdobrado em dois critérios parcelares, um de caráter positivo e outro negativo[435].

Sob o ponto de vista positivo, pode averiguar-se um nexo "positivo", de "inclusão"[436] ou de "continência"[437]. Este nexo positivo implica imputar ao agente o conteúdo de um negócio jurídico coerentemente posto, segundo a experiência social, com o seu comportamento consciente[438].

Para a doutrina, este critério equivale a um "juízo analítico, segundo o qual um acto está contido noutro (uma espécie de 'concludência analítica')"[439].

Quando se referindo a tal critério, a doutrina italiana costuma fazer menção ao artigo 476 de seu Código Civil, como exemplo de sua consagração positiva[440]. Tal dispositivo legal prevê, quando tratando da aceitação da

434 BETTI, *Teoria geral do negócio jurídico, op. cit.*, 1969, p. 270.

435 BETTI, *Teoria geral do negócio jurídico, op. cit.*, 1969, p. 270. MOTA PINTO, ainda que trate especificamente de cada um dos 'subcritérios' referidos, critica a divisão, afirmando que ela não traz qualquer resultado prático a respeito da natureza da declaração tácita apurada em um caso concreto e que ambos os subcritérios seriam referidos, ao fim e ao cabo, à ideia de "incompatibilidade ou contradição com um certo significado" (*op. cit.*, 1995, p. 766). A nosso ver, a distinção entre os dois subcritérios aumenta a precisão da análise em um caso concreto e tem um caráter didático inegável, razão pela qual não se a abandona, ainda que se concorde ser ela passível de crítica.

436 BETTI, *Teoria geral do negócio jurídico, op. cit.*, 1969, p. 270.

437 MUCCIOLI, *op. cit.*, 2015, p. 73, que, com base em Natalino Irti, explica que: "*Si è osservato, riguardo ai comportamenti, come l'intento che "l'agire del soggetto o implica per logica coerenza (nesso di continenza) o esclude per logica ripugnanza (nesso di incompatibilità)" si lascia "soltanto desumere".*" Em tradução livre: "Se há observado, com relação aos comportamentos, como o intento que "o agir do sujeito, ou implica por coerência lógica (nexo de continência) ou exclui por lógica repugnância (nexo de incompatibilidade), se deixa apenas inferir".".

438 BETTI, *Teoria geral do negócio jurídico, op. cit.*, 1969, p. 267 a 270. MUCCIOLI, op. cit., 2015, p. 73 e 74. A exigir a consciência do comportamento, de maneira socialmente reconhecível, e não aferindo fatores psicológicos: BETTI, *Teoria geral do negócio jurídico, op. cit.*, p. 252 e 253.

439 MOTA PINTO, *op. cit.*, 1995, p. 760.

440 "*Codice Civile Art. 476. Accettazione tacita. L'accettazione è tacita quando il chiamato all'eredità compie un atto che presuppone necessariamente la sua volontà di accettare e che non avrebbe il diritto di fare se non nella qualità di erede.*" Em tradução livre: "Aceitação tácita. A aceitação é tácita quando o chamado à herança adota um ato que pressupõe necessariamente a sua vontade de aceitar e que não ele não teria direito de praticar exceto na qualidade de herdeiro". Neste sentido: BETTI, *Teoria geral do negócio jurídico, op. cit.*, p. 270. MUCCIOLI, *op. cit.*, 2015, p. 74. Também faz referência ao artigo, mas sem discutir o critério nele contido: ROPPO, *op. cit.*, 2001, p. 201.

herança pelos herdeiros, textualmente, que: "a aceitação é tácita quando o chamado à herança realiza um ato que pressupõe necessariamente a sua vontade de aceitar e que não teria o direito de fazer se não na qualidade de herdeiro"[441].

No direito brasileiro, é possível localizar disposição semelhante no artigo 1.805, *caput*, do Código Civil ("a aceitação da herança, quando expressa, faz-se por declaração escrita; quando tácita, há de resultar tão-somente de atos próprios da qualidade de herdeiro").

Como exemplo de ato próprio da qualidade de herdeiro, a jurisprudência brasileira já destacou, por exemplo, a abertura do processo de inventário[442], tendo sido a própria constituição de advogado para tal fim considerada suficiente para se inferir a aceitação tácita da herança[443]. Este artigo é especialmente relevante no direito brasileiro, sobretudo considerada a irrevogabilidade da aceitação da herança (artigo 1.812 do Código Civil)[444].

[441] Admite a aceitação tácita da herança também o direito português – artigo 2.056º, 1, do Código Civil daquele país – todavia, controverte a doutrina portuguesa a respeito do seu caráter de negócio jurídico, como nota MOTA PINTO, *op. cit.* 1995, p. 819. Para este autor, ademais, "a possibilidade de aceitação tácita da herança através de actos concludentes, como a alienação ou a utilização de um bem da herança pelo herdeiro, estava já prevista nas fontes romanas (*pro herede gestio*)" (*op. cit., idem*).

[442] Agravo de Instrumento no 2036510-90.2014.8.26.0000, julgado pelo Tribunal de Justiça do Estado de São Paulo, em 10 de junho de 2014, rel. Des. Luiz Antonio de Godoy. Evidentemente, tal ato somente pode ter a referida conotação quando praticado por aquele que possui caráter de herdeiro (necessário ou testamentário) ou legatário. Os demais legitimados do rol do artigo 616 do Código de Processo Civil não se tornarão herdeiros, 'tacitamente', simplesmente por força da abertura do inventário. Outros exemplos são referidos no Agravo de instrumento no 0199106-26.2012.8.26.0000, julgado também pelo TJSP, em 12/12/2012, rel. Des. Marcondes D'Angelo, que cita os seguintes atos: "cobrar créditos, pagar dívidas, abrir inventário ou nele se habilitar".

[443] TSJP, Agravo de Instrumento no 2216075-77.2015.8.26.0000, Rel. Des. Souza Lopes, julgado em 26 de fevereiro de 2016.

[444] Tem se visto algumas disputas judiciais em torno do tema da aceitação tácita da herança, sobretudo relacionadas a posterior renúncia da herança, tanto para fins tributários (se não há aceitação prévia, a renúncia é chamada de "abdicativa" e não é objeto de incidência do ITCMD, no entanto, se já houve a aceitação, a renúncia então é dita "translativa" – no fundo, em tudo assemelhada à doação – e, por isso, incide o referido imposto). A respeito destas questões, vide os acórdãos do Superior Tribunal de Justiça no Agravo Regimental no Recurso Especial Nº 1.254.813 – RJ, relatado pelo Min. Castro Meira e publicado no Diário de Justiça eletrônico

Além deste artigo, o critério da continência parece embasar também o artigo 659 do Código Civil ("a aceitação do mandato pode ser tácita, e resulta do começo de execução").

Ou seja, o Código Civil brasileiro parece acolher, ou ao menos não repudia, o critério da continência como apto a demonstrar a concludência de um comportamento para fins de declaração tácita. Desta forma, diante da inexistência de critérios rivais ou restrições legais à sua aplicação, parece lícito concluir pela sua aplicabilidade ao direito brasileiro.

Sob o ponto de vista negativo do critério de coerência lógica, apura-se um nexo de incompatibilidade entre o comportamento e determinado efeito, implicando outra manifestação[445].

> A incompatibilidade é, pois, um elemento importante a atender na determinação da ilação, desde que, obviamente, se possa afirmar que essa incompatibilidade é suficiente para constituir uma impressão no sentido da existência de uma declaração negocial (pois não basta o simples comportamento contraditório, se for patente a inexistência de uma declaração negocial, podendo aquele quando muito levar a uma tutela extra-negocial da confiança, pela proibição do *venire contra factum proprium*). A declaração tácita poderá resultar, portanto, não apenas da análise das implicações que se seguem a um determinado comportamento, que nele estão contidas, como, e sobretudo, do valor específico atribuído à não contradição com a própria conduta ou à exclusão de um significado contrário.[446]

Para embasar legislativamente o critério negativo, a doutrina italiana comumente se refere ao artigo 2937, 3, de seu Código Civil, que trata da renúncia à prescrição pela parte que dela se beneficia, dispondo que "a renúncia pode resultar de um fato incompatível com a vontade de se valer da prescrição".[447]

em 19/12/2011 e no Recurso Especial Nº 1.508.503 – RJ, relatado pela Min. Regina Helena Costa e publicado no Diário de Justiça eletrônico em 4/3/2016.

[445] MUCCIOLI, *op. cit.*, 2015, p. 73.

[446] MOTA PINTO, *op. cit.* 1995, p. 766 e 767.

[447] Código civil italiano, artigo 2937, 3: "*La rinunzia può risultare da un fatto incompatibile con la volontà di valersi della prescrizione*".

Novamente, o Código Civil brasileiro possui artigo com teor algo semelhante, o artigo 191 ("a renúncia da prescrição pode ser expressa ou tácita, e só valerá, sendo feita, sem prejuízo de terceiro, depois que a prescrição se consumar; tácita é a renúncia quando se presume de fatos do interessado, incompatíveis com a prescrição"). A jurisprudência nacional é pródiga em casos relativos à esta forma de renúncia tácita, apontando como exemplo bastante recorrente o pagamento da dívida.[448]

Por esta razão, o critério de incompatibilidade também parece aplicável ao direito brasileiro.

Evidentemente, como já referido acima, estes critérios não podem ser aplicados isoladamente, mas sempre levando em conta o cânone hermenêutico da totalidade, que manda que o intérprete avalie, neste caso, não apenas o comportamento isoladamente considerado, mas todo o contexto que o cerca[449]. Isto porque se entende que o comportamento não traz um significado inerente (ele não possui um significado que se exprima isolada e autonomamente), mas o recebe de fora, a partir da sua integração ao contexto, pois, como visto, é sinal e não símbolo[450]. Por esta razão, afirma-se que o "contexto" é considerado por alguns o terceiro critério para tal juízo de ilação[451].

Ademais, ressalte-se que a concludência "baseia-se, pois, num 'nexo lógico-experimental' em que factores de tipicidade social e factores jurídicos são também importantes"[452]. Isto quer dizer que, muitas vezes, será razoável atribuir sentido ao comportamento partindo-se da premissa, em

[448] TJSP, Apelação cível nº 1066487-72.2013.8.26.0100, Rel. Des. Ruy Coppola, julgado em 28 de abril de 2016. TJSP, Apelação cível nº 0037454-60.2012.8.26.0562, Rel. Des. Vianna Contrim, julgado em 14 de abril de 2016. TJSP Apelação cível nº 1002557-36.2014.8.26.0071, Rel. Des. Carlos Dias Motta, julgado em 6 de abril de 2016.

[449] MUCCIOLI, *op. cit.*, 2015, p. 74, que explica que: "*Accanto ai criteri della continenza e dell'incompatibilità, si reputa necessario, nella ricostruzione del significato di un determinato comportamento in un dato contesto, che si faccia riferimento alla totalità delle circostanze che ad esso si accompagnano.*" Em tradução livre: "Para além dos critérios da continência e da incompatibilidade, julga-se necessário, na reconstrução de um determinado comportamento em um dado contexto, que se faça referência à totalidade das circunstâncias que a esse acompanharam".

[450] MUCCIOLI, *op. cit.*, 2015, p. 74 e 75.

[451] MUCCIOLI, *op. cit.*, 2015, p. 75.

[452] MOTA PINTO, *op. cit.*, 1995, p. 768.

regra correta, de que as pessoas procuram agir dentro de um ambiente de licitude e honestidade.

Por fim, a doutrina italiana também arrola o critério da "*ragionevolezza*"[453] (ou "*reasonableness*") para a tarefa de analisar o juízo de ilação[454]. Em português, a tradução literal seria "razoabilidade", todavia, o emprego dessa expressão em diversas áreas do direito (por exemplo, o direito constitucional e administrativo), desaconselha a sua adoção sem qualquer precisão. A "*ragionevolezza*" atua como meio termo entre a vontade do agente e a confiança do destinatário e não deve ser tomada como um sinônimo da boa-fé objetiva, mas sob uma visão pragmática, em respeito às circunstâncias do caso concreto e aos interesses das partes[455]. De qualquer modo, entende-se que este critério é trazido pela doutrina italiana para temperar o rigor da exigência da "univocidade" para o nexo de concludência e, por isso, não parece necessário a partir do momento em que se conclui ser suficiente para a afirmação deste nexo a alta probabilidade e não a univocidade.

Por fim, mister notar que o juízo sobre a concludência do comportamento, ainda que tenha um caráter de um procedimento interpretativo e valorativo, não se confunde com a interpretação da declaração negocial

[453] MUCCIOLI, *op. cit.*, 2015, p. 75.

[454] Termo empregado pelo *Common European Sales Law*, C.E.S.L, de novembro de 2011, artigo 5: "*Article 5 Reasonableness. 1. Reasonableness is to be objectively ascertained, having regard to the nature and purpose of the contract, to the circumstances of the case and to the usages and practices of the trades or professions involved. 2. Any reference to what can be expected of or by a person, or in a particular situation, is a reference to what can reasonably be expected.*" Em tradução livre: "Artigo 5. Razoabilidade. 1. A razoabilidade deve ser objetivamente verificada, tendo em consideração a natureza e o propósito do contrato, as circunstâncias do caso e e os usos e práticas comerciais ou profissionais envolvidos. 2. Qualquer referência ao que pode ser esperado por ou de uma pessoa, ou em uma situação particular, é uma referência ao que pode ser razoavelmente esperado." Disponível em http://eur-lex.europa.eu/legal-content/EN/TXT/?uri=CELEX%3A52011PC0635, acesso em 6.7.2022, às 19h45min. O *Draft Common Frame of Reference*, no seu item 4:102 – "How intention is determined" – exige que a conduta adotada para a formação de um contrato seja 'razoavelmente' entendida pela outra parte: "*II. – 4:102: How intention is determined. The intention of a party to enter into a binding legal relationship or bring about some other legal effect is to be determined from the party's statements or conduct as they were reasonably understood by the other party*". Disponível em http://ec.europa.eu/justice/policies/civil/docs/dcfr_outline_edition_en.pdf, acesso em 6.7.2022, às 19h47min.

[455] MUCCIOLI, *op. cit.*, 2015, p. 44: "*una ragionevolezza, in altre parole, di un tipo pragmatico, di rispetto delle circostanze del caso concreto, atta ad integrare un meccanismo di valutazione che tenga conto, per l'appunto, proprio di queste ultime e degli interessi delle parti*".

para fins de determinação de seu conteúdo material. Tratam-se de duas fases conceitualmente distintas da vida do contrato – a sua formação e a determinação de seu conteúdo.[456]

Para a fase de determinação do conteúdo do negócio jurídico formado por comportamento concludente, entende-se aplicáveis as regras de interpretação já expostas no capítulo próprio[457].

3.2. Protesto

Sob a rubrica "protesto" (ou "*protestatio*") a doutrina procura fazer referência à hipótese em que um agente, adotando um comportamento que pode ser, dadas as condições específicas do caso concreto, reputado concludente, 'protesta' contra esta concludência, declarando aos nela interessados que ao agir desta maneira não pretende realizar qualquer declaração negocial (ainda que tácita). No âmbito mais específico deste trabalho, interessam aquelas hipóteses de protesto em que o agente em questão é parte de um contrato de longa duração e o interessado é, justamente, a contraparte deste contrato.

Uma análise mais profunda da questão pode remetê-la ao problema de saber-se poder ser o sentido social de um dado comportamento imposto a seu agente, ainda quando este tome o cuidado de afastá-lo.

O direito positivo brasileiro não prevê uma solução expressa para esta questão. Desta forma, parece oportuno recorrer antes de mais à doutrina especializada, que se divide sobre este ponto.

Para MOTA PINTO, o protesto constitui uma declaração do agente que receia ter sua conduta interpretada como constituindo um negócio jurídico, alertando que esta deve possuir outro sentido não-negocial[458]. Quando a

[456] MUCCIOLI, *op. cit.*, 2015, p. 60: "*Si tratta, è bene ribadirlo, di due differenti fasi contrattuali: la formazione, da un lato, e la determinazione del contenuto, dall'altro. Con ciò non si vuol negare che l'accertamento della concludenza di una condotta esiti da un procedimento interpretativo - valutativo, ma semplicemente rivendicare la necessaria esattezza dei confini tra la dimensione formativa della regola e la ricostruzione (e la compiutezza) del contenuto che essa racchiude*".

[457] Sobre esta problemática, vide: MUCCIOLI, *op. cit.*, 2015, p. 61 e 62. Também CERQUETTI, Paolo. Le regole dell'interpretazione tra forma e contenuto del contratto. Perugia: Università degli Studi di Perugia. Monografie di Diritto e processo a cura di Antonio Palazzo. 2008, p. 134 e ss.

[458] MOTA PINTO, *op. cit.*, 1995, p. 786. ROPPO explica o conceito de "*protestatio*" como "*dichiarazione con cui il soggetto smentisce un proprio comportamento concludente*" (*op. cit.*, 2011, p. 205).

conduta cujo sentido se ressalva implica reconhecer um direito alheio ou renunciar a um próprio, o protesto é comumente designado "reserva" (ou "*reservatio, Reservation, Vorbehalt*")[459]: "trata-se, portanto, de actos que intervêm sobre o aspecto objectivo, exterior, da declaração, influenciando a sua interpretação, como verdadeiras contra-declarações"[460].

A doutrina costuma limitar a eficácia do protesto e da reserva servindo-se para tanto do aforismo *protestatio facto contraria nihil relevat*[461]. O protesto seria ineficaz contra os comportamentos da própria parte que protesta[462].

MOTA PINTO leciona, todavia, que tal aforismo não tem efetivamente fonte no direito romano, ainda que já fosse citado por comentadores e pelos autores dos "*usus modernus*" e depois tenha sido retomado pela pandectística[463]. Contemporaneamente, desfeita a autoridade 'automática' deste tipo de dito, o aforismo estaria sustentado pela doutrina com base em inúmeros argumentos como a "univocidade ou clareza do comportamento", a "contradição", a "ilicitude da conduta" ou a "irreversibilidade do resultado económico provocado com a conduta"[464].

Dessarte, o aforismo não se sustenta por si, mas deve sempre buscar sua fundamentação em outros argumentos[465]. Tais argumentos, entretanto, tampouco podem se manter, pois simplesmente atalham a discussão para as conclusões a que querem chegar. A unidade ou clareza do comportamento, por si, não é valor tutelado pelo ordenamento jurídico, como não é a contradição automaticamente repelida. Esses argumentos no fundo dizem respeito à confiança investida, protegida pelo ordenamento dadas algumas circunstâncias, como é abordado no próximo capítulo. Por outro lado, a irreversibilidade econômica não pode ser oposta, pois o sistema tem outros mecanismos aptos a lidar com isso, como a vedação ao enriquecimento ilícito ou a tutela indenizatória. Por fim, ainda que se possa assumir que as pessoas tendem a agir licitamente, nem sempre é assim. Em suma, não é possível excluir, de maneira abstrata, seja através

459 MOTA PINTO, *op. cit.*, 1995, p. 787.

460 MOTA PINTO, *op. cit.*, 1995, p. 787 e 788.

461 MOTA PINTO, *op. cit.*, 1995, p. 790.

462 MOTA PINTO, *op. cit.*, 1995, p. 790.

463 MOTA PINTO, *op. cit.*, 1995, p. 790.

464 MOTA PINTO, *op. cit.*, 1995, p. 791 e 792. No texto, o autor refere os inúmeros autores responsáveis por cada formulação ora referida.

465 MOTA PINTO, *op. cit.*, 1995, p. 795.

do aforismo acima, seja através dos argumentos utilizados pela doutrina, a eficácia do protesto contra a concludência de um dado comportamento com base exclusivamente neles[466].

Dado esse cenário, MOTA PINTO divide o protesto em dois "tipos", um irrelevante e outro relevante[467].

Os protestos irrelevantes seriam aqueles feitos posteriormente à declaração (expressa ou tácita) cuja constituição se procura evitar, pois "não se poderem desfazer unilateralmente vinculações jurídicas assumidas"[468]. Também seriam irrelevantes aqueles protestos feitos sem seriedade, cuja interpretação negasse o sentido de efetiva ressalva à declaração em questão[469].

Afora estes casos, os protestos seriam, a princípio, relevantes, pois

> não se vê como limitar a relevância do protesto para moldar o significado, pois trata-se de um significado negocial, e, portanto, no domínio da autonomia, em que as partes podem moldar livremente o sentido a cuja conduta os efeitos se conformarão.[470]

Ademais, para o autor não seria possível afirmar a concludência de um comportamento quando há uma declaração expressa (o protesto) a afastar tal característica, pois pressuporia uma "arbitrária *amputação* de parte da 'imagem interpretativa'"[471].

Contra esta posição, alguns autores argumentam que o protesto não deve ser aceito quando a conduta em si, sem a declaração tácita que a justifique, seja ilícita, ou quando os seus resultados econômicos – por exemplo, consumiu-se a prestação de maneira irreversível – não puderem ser desfeitos[472].

MOTA PINTO contrapõe-se a tais argumentos, sustentando que, nos casos em que os resultados econômicos da conduta não puderem ser revertidos, será simplesmente necessário decidir-se "com recurso aos

[466] MOTA PINTO, *op. cit.*, 1995, p. 795 e 796.
[467] MOTA PINTO, *op. cit.*, 1995, p. 796.
[468] MOTA PINTO, *op. cit.*, 1995, p. 796.
[469] MOTA PINTO, *op. cit.*, 1995, p. 796.
[470] MOTA PINTO, *op. cit.*, 1995, p. 798.
[471] MOTA PINTO, *op. cit.*, 1995, p. 798.
[472] MOTA PINTO, *op. cit.*, 1995, p. 802 a 805.

institutos da responsabilidade civil e do enriquecimento sem causa" e não pela imposição de um resultado negocial a quem expressa e claramente declarou não o querer[473].

Com relação à ilicitude da conduta na ausência da declaração tácita é, naturalmente, possível assumir que as pessoas preferem agir dentro da licitude. Neste caso, no entanto, está-se diante de conclusão interpretativa da conduta e do protesto, pugnando-se pela irrelevância do último. Ou seja, a sua interpretação, considerando que o agente não pretende praticar um ato ilícito e, por esta razão, o sentido do protesto não pode ser elidir a concludência do comportamento (de acordo com uma avaliação objetiva, o autor do protesto não o teria feito, se soubesse da ilicitude).

Em última análise, o argumento da ilicitude vem justamente corroborar as posições de MOTA PINTO de que a conclusão pela relevância ou irrelevância do protesto é o resultado de um processo interpretativo e não o ponto de partida de um aforismo.

Assim, a própria interpretação das circunstâncias do caso pode mostrar que o "agente pretendia cometer um ilícito ou, pelo menos, correr esse risco"[474]. Se este for o caso, o protesto deve ser eficaz e elidir a concludência do comportamento.

> Para a declaração negocial tácita, pode-se, pois, concluir que o protesto deve relevar sempre, excluindo a concludência do comportamento desde que seja contextual e claro – isto é, que devesse ser atendido por um declaratário normal colocado na posição do real declaratário, para tornar a conduta equívoca ou para lhe dar um sentido não negocial, mesmo que seja o da prática de um ato ilícito.[475]

ROPPO, por sua vez, prefere analisar a relevância do protesto de acordo com cada tipo de comportamento. Para ele, nos casos em que o comportamento concludente consiste na apropriação de uma prestação, o protesto não "tem força para neutralizar o valor concludente"[476]. Por outro lado, em outros casos, o protesto pode ter relevância elidindo a concludência do

[473] MOTA PINTO, *op. cit.*, 1995, p. 814.
[474] MOTA PINTO, *op. cit.*, 1995, p. 807.
[475] MOTA PINTO, *op. cit.*, 1995, p. 815.
[476] ROPPO, *op. cit.*, 2001, p. 206.

comportamento[477]. Como exemplo destes casos, o autor menciona o caso de um contrato de duração, no qual uma das partes solicita que a outra passe a prestar de maneira distinta. A contraparte pode, sem alterar o contrato por declaração tácita, prestar da maneira solicitada, protestando que o faz por mera gentileza e que não está adstrita a prestar sempre da nova maneira. Para o autor, a diferença na relevância do protesto tem um fundamento claro, nesta hipótese "não se realiza uma intrusão na esfera da contraparte", como no caso da apropriação da prestação.[478]

A nosso ver, a razão parece estar com MOTA PINTO – nos casos em que há apropriação da prestação (enfim, que se consume de maneira irreversível seu efeito econômico), o protesto não deve perder sua eficácia, devendo eventual ressarcimento ser resolvido com base nas regras de responsabilidade civil (artigo 927 e seguintes do Código Civil), ou, supletivamente, com base nas regras do enriquecimento sem causa (artigo 884 e seguintes do mesmo diploma). Ou seja, como regra, desde que o processo interpretativo lhe atribua outro sentido, ou limite o seu sentido de forma a não abarcar o comportamento concludente em questão, o protesto (e a sua subespécie, a reserva) deve ser eficaz para retirar a concludência de um dado comportamento.

3.3. Escolha voluntária de forma

Subjacente às discussões sobre o protesto, pode haver em contratos de duração uma cláusula de exigência de forma expressa (normalmente escrita) para alterações ao conteúdo contratual. A questão que se põe diz respeito a ser ou não suficiente esta cláusula para elidir a ilação de concludência em um dado caso concreto.

A nosso ver, esta cláusula é, em princípio válida e eficaz, pois não possui objeto ilícito (artigo 104 do Código Civil), ainda que, diferentemente do ordenamento jurídico italiano (artigo 1352 do Código Civil italiano[479]),

[477] ROPPO, *op. cit.*, 2001, p. 206.

[478] ROPPO, *op. cit.*, 2001, p. 206.

[479] "*Art. 1352. Forme convenzionali. Se le parti hanno convenuto per iscritto di adottare una determinata forma per la futura conclusione di un contratto, si presume che la forma sia stata voluta per la validità di questo.*" Em tradução livre: "Art. 1.352. Forma convencional. Se as partes acordaram por escrito em adotar uma determinada forma para a futura conclusão de um contrato, presume-se que a forma seja desejada para a validade deste".

por exemplo, o Código Civil brasileiro não tenha expressamente disposto sobre ela, tampouco sobre seus efeitos.

A este respeito, com os olhos voltados para o ordenamento jurídico italiano, ensina BIANCA que "formas voluntárias são em gerais formas previstas em atos negociais: à diferença das formas legais, impostas por normais legais, o ônus da forma voluntária tem sua fonte na autonomia negocial"[480]. Para o autor, este pacto pode ser autônomo ou acessório a outro das mesmas partes[481] e, segundo a doutrina majoritária, renderia ineficazes os acordos celebrados sem a sua observância (ainda que a lei italiana fale em invalidade)[482].

A princípio, não parece haver um fundamento normativo no direito brasileiro para a exclusão, *a priori*, da solução referida. Ou seja, se as partes pactuaram uma forma para modificar, complementar ou extinguir um dado relacionamento entre elas, este acordo deve tornar ineficazes os ajustes feitos em contrariedade. Concorda-se que a situação se trata de ineficácia, pois a restrição deriva única e exclusivamente da própria vontade das partes que, "segundo a amplitude do poder de auto-regramento que lhe assegura o sistema jurídico, constitui o elemento que mais pode influir no surgimento, modificações e duração da eficácia jurídica"[483]. Ou seja, a declaração tácita feita em contrariedade à forma eleita pelas partes é, a princípio, existente e válida, pois contém os elementos de existência e os requisitos de validade aplicáveis (a forma avaliada para estes fins é, segundo o artigo 104 do Código Civil brasileiro, aquela prescrita em lei e não aquela imposta por ajuste entre privados), mas tem eficácia elidida pelo ajuste entre os contratantes.

Todavia, afirmar a validade e a eficácia destas cláusulas não é tão simples como possa à primeira vista parecer. Em primeiro lugar, deve-se lembrar que muitas das cláusulas contratuais exigindo forma expressa, assim como, por exemplo, cláusulas de integração e algumas redações empregadas por cláusulas de resolução[484], costumam ser consideradas como

[480] BIANCA, *op. cit.*, 1987, p. 304.

[481] BIANCA, *op. cit.*, 1987, p. 304.

[482] BIANCA, *op. cit.*, 1987, p. 307.

[483] MELLO, Marcos Bernardes de. Teoria do fato jurídico: Plano da Eficácia. 1ª Parte. 5ª Edição, São Paulo: Editora Saraiva, 2009, p. 35.

[484] Sobre esta caracterização das cláusulas de resolução, veja-se a apelação nº 0014558-38.2009.8.26.0009, julgada pela 33ª Câmara de Direito Privado do Tribunal de Justiça do

cláusulas de "estilo", ou seja, sobre as quais as partes não concordaram "realmente", mas que simplesmente '"teriam constado" das minutas assinadas pelas partes. As "cláusulas de estilo", ensina VINCENZO ROPPO, correspondem a casos em que o "texto contratual" contém disposições que não possuem valor de "verdadeiro preceito contratual", cuja inclusão não atinge de maneira efetiva as posições das partes dentro do ajuste[485]. O autor ressalta que a conclusão a respeito de ser, ou não, "de estilo", uma determinada cláusula exige "cautela" e uma avaliação "rigorosa" a ser realizada no caso concreto, para que se esteja seguro deste caráter[486].

Ou seja, a conclusão pelo caráter de "estilo" de uma determinada disposição somente é possível por via da interpretação da intenção comum das partes, cujo procedimento se explicou no capítulo respectivo, não podendo ser afirmada *prima facie*. Quando a interpretação da declaração negocial que criou a exigência de forma puder concluir, de maneira segura, que as partes não pretenderam afastar de sua relação acordos celebrados mediante outras formas de declaração, poder-se-á afastar tal cláusula por meramente "de estilo, impondo a declaração feita em desacordo a ela aos contratantes. Neste caso e apenas nele, está-se diante da ausência de uma real previsão a respeito da hipótese no conteúdo contratual, de modo que não se pode excluir a concludência simplesmente em razão da cláusula reputada de 'estilo'.

Em razão da presunção de inexistirem palavras inúteis no contrato ou na lei, todavia, o ônus de argumentação deve pender contra aquele que pretende afastar tal cláusula por entendê-la de estilo, e não contra aquele que a pretende ver aplicada. Nos casos em que as partes efetivamente concordarem com uma forma para qualquer alteração ao seu contrato, deve ser aplicada uma solução semelhante à descrita para os casos de protesto, isto é, pode-se sustentar a supressão da concludência, pois a conduta não pode ter, neste quadro, tal significado.

Em resumo, a questão se resolve com raciocínio semelhante (e só por ele) ao feito para o protesto. Se não for o caso de negar-se, por via interpretativa, o efeito de elidir a concludência à cláusula de forma convencional, ela deve ser eficaz contra esta e não haverá comportamento concludente

Estado de São Paulo, em 4 de junho de 2012, tendo por relator o Desembargador Sá Moreira de Oliveira.

485 ROPPO, *op. cit.*, 2001, p. 459 e 460.

486 ROPPO, *op. cit.*, 2001, p. 460.

no caso – o que não implica dizer que não deva haver qualquer efeito jurídico, pois, como se verá, pode haver uma situação de tutela da confiança ou, eventualmente, tutela pela via da responsabilidade civil ou do enriquecimento sem causa.

Para ilustrar o que se disse, faz-se referência à Apelação nº 70044159838, julgada em 14 de março de 2013 pela Décima Segunda Câmara Cível do Tribunal de Justiça do Rio Grande do Sul, relatada pelo Desembargador Umberto Guaspari Sudbrack.

Neste caso, litigavam LOGBLESS LOGÍSTICA E TRANSPORTE LTDA. e WMS SUPERMERCADOS DO BRASIL S/A a respeito de contrato de transporte em virtude do qual LOGBLESS transportava produtos para a rede MAXXI (de titularidade da WMS).

Diante da resilição unilateral deste contrato por parte da WMS, em 16 de março de 2009, a LOGBLESS reclamou não ter recebido valores que lhe seriam devidos pelo descumprimento do aviso prévio pela WMS. Em defesa, a WMS alegou que o prazo do contrato teria expirado em 15 de agosto de 2008, sem que houvesse renovação pelas partes, tendo ocorrido apenas "pedidos avulsos" por parte da ré após tal data. De acordo com a Cláusula Nona do contrato (transcrita abaixo tal como no acórdão), exigia-se forma expressa para renovação contratual.

CLÁUSULA NONA

PRAZO

O presente contrato vigorará a partir de agosto de 2007, pelo prazo de 12 meses, vencendo-se no dia 15 de agosto de 2008, podendo ser renovado apenas mediante prévia assinatura de Aditamento pelas partes.

No caso, dois elementos serviram para afastar a aplicação da cláusula e reconhecer a renovação tácita do contrato, a saber, a conduta da WMS de continuar a enviar ordens de serviços à autora após a data de termo final da avença, sem qualquer diminuição nos respectivos volumes e/ou periodicidade, e sua postura de notificar formalmente o distrato, o que só faria sentido se a própria WMS entendesse ter havido a renovação, pois "*do contrário, sua conduta seria de, simplesmente, encerrar os pedidos de serviço avulso*"[487]. Arremata o acórdão que:

[487] Página 5 do acórdão.

> No caso, portanto, o que se vê é que a parte demandada continuou se utilizando dos serviços da autora sem realizar, formalmente, a renovação. Logo, nesse caso em que manifesto o interesse na continuidade da contratação, inclusive com a prestação e contraprestação dos serviços, é caso de se desconsiderar o disposto na cláusula retro referida, homenageando-se, assim, o disposto nos artigos 113 e 422 do CC, mormente no que tange aos princípios da probidade e boa-fé, a que estão submetidos os contratantes.[488]

Ou seja, diante da análise interpretativa da conduta das partes, com referência expressa ao artigo 113 e ao 422 do Código Civil, o relator afasta a aplicação da cláusula de eleição de forma e conclui pela renovação tácita do vínculo contratual entre as partes, alinhando-se ao procedimento proposto pela doutrina.

4. Casos usuais de comportamento concludente

Diante do elevado grau de abstração dos conceitos e critérios relativos à declaração negocial de maneira ampla e, de modo mais restrito, à declaração tácita e do comportamento concludente, é pertinente ilustrar o que se disse com alguns casos cuja recorrência prática e, por vezes, cuja previsão em diplomas legais de inegável relevância para o direito brasileiro, facilita a compreensão e a concreção das categorias vistas anteriormente. Assim, faz-se neste ponto uma breve digressão com casos frequentemente apontados na doutrina italiana e portuguesa do tema da declaração negocial, procurando relacioná-los aos conceitos antes trabalhados.

4.1. Execução da prestação

Um dos primeiros casos apontados pela doutrina como exemplo de comportamento concludente é o caso da execução da prestação contratual antes de qualquer manifestação de aceitação da proposta por parte do oblato. O direito italiano positivou esta hipótese, sob certas condições, no artigo 1.327 de seu Código Civil,[489] o qual prevê que

> sempre que, a pedido do proponente ou pela natureza do negócio ou de acordo com os usos, a prestação dever-se executar sem uma resposta

[488] Página 6 do acórdão.

[489] ROPPO, *op. cit.*, 2001, p. 200.

prévia, o contrato é celebrado no momento e lugar em que prestação teve início.[490]

Neste sentido, é possível pensar em diversas situações corriqueiras em que contratos mais complexos são celebrados desta forma. Pode-se imaginar um contrato de prestação de serviços, em que o prestador acode ao chamado do tomador sem qualquer forma expressa de aceitação – evidentemente, este exemplo só será factível se houver entre as partes um contexto tal que justifique esta postura do prestador de serviços[491].

ROPPO se refere a um caso retirado da jurisprudência italiana, em que o banco paga diversas vezes os cheques emitidos por um titular de uma conta corrente, ainda que inexistindo saldo suficiente para fazer frente aos pagamentos, inferindo-se desta conduta a conclusão de um contrato de abertura de linha de crédito.[492]

Um outro exemplo interessante de contrato de duração concluído por meio da execução de sua prestação foi julgado em 12 de setembro de 2013 pelo Tribunal de Justiça do Estado de São Paulo. Na apelação n. 9107654-78.2009.8.26.0000, de relatoria do Desembargador Francisco Loureiro, da 1ª Câmara Reservada de Direito Empresarial, controvertiam as partes com relação à existência e ao adimplemento de um contrato de prestação de serviços.

A autora, TOPSPORTS VENTURES S.A., sustentava que teria contratado com a ré RAGI REFRIGERANTES LTDA. a veiculação de peças publicitárias da marca de refrigerantes "Dolly" de titularidade da ré durante o programa "Esporte Interativo" da emissora Rede TV. Pela veiculação das peças, a autora deveria receber R$ 50.000,00 (cinquenta mil reais) por mês, durante os nove meses compreendidos de maio de 2004 a janeiro de 2005.

A ré efetuou o pagamento nos cinco primeiros meses de contrato, durante os quais a autora também cumpriu sua prestação. Todavia, ao

[490] Código Civil italiano, artigo 1.327: "*Qualora, su richiesta del proponente o per la natura dell'affare o secondo gli usi, la prestazione debba eseguirsi senza una preventiva risposta, il contratto è concluso nel tempo e nel luogo in cui ha avuto inizio l'esecuzione*".

[491] Este contexto, evidentemente, não pode ser um contrato prévio prevendo que o prestador deva acudir quando o tomador assim solicitar, uma vez que neste caso o contrato já está formado e o comportamento é devido pelo tomador.

[492] ROPPO, *op. cit.*, 2001, p. 200.

receber para pagamento a fatura referente à sexta parcela mensal, a ré se recusou a efetuar o pagamento, sob o argumento de que nunca teria contratado com a TOPSPORTS, mas sim diretamente com a Rede TV.

O TJSP entendeu existir no caso o contrato referido, sendo devido o pagamento referente à sexta parcela. Para o relator:

> No caso concreto, a efetiva prestação de serviços de veiculação de publicidade em programa televiso e os pagamentos feitos pela ré ao longo de cinco meses não podem ter outro significado, que não o do reconhecimento da existência e da eficácia do contrato. (...) O comportamento concludente da ré, ao receber mensagem eletrônica, conviver com a veiculação da publicidade de seus produtos e efetuar o pagamento de 5 das parcelas do preço induz o reconhecimento dos efeitos do contrato.

O caso é interessante porque, além de ilustrar o comportamento concludente existente na execução da prestação de um contrato, envolve um reconhecimento expresso pela jurisprudência brasileira do critério da continência acima discutido, pois, na forte expressão do relator, as condutas da ré "não podem ter outro significado, que não o do reconhecimento da existência e da eficácia do contrato".

No grupo de casos ora analisado também é incluída, por exemplo, a confirmação de negócio anulável pelo seu cumprimento[493], expediente acolhido no direito brasileiro nos artigos 174 e 175 do Código Civil, exigindo-se, neste caso, a ciência do vício que o macula[494].

[493] ROPPO, *op. cit.*, 2001, p. 200. No mesmo sentido, MOTA PINTO, *op. cit.*, 1995, p. 824 e 825. O direito português também prevê expressamente a possibilidade de confirmação tácita, mas não prescreve as condutas que poderiam ter tal efeito. Assim, vide o artigo 288º, 3, do Código Civil Português: "*A confirmação pode ser expressa ou tácita e não depende de forma especial*".

[494] É discutível se o ato que confirma tacitamente um negócio jurídico anulável que tem seus efeitos expressamente previstos em lei possa realmente ser compreendido como um negócio jurídico e não como um ato jurídico em sentido estrito. A doutrina brasileira parece evitar a polêmica, afirmando meramente a sua natureza de "ato" (assim, por exemplo, AMARAL. Francisco. Direito Civil. Introdução. 7ª ed. rev., modif. e aum. Rio de Janeiro: Editora Renovar, 2008, p. 601 e 602. TEPEDINO, Gustavo. BARBOZA, Heloísa Helena. BODIN DE MORAES, Maria Celina. Código Civil interpretado conforme a Constituição da República. Volume I. Parte Geral e Obrigações (arts. 1º ao 420). 2ª Ed. rev. e atual. Rio de Janeiro: Renovar, 2007, p. 325 e 326).

Quanto à confirmação do negócio jurídico anulável, MOTA PINTO leciona que, além da execução da prestação, podem servir como comportamento concludentes a confirmá-lo, ao lado da execução da prestação, quaisquer outras hipóteses de extinção da obrigação, como consignação em pagamento, dação, novação e até mesmo, "a disposição (real, pelo consumo ou utilização, ou jurídica, eventualmente também através da realização de benfeitorias) sobre o bem obtido, a rejeição da restituição das prestações feitas em cumprimento do negócio, a reprodução deste, e, em certas circunstâncias mesmo a solicitação de um prazo de pagamento e de concessão de garantias, ou a cessão da posição contratual".[495]

Além disso, ROPPO faz referência, neste grupo de casos, ao contrato de duração no curso do qual uma das partes propõe a outra uma alteração que implique mudança nas prestações da contraparte. Se esta contraparte passa, a partir deste momento, a executar suas prestações da maneira proposta pela primeira, pode inferir-se sua aceitação da proposta feita[496]. Ou seja, uma das maneiras pelas quais o comportamento posterior atua sobre o conteúdo do contrato de duração é justamente modificando as prestações originalmente acordadas.

Ademais, também é possível falar-se da "renovação tácita de um contrato de longa duração", em que, "mesmo não existindo cláusula nesse sentido", continuando as partes após o termo do contrato a prestar, sem efetuar uma denúncia expressa, pressupõem-se "com toda a probabilidade" a sua prorrogação[497]. Pense-se, por exemplo, na prática de contratação de distribuidores, agentes e representantes comerciais no Brasil – os últimos, inclusive, com respaldo legislativo no artigo 32 da Lei 4.866/1965.

Na jurisprudência brasileira tem sido reiterado um interessante exemplo cuja exata qualificação ainda não está clara, mas que por vezes é referido à declaração tácita (sua exata qualificação é analisada no capítulo destinado aos casos de fronteira).

O caso que se tem em mente é o da redução do valor percentual das comissões do representante comercial, que importe diminuição no

[495] MOTA PINTO, *op. cit.*, 1995, p. 826 e 827.

[496] ROPPO, *op. cit.*, 2001, p. 200. No mesmo sentido, MOTA PINTO, *op. cit.*, 1995, p. 817 e 818.

[497] MOTA PINTO, *op. cit.*, 1995, p. 829.

valor da média dos últimos seis meses de sua remuneração.[498] Em razão do §7º do artigo 32 da Lei 4.886/1.965, estas alterações são "vedadas", autorizando-se ao representante comercial dar por resolvido o contrato, exigindo a indenização legalmente prevista para tanto.

Todavia, uma ampla jurisprudência tem se formado afirmando que, se o representante deixa de exercer tal direito e continua a prestar seus serviços de acordo com o contrato alterado, passando a receber sem protesto os novos valores de comissão, ele demonstra aceitar tal redução e não está mais autorizado a resolver o contrato ou a reclamar diferenças de comissão. A posição nos parece discutível sob o ponto de vista exclusivo da declaração tácita, como é visto mais detidamente no capítulo 5 deste trabalho.

4.2. Fatura com condições de pagamento distintas

A doutrina italiana costuma isolar o grupo de casos em que o credor emite uma fatura com condições de pagamento diversas das originalmente acordadas com o devedor que, mesmo assim, atende ao disposto na fatura e paga conforme. No fundo, trata-se de situação assemelhada ao caso da alteração do contrato de duração, não estando claras as razões que levam parte da doutrina a dar-lhe autonomia[499].

4.3. Apropriação da prestação

A doutrina italiana também trata separadamente dos casos em que o oblato se apropria da prestação oferecida ao público indistintamente, como, por exemplo, aquele que viaja em ônibus urbano ou aquele que estaciona em local remunerado[500]. MOTA PINTO afirma que em tais situações "se verifica uma aceitação tácita de uma proposta através do consumo ou disposição de um bem que é posto à disposição onerosamente"[501].

Também faz-se referência, por vezes, ao caso do supermercado, em que se escolhe o produto e depois se paga por ele o valor estabelecido pelo

[498] Por exemplo, vide o caso retratado no Agravo no Recurso Especial nº 424.684/RS, relatado pelo Ministro Sidnei Beneti e publicado no Diário de Justiça eletrônico em 7 de abril de 2014.

[499] ROPPO, *op. cit.*, 2001, p. 200.

[500] ROPPO, *op. cit.*, 2001, p. 200.

[501] MOTA PINTO, *op. cit.*, 1995, p. 817. Entretanto, é importante lembrar que este enquadramento é discutível, pois se tratam justamente de alguns dos casos que deram origem à teoria dos relacionamentos contratuais de fato. A este respeito, vide BIANCA, *op. cit.*, 1987, p. 40 e ss.

vendedor, sem trocar-se com este qualquer palavra ou outro gesto simbólico, como um aceno de cabeça, um 'positivo' etc.[502]. No mesmo sentido, é possível estender o exemplo para qualquer situação em que produtos sejam ofertados ao público, dentro de espaços utilizados comumente para este tipo de transação (não apenas supermercados, mas também qualquer forma de loja, banca de jornais, feira etc.).

MOTA PINTO, todavia, critica a caracterização destes casos de "compra e venda manual" como formas de declaração tácita – para este autor

> as acções podem adquirir uma tal frequência que o seu significado se estabilize no tráfico jurídico e elas deixem de ser meros sinais para passarem a integrar uma linguagem gestual ou mímica – nesses casos, de acordo com o critério de distinção adoptado (e embora o problema da qualificação não se revista de uma importância maior), a declaração já será "expressa'.[503]

Escapando desta polêmica, cuja solução excede o escopo do trabalho, serve ela, todavia, de alerta para o fato de que a divisão dos casos ora exposta não tem pretensão de excluir o tema ou sistematizar categorias ou espécies de declaração tácita ou comportamento concludente, mas apenas oferecer exemplos concretos que ajudem aumentar a concretude da categoria.[504]

4.4. Renúncia tácita

Ainda é comum arrolar-se um grupo de casos envolvendo hipóteses de renúncia tácita[505], a que já se referiu, ainda que brevemente, quando se falou da renúncia à prescrição, positivada no Código Civil brasileiro.

A prescrição pode ser renunciada pelo seu beneficiário por meio do "cumprimento da obrigação depois de consumado o prazo prescricional",

[502] ROPPO, *op. cit.*, 2001, p. 200 e 201.

[503] MOTA PINTO, *op. cit.* 1995, p. 817.

[504] Alerta que o próprio MOTA PINTO faz ao introduzir alguns exemplos que julga pertinentes em sua obra (*op. cit.* 1995, p. 816).

[505] MOTA PINTO, *op. cit.*, 1995, p. 829 e ss. É importante lembrar, com o autor português, que a renúncia tácita foi utilizada largamente como ficção por tribunais que pretendiam dissimular suas reais razões de decisão, comumente calcadas na boa-fé, na equidade ou no abuso de direito (*op. cit.*, 1995, p. 130 e seguintes).

pela sua "não invocação no processo onde pudesse ser invocada"[506] ou ainda pela "confissão tácita da dívida"[507].

Ao lado destas hipóteses, MOTA PINTO também considera poder haver a renúncia tácita por comportamento concludente dos "direitos resultantes do inadimplemento do contrato" (como, por exemplo, a indenização respectiva), que se possa inferir "da aceitação pelo credor de uma prestação tardia ou defeituosa, ou, v.g., de uma dação em cumprimento (e sempre salva a existência de uma reserva)"[508].

Outro caso que o autor aponta é a renúncia tácita da "garantia legal do comprador", "depreendida do acto de aceitação de uma coisa cujo vício ou falta de qualidade são conhecidos pelo credor no momento em que aceita o cumprimento do contrato"[509]. Para MOTA PINTO, "na falta de preceito legal específico", "a solução para este problema deve ser procurada nos quadros da teoria do negócio jurídico"[510]. O mesmo vale, a seu ver, para a "renúncia tácita à pena convencional, resultante da aceitação sem reserva da prestação, depois de adquirido o direito àquela pena"[511].

A renúncia tácita, como forma de declaração negocial, coloca-se na prática constantemente em zona cinzenta, por vezes de sobreposição, por vezes de fronteira, com várias situações hoje tidas como manifestações das figuras de tutela da confiança. Mais antiga que essas, habituaram-se os aplicadores do direito a se referirem à renúncia tácita com pouca preocupação com precisões técnicas. Todavia, a construção de um sistema jurídico coordenado e operacional, que se acredita ser uma das metas primárias dos juristas, está a exigir de seus operadores também apuro conceitual (para além do louvável senso de justiça). Destarte, quer-se resguardar e destacar a renúncia tácita como forma de declaração tácita,

[506] Esta hipótese pode ser controvertida no direito brasileiro, em que o juiz tem poderes para decidir de ofício a respeito da prescrição (desta forma, a parte beneficiada por ela não precisa alegá-la no processo), o que ficou claro após a revogação do artigo 194 do Código Civil pela Lei 11.280/2006 e diante da redação do inciso II do artigo 487 do Código de Processo Civil vigente, que estabelece que: "Haverá resolução de mérito quando o juiz: (...) II – decidir, de ofício ou a requerimento, sobre a ocorrência de decadência ou prescrição. (...)".

[507] MOTA PINTO, *op. cit.*, 1995, p. 830 e 831.

[508] MOTA PINTO, *op. cit.*, 1995, p. 831 e 832.

[509] MOTA PINTO, *op. cit.*, 1995, p. 832.

[510] MOTA PINTO, *op. cit.*, 1995, p. 832.

[511] MOTA PINTO, *op. cit.*, 1995, p. 832 e 833.

submetida, outrossim, a todos os requisitos e exigências de qualquer negócio jurídico.

5. Conclusão do capítulo

A declaração tácita, como regra, traz à lembrança casos em que contratos são formados através dela. Assim, por exemplo, o contrato de distribuição celebrado entre Socipar e a Bayer do Brasil, objeto da discussão da Apelação Cível nº 9108936-93.2005.8.26.0000, julgada pela 23ª Câmara de Direito Privado do Tribunal de Justiça de São Paulo. No caso, a Socipar atuou por mais de quatorze anos como distribuidora de sulfato de sódio produzido pela Bayer do Brasil. O produto, consta do acórdão, tinha complexa penetração no mercado, em razão de sua contaminação por cromo, razão pela qual teve a Socipar de estabelecer uma rede de clientes e logística bastante intricada para atender a suas obrigações no contrato. Transcorrida quase década e meia de bem-sucedido relacionamento contratual, a Bayer resiliu unilateralmente o contrato, tendo agido, depois da resilição, de maneira desleal, procurando apropriar-se da clientela estabelecida pela Socipar. Em grau de apelação, a Bayer foi condenada a indenizar a Socipar em montante superior a três milhões de reais. No caso, a Bayer alegou a inexistência do contrato de distribuição, sustentando que a Socipar não passava de sua "cliente", tendo existido entre elas apenas e tão somente sucessivos contratos de compra e venda, que se repetiram no tempo. Esse argumento, no entanto, foi rechaçado pelo Tribunal, uma vez que

> É verdade que não haviam firmado contrato escrito, mas esse aspecto formal, não só não altera em nada o amplo quadro negocial existente, como, ao contrário do afirmado na r. sentença atacada, não é impedimento para o pedido de pagamento de indenização por perdas e danos. Está evidenciado nos autos que teve vigência por mais de quatorze anos um contrato não escrito de distribuição entre as partes, o qual tinha prazo indeterminado de conclusão e que envolveu, numa ponta, a fornecedora Bayer S/A e na outra ponta a distribuidora Socipar S/A, gerando direitos e obrigações recíprocos.

Neste caso o tribunal parece haver tomado a sua decisão baseado em um nexo de continência entre a conduta e o conteúdo da declaração tácita, que se discutiu acima. De um ponto de vista objetivo, sem que seja necessário pesquisar a vontade íntima da Bayer (o que, ademais, seria impossível), o sentido social de sua conduta implica um contrato de distribuição, como reconhecido pelo Tribunal.

Estes casos, ainda que interessantes, não são os únicos que podem envolver declarações tácitas, como foi visto grupo de casos antes referidos. A declaração tácita pode ainda ter, ao menos, três outros papéis especialmente relevantes para os contratos de duração: a complementação do conteúdo contratual lacunoso, a alteração do conteúdo contratual e a extinção do contrato.

Uma primeira função que pode a declaração tácita desempenhar em contratos de duração é justamente complementar o seu conteúdo quando, intencionalmente ou não, as partes deixam de estabelecer o regramento sobre um ponto que vem a se tornar essencial para o perfeito implemento do programa contratual. Este ponto pode ter sido relevante desde o início ou se tornado central pela mudança nas circunstâncias. De todo modo, evidencia o que se disse sobre os contratos incompletos do ponto de vista econômico.

O tema da lacuna do regramento contratual é bastante complexo, pois nenhum contrato pode, na prática, prever todos os pontos que futuramente possam vir a ser problemáticos. Há um limite, como se viu, para a negociação entre as partes, que é imposto mormente pelo custo envolvido neste processo, que deve ser interrompido em certo momento para evitar cair-se em situações antieconômicas (o que repugna a própria ideia de contrato).

Desta forma, algum ponto que foi, intencionalmente ou não, negligenciado pelas partes durante o processo de negociação, pode tornar-se central para a continuação do contrato. Tome-se, por exemplo, um caso em que as partes tenham entabulado um contrato de prestação de serviços de manutenção periódica de extintores de incêndio na planta de uma delas, sem, todavia, estabelecer-lhe um cronograma. Caso uma das partes submeta um cronograma à outra, que passa a cumpri-lo sem que realizar qualquer aceitação expressa, pode haver aí um caso de declaração tácita. Apenas para continuar a ilustração, outra hipótese possível de complementação do conteúdo do contrato por meio de uma declaração tácita é o caso do distribuidor nomeado para um determinado território, sem que exista qualquer discussão a respeito de sua exclusividade. Depois disso, pode ocorrer a nomeação de diversos outros distribuidores para atuar no mesmo território, sem qualquer oposição do distribuidor, o que pode ser compreendido como uma declaração tácita da inexistência desta exclusividade (o exemplo poderia sofrer variações, mas o esquema é essencialmente o mesmo: as partes deixam de prever um ponto no texto original de seu contrato, mas comportam-se posteriormente como se o ponto estivesse resolvido, declarando tacitamente a sua anuência.

Além dos casos de complementação das lacunas que eventualmente se descubram no conteúdo contratual, muitas vezes a declaração tácita é utilizada para modificar o conteúdo original do contrato, alterando seja suas prestações, seu prazo de duração ou outras questões que venham a tornar-se relevantes para as partes. Um interessante caso que ilustra esta função do comportamento concludente foi julgado pela 29ª Câmara de Direito Privado do Tribunal de Justiça do Estado de São Paulo, no dia 14 de maio de 2014, sob a relatoria do Desembargador Hamid Bdine. Trata-se da apelação nº 9000006-27.2005.8.26.0114, que julgou recurso contra a sentença dos embargos à execução opostos pelos fiadores de contrato de locação contra o locador que cobrava débitos locatícios após a prorrogação do contrato.

Os apelantes alegavam que a dívida deveria ser reduzida em 30%, pois teria havido a retomada de parte do imóvel pelo locador após a celebração do contrato. Efetivamente foi considerado como um fato incontroverso que no decorrer do prazo locatício o locador havia ocupado uma edícula localizada nos fundos do imóvel locado, sem, todavia, nunca ter havido a redução do valor do aluguel. "O fato é que, mesmo após a diminuição da área locada, a locatária efetuou o pagamento por longo período de tempo do valor locativo originalmente avençado – mais de cinco anos, na versão da própria apelada".

Por esta razão, os julgadores entenderam que

> Na hipótese, além de não ter se oposto à retomada da edícula pela locadora, a locatária ainda continua pagando os alugueis no valor originalmente contratado, sem qualquer redução, por longo período de tempo após a ocupação parcial do imóvel pela apelada, o que revela comportamento concludente caracterizador de declaração negocial tácita no sentido de modificar o contrato para locar área menor que a inicial pelo mesmo valor de aluguel originalmente avençado.

Este caso revela que o comportamento concludente das partes age não apenas na formação de contratos de duração, mas em sua modificação[512]. No caso, o comportamento altera o conteúdo do contrato, modificando a própria equação econômica do contrato (ao invés de R$ X por metro quadrado locado, R$ Y por metro quadrado, sendo Y > X).

Um outro exemplo que pode ilustrar a modificação dos contratos de duração por meio de declaração tácita é o do contrato de prestação de serviços logísticos por uma empresa transportadora a uma indústria. Imagine-se que as partes pactuaram pagamentos à transportadora, faturados mensalmente, variáveis de acordo com a faixa de volume de produtos movimentados em um dado mês.

Nesse caso, imagine-se que o contrato contenha uma cláusula semelhante ao texto abaixo:

> Remuneração – O pagamento à transportadora será feito mensalmente, através da apuração dos volumes transportados, de acordo com a seguinte tabela:

VOLUME (Ton)	FAIXA	PREÇO POR PALLET
8.000 – 10.000	1	R$ 10,00
10.001 – 20.000	2	R$ 8,90
20.001 – 25.000	3	R$ 7,40
Acima de 25.001	4	R$ 6,20

A tabela acima pressupõe que os volumes transportados mensalmente não fiquem abaixo de 8.000 toneladas (para as quais não há faixa de preço prevista), nem muito acima de 25.000 (para os quais pode ser antieconômico aplicar o mesmo valor independentemente do volume).

512 Em sentido semelhante, Apelação nº 0003402-88.2004.8.26.0539, julgada pela 32ª Câmara de Direito Privado do Tribunal de Justiça de São Paulo, em 2 de agosto de 2012, e relatada pelo Desembargador Francisco Occhiuto Júnior, em que se debateu a modificação tácita de contrato de arrendamento rural, e a Apelação nº 0052216-12.2011.8.26.0564, julgada pela 1ª Câmara de Direito Privado do Tribunal de Justiça de São Paulo, em 15 de agosto de 2017, e relatada pelo Desembargador Francisco Loureiro, em que se debateu a modificação tácita de contrato de compra e venda, diferido no tempo em razão de suas condições de pagamento.

Agora, considere-se a seguinte hipótese: nos primeiros anos de contrato, os volumes ficam sempre entre a faixa 2 e 3, faixas que permitem a recuperação dos investimentos feitos pela transportadora e não oneram excessivamente a indústria. Todavia, posteriormente, os volumes começam a ficar sempre dentro da faixa 1, às vezes com volumes inferiores a 8.000 toneladas mensais. De todo modo, a indústria não aceita que a transportadora reduza a sua capacidade disponibilizada (até + de 25.000 toneladas/mês), passando o contrato a ser prejudicial à transportadora. Após diversas negociações, as partes não chegam a qualquer acordo final, mas a transportadora pede e a indústria, sem formalizar qualquer resposta, passa a fazer pagamentos mínimos sempre equivalentes a pelo menos 8.000 toneladas, mesmo nos meses em que há demanda inferior.

A dinâmica de pagamentos mínimos contraria a regra contratual de que o pagamento seria sempre variável de acordo com os volumes e, dessa forma, é possível dizer que as partes alteraram o conteúdo do contrato por meio de um comportamento concludente.

Por fim, é comum também que a declaração tácita seja utilizada para extinguir relacionamentos contratuais. MOTA PINTO lembra que a jurisprudência portuguesa já consagrou decisões "à cessação do contrato", por meio de "revogações tácitas", que atinja o próprio negócio (por exemplo, doações e legados, mas mesmo a desocupação e devolução de imóveis cuja posse tenha sido transmitida por contrato, como locações ou comodatos) e a revogação tácita da exigência convencional de forma[513].

Não é difícil pensar-se em diversos exemplos práticos em que as partes vão progressivamente abandonando seus contratos, até a completa extinção do vínculo. Apenas para ilustrar, tome-se o caso em que o tomador de serviços deva solicitar, por meio de ordens escritas, a prestação dos serviços contratados. Uma vez que o tomador deixa de fazê-lo durante muito tempo, o contrato extingue-se, não podendo ele exigir mais a prestação de serviços em conformidade com valores e prazos previstos no contrato abandonado.

[513] MOTA PINTO, *op. cit.*, 1995, p. 837.

CAPÍTULO 4
TUTELA DA CONFIANÇA E COMPORTAMENTO DAS PARTES

1. Introdução

A sociedade atravessa contemporaneamente uma fase de mudanças aceleradas e crescentes, motivada sobretudo por avanços técnicos, como a *internet*, ou por fenômenos econômicos e culturais, como a globalização (e que estão, afinal, bastante imbricados)[514].

A globalização, enquanto fenômeno que permitiu a interação entre indivíduos a nível global e criou algum grau de interdependência econômica entre as economias dos mais diversos países, tem 'acelerado' o ritmo da vida contemporânea e das descobertas científicas e técnicas.

Evidentemente, este fenômeno tem aspectos positivos e negativos, dos quais não cabe tratar aqui. O que importa tirar disto tudo é que o aumento no ritmo dos acontecimentos traz consigo insegurança diante da instabilidade dos entendimentos e das relações humanas e comerciais[515]. Neste cenário, a doutrina jurídica se debruçou já há alguns anos sobre a questão da tutela da confiança dos indivíduos, que é, afinal, um

[514] SCHREIBER, Anderson. A proibição do comportamento contraditório. Tutela da confiança e venire contra factum proprium. 3ª Edição revista e atualizada. Rio de Janeiro: Renovar, 2012, p. 3. Sobre o papel da internet como fator de aproximação de indivíduos em escala mundial e, logo, como acelerador da globalização e transformador de estruturas sociais e econômicas, vide a obra de FRIEDMAN, Thomas L. O mundo é plano. O mundo globalizado no século XXI. 3ª atual. e ampl. Rio de Janeiro: Objetiva, 209.

[515] SCHREIBER, *op. cit.*, 2012, p. 4.

dos modos de se lidar com essa instabilidade[516]. "A confiança exprime a situação em que uma pessoa adere, em termos de atividade ou de crença, a certas representações, passadas, presentes ou futuras, que tenha por efectivas"[517].

O sistema jurídico procura tutelar a confiança dos indivíduos e da sociedade de diversas maneiras. A grosso modo, o próprio direito, enquanto sistema social, é um fator de fomento da confiança social, pois estabiliza expectativas e facilita a previsão pelos indivíduos das consequências dos seus atos[518]. De maneira mais restrita, o direito pode proteger a confiança por meio de disposições legais específicas – como, por exemplo, as normas que tutelam a boa-fé subjetiva e os interesses de terceiros[519] – ou por meio de "institutos gerais, informados por conceitos indeterminados" – casos em que há espaço para atuação da boa-fé objetiva[520], como se vê abaixo.

O ordenamento jurídico exige ao menos a presença de três pressupostos para tutelar a confiança de um agente. Assim, deve haver: (i) uma situação de confiança que esteja de acordo com o próprio sistema jurídico e que não viole deveres de diligência mínimos; (ii) uma justificativa para a confiança, que pode ser construída graças a dados objetivos que, considerados de maneira abstrata, a justifiquem; e (iii) um "investimento de

[516] Neste sentido, MENEZES CORDEIRO. António Manuel da Rocha e. Da boa fé no direito civil. 5ª reimpressão. Coimbra: Almedina, 2013., 2013, p. 1.242, com base em NIKLAS LUHMANN.

[517] MENEZES CORDEIRO, *op. cit.*, 2013, p. 1.234. Assim, por exemplo, SCHREIBER explica, quando se referindo a uma das principais figuras de tutela da confiança, a vedação de *venire contra factum proprium*, que "(...) é exatamente por causa deste dinamismo atual, e desta conseqüente propensão às mudanças súbitas de opinião e de conduta, que se deve cogitar de um princípio jurídico de proibição ao comportamento contraditório" (SCHREIBER, *op. cit.*, 2012, p. 6).

[518] MENEZES CORDEIRO, *op. cit.*, 2013, p. 1.242 e 1.243.

[519] MENEZES CORDEIRO, *op. cit.*, 2013, p. 1.244.

[520] MENEZES CORDEIRO, *op. cit.*, 2013, p. 1.244. Como explica o autor em outra passagem, "A consagração dos dispositivos gerais, implícitos no dever de actuar de boa fé e no exercício inadmissível de posições jurídicas, capazes de, nalgumas das suas facetas mais significativas, proteger a confiança, demonstram, nesta, um vector genérico. Mas dão, também, o tom da generalização possível: a confiança, fora das normas particulares a tanto dirigidas, é protegida quando, da sua preterição, resulte atentado ao dever de actuar de boa fé ou se concretize um 'abuso de direito'" (p. 1.247 e 1.248).

confiança", ou seja, um ato de adesão do confiante na situação criada por outrem[521].

Evidentemente, este trabalho não pretende, nem poderia pretender, analisar os inúmeros meios particulares pelos quais a confiança é tutelada no direito brasileiro.

Desta forma, o estudo foca sobretudo na confiança genericamente tutelada no âmbito da cláusula geral de boa-fé objetiva do artigo 422 do Código Civil, e, por vezes, na figura do abuso de direito do artigo 187 do Código Civil.

Neste âmbito, SCHEREIBER explica que

> na esteira da expressão germânica "*Treu und Glauben*", a boa-fé vem geralmente definida como dever geral e lealdade e confiança recíprocas entre as partes. E, de fato, a confiança tem desempenhado um papel fundamental na compreensão da boa-fé objetiva, a ponto de já ser a boa-fé objetiva definida como uma 'confiança adjetivada ou qualificada como boa, isto é, como justa correta ou virtuosa'[522].

A tutela da confiança ainda pode ser vista como corolário do influxo solidarizante atualmente atravessado pelo direito, que impõe o reconhecimento de um aspecto social existente na atuação dos direitos subjetivos, motivado pela potencialidade destes direitos de refletir sobre terceiros[523].

De todo modo, há de se entender a expressão, aqui, de maneira mais estrita, relacionada a construções doutrinárias que, em algum momento – ainda que em alguns casos tenham surgido sem este fundamento –, foram reconduzidas à boa-fé objetiva, como a vedação ao *venire contra factum proprium*, a *suppressio*, a *surrectio*, o *tu quoque*, *o duty to mitigate the loss* etc.[524]

Ademais, as figuras de tutela da confiança de que trata este capítulo, construídas sobre ou remetidas à boa-fé objetiva, não incluem as situações em que uma das partes está vinculada a agir em razão de um dever jurídico que lhe é particular, decorrente de ato ou negócio jurídico ou da lei.

[521] MENEZES CORDEIRO, *op. cit.*, 2013, p. 1.248.

[522] SCHREIBER, *op. cit.*, 2012, p. 91.

[523] SCHREIBER, *op. cit.*, 2012, p. 93.

[524] Evidentemente, nem todas estas figuras poderão ser analisadas este trabalho diante do recorte temático proposto, que enfoca sobre o comportamento das partes pós-celebração do contrato. Por isso, algumas exclusões serão propostas abaixo.

Nessas hipóteses, o fundamento jurídico para a eventual responsabilidade residirá na própria autonomia privada ou diretamente no ordenamento jurídico positivo, não sendo necessário remetê-la à proteção da confiança das partes[525].

2. Boa-fé e integração do contrato

No direito brasileiro, a tutela da confiança costuma estar relacionada à cláusula geral de boa-fé objetiva (artigo 422 do Código Civil)[526]. Fala-se, em regra, para explicar as figuras que serão discutidas abaixo – e várias outras – em função corretora da boa-fé objetiva[527]. Para "coibir a contraditoriedade desleal no exercício de direitos, poderes e situações", autoriza-se a intervenção direta nos efeitos do contrato[528].

A boa-fé opera, nestas hipóteses, uma função integrativa do regulamento contratual, mais assemelhada, portanto, à integração de seu conteúdo por declaração tácita do que à interpretação deste.

Esta integração do contrato não pode, à toda evidência, ser tomada numa acepção de simples preenchimento de lacunas de um regulamento contratual originado exclusivamente da vontade comum das partes[529]. É preciso ter claro que, com o advento do Estado social e de um papel maior de intervenção do Estado nos ajustes particulares, permitiu-se uma maior amplitude à integração dos contratos, que operacionaliza um meio de garantir a observância de valores sociais caros ao Estado – como a solidariedade – nestes acordos. Sobre este contexto, sustenta-se:

> A intervenção crescente do Estado nas relações de ordem privatística, restringindo o poder criativo da autonomia dos particulares, seja limitando a liberdade de determinar o conteúdo da rega, seja atingindo a própria liberdade de vincular-se contratualmente, vai colocar hipóteses em que as imposições derivadas daquela atuação perdem o caráter de meros limites

525 Neste sentido, no âmbito da proibição de comportamento contraditório, SCHREIBER, *op. cit.*, 2012, p. 100, e MENEZES CORDEIRO, *op. cit.*, 2013, p. 746.

526 SCHREIBER, *op. cit.*, 2012, p. 91 e ss. MARTINS-COSTA, Judith. A boa-fé no direito privado. Critérios para a sua aplicação. Marcial Pons: 2015, p. 233 e ss.

527 MARTINS-COSTA, *op. cit.*, 2015, p. 613 e ss.

528 MARTINS-COSTA, *op. cit.*, 2015, p. 613.

529 Sobre o conceito clássico de integração, vide FRANCO, Vera Helena de Mello. Aspectos da integração dos contratos no direito comercial. São Paulo: Livraria Pioneira Editora, 1979, p. 12 e ss.

> externos para configurar modificações que vão atingir a própria estrutura delimitada. Verifica-se então, tendo sempre em vista os dados da realidade, que o ordenamento jurídico não mais se limita ao tratamento jurídico do negócio celebrado, mas passa a intervir diretamente no conteúdo das relações, não somente através de normas dispositivas, destinadas a completar a vontade dos contraentes, mas também através de normas cogentes que se impõem obrigatoriamente.[530]

De todo modo, não se trata exatamente de intervir no conteúdo do contrato, que, como visto no capítulo sobre interpretação, é construído a partir do texto e contexto postos pelas partes, mas sim de intervir em seus efeitos, na regulamentação jurídica vinculante que provém do acordo[531].

VINCENZO ROPPO distingue duas 'integrações' em razão dos fins a que se destinam[532]. Quando se trata de colmatar lacunas, falar-se-ia em "integração supletiva", e, quando se trata de se sobrepor ao ajuste das partes, existente, mas repudiado pelo ordenamento jurídico, por "violador dos interesses e valores preeminentes", tratar-se-ia da "integração cogente"[533]. Nesta hipótese, a integração coloca-se como "antagonista da autonomia privada", porque implica o afastamento de um regulamento originalmente querido pelas partes[534].

O autor italiano expressamente arrola a boa-fé enquanto "importantíssima fonte de integração do contrato", que teria sua fundamentação na regra da execução do contrato conforme a boa-fé.[535] Entre suas "aplicações práticas", menciona o *venire contra factum proprium* como obrigação de manter a coerência com os comportamentos próprios, para não defraudar a confiança gerada na outra parte[536].

[530] FRANCO, *op. cit.*, 1979, p. 68 e 69.

[531] Assim: MIRANDA, Custódio da Piedade Ubaldino. Interpretação e integração dos negócios jurídicos. São Paulo: Editora Revista dos Tribunais, 1989, p. 206 e ss.

[532] ROPPO, Vincenzo. Il contrato. In: INDICA, Giovanni. ZATTI, Paolo (Org.). Tratatto di diritto privato. Milano: Giuffrè, 2001, p. 485

[533] ROPPO, *op. cit.*, 2001, p. 498.

[534] ROPPO, *op. cit.*, 2001, p. 498 e 499.

[535] ROPPO, *op. cit.*, 2001, p. 493. No direito italiano, trata-se da norma obtida do artigo 1.375 do Código Civil daquele país. No Brasil, regra similar encontra-se, como já dito, no artigo 422 do Código Civil.

[536] ROPPO, *op. cit.*, 2001, p. 496.

ROPPO, todavia, ainda que entenda ser impossível derrogar de maneira genérica a aplicação da boa-fé objetiva às relações contratuais, admite que se possa afastar, de maneira individualizada, as aplicações concretas e singulares da boa-fé.[537] Ele não explica o que pretende efetivamente significar com esta afirmação, todavia ressalta a tendência observável na jurisprudência italiana (e em certas legislações, como a consumerista), de considerar inderrogáveis estas concretizações da boa-fé.[538]

A nosso ver, ainda que a integração pela boa-fé deva ser considerada cogente, pois serve precipuamente a afastar o regramento estabelecido pelas partes quando contrário ou atentatório a valores resguardados pelo ordenamento objetivo – no caso ora analisado, a confiança – parece lícito afirmar que, uma vez concretizada, por exemplo, uma hipótese de *venire contra factum proprium*, possa a parte que dela se beneficia renunciar a seus efeitos e ater-se exclusivamente ao conteúdo voluntário do contrato.

3. O comportamento como elemento essencial para a aplicação das figuras de tutela da confiança no direito

A tutela da confiança no sentido mais estrito acima referido[539] tem sido realizada pelo direito contemporâneo sobretudo através de certas figuras que foram sendo construídas pela doutrina e jurisprudência em paralelo ao, ou a partir do, desenvolvimento dos estudos sobre a boa-fé objetiva[540], no início e meio do século XX. Essas foram sendo reconduzidas pela doutrina à boa-fé objetiva, como fundamento jurídico de sua eficácia, ainda que tenham nascido dela separadas.[541]

537 ROPPO, *op. cit.*, 2001, p. 495.

538 ROPPO, *op. cit.*, 2001, p. 497.

539 Ou seja, quando não é objeto de regra legal específica (como nas hipóteses dos art. 175 e 476 do Código Civil), ou de um dever jurídico especialmente referido às partes (por exemplo, por negócio jurídico). Exemplos são de SCHREIBER, *op. cit.*, 2012, p. 74 e ss.

540 MENEZES CORDEIRO, quando tratando da operacionalidade do sistema jurídico, ressalta a importância da redução da complexidade dos julgados e a sua sistematização em torno de certos modelos de decisão pela doutrina, para permitir a elaboração de decisões em outros casos concretos. *In verbis*: "A complexidade crescente das sociedades industriais mais obriga a uma esquematização que inclua, em termos pré-figuráveis, o cerne dos modelos singulares de decisão o que é dizer: a sua redução a pontos de vistas unitários" (*op. cit.*, 2013, p. 1258).

541 Neste sentido, leia-se em MENEZES CORDEIRO, *op. cit.*, 2013, p. 742 a 745 (*venire contra factum proprium*), 798 a 802 (*suppressio*) e 816 e 817 (*surrectio*).

Esses institutos apresentam um maior grau de concretude, logo também de operacionalidade, da tutela da confiança e muitas vezes consideram o comportamento das partes como um dos principais elementos necessários para a sua aplicação, pois a conduta, seja comissiva ou omissiva, de uma parte cria na outra parte a expectativa – que pode ser legítima ou não – de que venha a ser reiterada no futuro. Sendo esta confiança legítima, ou seja, merecendo a tutela do ordenamento jurídico, pode vir a surgir a impossibilidade de contraditá-la (isto é, a proibição do *venire contra factum proprium*), a paralisação de uma posição jurídica ativa (*suppressio*) ou, ainda, a aquisição de uma posição jurídica ativa para a parte que confia de exigir a manutenção do status quo (*surrectio*). Para este trabalho, interessa analisar quais os requisitos para que este comportamento crie uma confiança legítima na outra parte e, assim, dê azo à aplicação de uma destas figuras parcelares.

A centralidade do comportamento para estas figuras parece decorrer da própria exigência de uma situação de confiança que se baseie em elementos objetivos. Como regra, muitos destes elementos objetivos podem ser, de alguma forma, reconduzidos a um comportamento ou a uma omissão de uma das partes da relação. Justamente por isso, é necessário também efetuar um recorte temático para viabilizar-se este capítulo.

Por essa razão, elegem-se os casos em que estes comportamentos não venham marcados por ilicitude, que lhes é prévia ou deles provém, seja pela violação de norma leal ou mesmo de dever específico. Assim, excluem-se os casos de *tu quoque*, em que se pretende fazer valer norma violada em primeiro lugar por quem depois dela quer-se beneficiar[542], e o *duty to mitigate the loss*, em que existe em primeira instância a violação de dever, específico ou genérico (responsabilidade contratual ou extracontratual) de não gerar danos, ato ilícito, portanto, por cominação legal (artigos 186, 187 e 389 do Código Civil).

4. A proibição ao comportamento contraditório

Uma primeira e mais famosa concretização da tutela da confiança se encontra na figura da proibição ao comportamento contraditório, ou, no brocardo que a fez conhecida, *nemo potest venire contra factum proprium*.

O tema cresceu significativamente em importância e atenção da doutrina e da jurisprudência brasileiras nas duas últimas décadas.

[542] MENEZES CORDEIRO, *op. cit.*, 2013, p. 837.

SCHREIBER testemunha que, quando seu livro dedicado ao assunto veio a lume no começo da década de 2000, eram "poucas as decisões que lhe fazem referência expressa, e não se tem, entre nós, notícia de qualquer monografia exclusivamente dedicada ao tema, sendo raros os textos que lhe reservam mais de página e meia"[543]. Em 2012, no entanto, menos de dez anos depois, o autor observava que:

> De lá pra cá, o cenário brasileiro alterou-se radicalmente: multiplicaram-se, nos tribunais, as decisões que se valem da proibição de comportamento. O Centro de Estudos do Conselho de Justiça Federal inseriu o tema na pauta de sua IV Jornada de Direito Civil e lhe dedicou intensa reflexão. Trabalhos acadêmicos e estudos especializados vieram aprofundar os efeitos da sua aplicação em setores específicos do direito (direito processual, direito do trabalho, direito tributário etc.). Os manuais mais atualizados passaram a contemplar o *venire contra factum proprium*, que se difundiu na prática cotidiana de advogados e juízes.[544]

O interesse pelo tema – que também se vê em relação ao tema da *suppressio* – pode ser constatado por uma simples pesquisa quantitativa no sítio eletrônico do Superior Tribunal de Justiça, pela qual se encontram 182 acórdãos, 1299 decisões monocráticas, 10 informativos de jurisprudência e, até mesmo, 1 acórdão de recurso especial repetitivo[545]. Além

[543] SCHREIBER, *op. cit.*, 2012, p. 7.

[544] SCHREIBER, *op. cit.*, 2012, p. 8.

[545] Pesquisa feita em 7 de agosto de 2016, às 16h28min. A 'pesquisa' acima é apenas um exemplo da frequência com que o tema aparece na prática jurídica brasileira e não analisa qualquer outro elemento exceto os números obtidos em resposta ao argumento "venire contra factum proprium" na área de pesquisa de jurisprudência do sítio eletrônico do Superior Tribunal de Justiça. O acórdão do repetitivo é exemplar da amplitude que o tema assumiu. Trata-se do Recurso Especial nº 1143216/RS, relatado pelo Ministro Luiz Fux e julgado em 24 de março de 2010. O caso decidido discutia a licitude da exclusão pela administração pública de contribuinte de programa de parcelamento especial (PAES) de débito tributário "em razão da extemporaneidade do cumprimento do requisito formal da desistência de impugnação administrativa", quando "tácito o deferimento da adesão". Isto porque o fisco agiria em contradição proibida quando recebesse por anos mensalmente o valor parcelado pelo contribuinte, sem qualquer oposição, e depois excluísse o contribuinte do programa em razão de requisitos formais. Em razão da vastidão do material a respeito do tema, são enfocados apenas alguns estudos doutrinários de fôlego e de reconhecida importância para o pensamento jurídico nacional, que permitem, ao ver do autor, uma visão razoavelmente clara e aprofundada do

disso, existem dois enunciados aprovados nas, até agora, sete Jornadas de Direito Civil do Conselho da Justiça Federal que tratam do tema, a saber, os enunciados 362[546] e 412[547].

4.1. Formulação de um conceito

A doutrina reconhece o estudo de ERWIN RIEZLER como precursor moderno do tema do *venire contra factum proprium* na modernidade, por assentar as bases sobre as quais os demais partiriam.[548] RIEZLER queria resgatar um instituto quase esquecido e provar sua aplicação no direito alemão vigente em sua época (1912). Para este autor, *venire contra factum proprium* seria o 'princípio' pelo qual não seria autorizado, ainda que juridicamente lícito, contrariar seus próprios comportamentos, se esta contradição atingisse interesses alheios.[549]

O autor alemão sustentava inexistir no direito romano, numa fase mais antiga, uma regra que proibisse a contradição de atos próprios, ainda que fosse possível encontrar acidentalmente no pensamento de alguns jurisconsultos o recurso ao *venire contra factum proprium* como fundamento de suas opiniões. O princípio se desenvolve numa fase mais recente do direito romano, sempre segundo Riezler, quando se compreendeu a proibição ao comportamento contraditório como um princípio de *aequitas*, realizável através da *actio doli* pertinente à *exceptio doli (generalis)*.

assunto. No mesmo sentido, também serão analisados alguns casos interessantes que puderam ser retirados da jurisprudência nacional.

[546] Enunciado 362: Art. 422: A vedação do comportamento contraditório (venire contra factum proprium) funda-se na proteção da confiança, tal como se extrai dos arts. 187 e 422 do Código Civil.

[547] Enunciado 412: Art. 187: As diversas hipóteses de exercício inadmissível de uma situação jurídica subjetiva, tais como supressio, tu quoque, surrectio e venire contra factum proprium, são concreções da boa-fé objetiva.

[548] Neste sentido: MENEZES CORDEIRO, *op. cit.*, 2013, p. 742: "A presença do vcfp [venire contra factum proprium] na Ciência do Direito moderna deve-se à monografia de RIEZLER, publicada no princípio do século". Em sentido semelhante, SCHREIBER, *op. cit.*, 2014, p. 65: "A tentativa, de fato, tem início, em 1912, com a obra *Venire contra factum proprium – Studien in römischen, englischen und deutschen Zivilrecht*, de Erwin Riezler, professor da Universidade de Freiburg, que recupera as fontes romanas e na obra dos glosadores e pós-glosadores a idéia de proibição ao comportamento contraditório, e a lança no debate acadêmico da Alemanha do início do século XX".

[549] RIEZLER, Erwin. Venire contra factum proprium. Studien in römischen, englischen und deutschen Zivilrecht. Leipzig, Duncker und Humblot, 1912, VI und 187 S.

Para a consagração da regra do *venire contra factum proprium*, RIEZLER aprofunda-se também para o direito canônico e na literatura civilista desde os glosadores, ainda que conclua não terem sido os autores glosadores e pós-glosadores responsáveis por muitas contribuições ou aplicações de peso para a figura – para ele era sintomático que só fosse possível localizar um trabalho monográfico com inclinações ao tema neste período.

A escola do direito natural e, finalmente, a escola histórica contribuíram muito para a aplicação e consagração do instituto enquanto regra jurídica, tendo sofrido influência do pensamento jurídico romano. RIEZLER também faz considerações a respeito do desenvolvimento da *estoppel* no direito inglês, que, todavia, não interessam a este trabalho[550].

Após RIEZLER, diversos autores retomaram seu interesse pelo assunto, dada seu caráter dúctil, que permitir moldar soluções jurídicas aos problemas concretos de uma sociedade em constante transformação e atomização. Assim, hodiernamente, MENEZES CORDEIRO explica que a "locução *venire contra factum proprium* traduz o exercício de uma posição jurídica em contradição com o comportamento assumido anteriormente pelo exercente"[551]. Assim, a expressão remete a "dois comportamentos da mesma pessoa, lícitos em si e diferidos no tempo. O primeiro – o *factum proprium* – é, porém, contraditado pelo segundo"[552]. Diante da amplitude destas proposições, propõe-se que apenas "se considere como *venire contra factum proprium* a contradição directa entre a situação jurídica originada pelo *factum proprium* e o segundo comportamento do autor"[553]. Além disso, deve-se excluir casos em que o primeiro ato crie uma obrigação específica com relação ao segundo comportamento (como, por exemplo, na promessa de contratar), pois estas situações constituem hipóteses de responsabilidade negocial[554].

Tudo isso não quer dizer que qualquer forma de contradição seja vedada pelo ordenamento jurídico, pois decorre da própria autonomia privada a possibilidade de mudar de opinião e, destarte, agir de maneira contraditória.[555] Outrossim, a proibição de *venire contra factum proprium*

550 RIEZLER, *op. cit.*, 1912.

551 MENEZES CORDEIRO, *op. cit.*, 2013, p. 742.

552 MENEZES CORDEIRO, *op. cit.*, 2013, p. 745.

553 MENEZES CORDEIRO, *op. cit.*, 2013, p. 746.

554 MENEZES CORDEIRO, *op. cit.*, 2013, p. 746.

555 SCHREIBER, *op. cit.*, 2012, p. 80. No mesmo sentido, veja-se a advertência de MENEZES CORDEIRO a este assunto: "Em suma: a proibição de *venire contra factum proprium* traduz a

não pode, como efetivamente não o faz, impor comportamentos coerentes simplesmente baseado em um supostos e próprio valor da coerência, pois fosse assim estaria vedada a incoerência no ordenamento jurídico, o que claramente não ocorre. É necessário que a coerência seja tutelada em razão de algum outro interesse jurídico, que a extrapole e fundamente, no caso, a confiança[556].

4.2. Recondução à boa-fé objetiva e à confiança

RIEZLER, na terceira parte de sua obra, assevera que a proibição ao *venire contra factum proprium* não encontra consagração expressa no Código Civil alemão, ainda que existam disposições que protejam uma das partes da contradição da outra. Assim, o autor reconduz, primordialmente, esta proibição à equidade e à boa-fé objetiva, tais como expressas no §242 do referido diploma legal.

Em sentido semelhante, de reconduzir a figura do *venire contra factum proprium* à boa-fé objetiva, se pronunciava FRANZ WIEACKER, no estudo "*Zur rechtstheoretische Präzisierung des § 242 BGB*", publicado pela primeira vez em 1955.[557] Para o autor, a proibição ao comportamento contraditório

vocação ética, psicológica e social da regra *pacta sund servanda* para a juspositividade, mesmo naqueles casos específicos em que a ordem jurídica estabelecida, por razões estudadas, por desadaptação ou por incompleição, lha negue. Este ambiente pré-jurídico especialmente favorável à admissão do proibir genérico de comportamentos contraditórios não deve, porém, fazer perder de vista o resultado real de tal aceitação: todos os comportamentos humanos acabariam por ter acolhimento e protecção jurídicos. Pelo seguinte: o vincular uma pessoa às suas atitudes faz sentido, em particular, quando tenham um beneficiário; este, por seu turno, não poderia recusar as necessárias contrapartidas. As permissões normativas esgotar-se-iam no primeiro exercício e todo o relacionamento social converter-se-ia um edifício rígido de deveres irrecusáveis. A essência do jurídico contradiz, por si, tal possibilidade: numa crítica clássica mas ainda actual, às tentativas de redução do Direito à sociologia, deve ter-se presente que o Direito não sanciona o que está; tem uma vocação efectiva para dirigir, num sentido ou noutro, os comportamentos humanos. Entre os meios disponíveis para isso, e dos mais avançados pelo prisma da evolução social, está o não reconhecer relevância jurídica a determinados comportamentos. Assente a admissibilidade de tal orientação – e isso, há que sublinhá-lo, nos próprios campos ético, psicológico e social – não seria saída correcta aceitar, por norma, a total irrelevância jurídica de comportamentos que, no entanto, produziriam efeitos apenas contra o seu autor". In: *op. cit.*, 2013, p. 751.

[556] SCHREIBER, *op. cit.*, 2012, p. 80 e 81.

[557] Neste trabalho, foi consultada a versão traduzida para o espanhol por José Luis Carro, prólogo de Luis Díez-Picazo: El principio general de la buena fe. 2ª reimpressão. Madrid: Editorial Civitas, S.A., 1986.

estaria ligada de maneira essencial à "obrigação de se comportar de acordo com a boa-fé", de tal modo que a sua compreensão permitiria iluminar a "totalidade do princípio".[558]

WIEACKER, todavia, passados 40 anos da publicação de RIEZLER, dá um passo além na concreção dos fundamentos da figura e aponta a ligação do venire à tutela da confiança no ordenamento jurídico: "o princípio do *venire* é uma aplicação do princípio da 'confiança no tráfico jurídico'"[559].

Destarte, WIEACKER ensina que proibir a realização de atos que sejam contraditórios com o comportamento anterior do mesmo indivíduo atende a mesma "exigência de *fides*" que impõe observar as promessas feitas e não ser obrigado a prestações injustas. A *fides*, noção de direito romano, obriga os indivíduos a uma atuação leal, atendendo a "veracidade", e está radicada na ética e enraizada nas noções de "justiça pessoal".[560] O *venire contra factum proprium* não equivale a uma questão meramente ética, uma vez que não se preocupa com a culpa ou as intenções do agente, mas enfoca "o valor de significação que à própria conduta pode ser atribuído pela outra parte", ou seja, a confiança que a conduta é capaz de inspirar[561].

MENEZES CORDEIRO, ainda que procure afastar-se das noções ético-jurídicas da boa-fé, pois apenas criariam "dificuldades excessivas aos sistemas que (...) consagram uma distinção entre bons costumes e boa fé"[562], sustenta que a "recondução do *venire contra factum proprium* à doutrina da confiança revela um estádio elevado nas tarefas ascendentes, da sistematização da casuística gerada em torno dos comportamentos contraditórios, e descendentes, da concretização da boa fé"[563]. Portanto, não se trata simplesmente de substituir "uma fórmula vazia por outra similar", pois a referência à "confiança permite um critério de decisão: um comportamento não pode ser contraditado quando ele seja de molde a

[558] WIEACKER, *op. cit.*, 1986, p. 60 e 61.

[559] WIEACKER, *op. cit.*, 1986, p. 62. Ressalta este trecho de WIEACKER, quando discutindo o caráter de "expressão da confiança", MENEZES CORDEIRO, *op. cit.*, 2013, p. 754. No mesmo sentido, fundamentando o *venire contra factum proprium* em um "tipo de proteção da confiança": CARNEIRO DA FRADA, Manuel António de Castro Portugal. *Teoria da Confiança e Responsabilidade Civil*. Coimbra: Almedina, 2004, p. 3.

[560] WIEACKER, *op. cit.*, 1986, p. 61.

[561] WIEACKER, *op. cit.*, 1986, p. 61 e 62.

[562] MENEZES CORDEIRO, *op. cit.*, 2013, p. 757.

[563] MENEZES CORDEIRO, *op. cit.*, 2013, p. 755.

suscitar a confiança das pessoas"[564]. Resolver-se-ia também o problema de se vincularem os indivíduos a seus comportamentos de maneira definitiva (sem que, explique-se, haja um negócio jurídico ou lei para tanto), já que eles ficariam jungidos por "situações de confiança, que de livre vontade, tenham suscitado"[565].

Em consequência, e apoiado na doutrina germânica e na jurisprudência, o autor entende que deve ser seguida uma linha de "actuação direta do próprio princípio em si", que poderia ser concretizado através do seguinte esquema, retirado da jurisprudência por ele analisada:

> a actuação de um facto gerador de confiança, em termos que concitem interesse por parte da ordem jurídica; a adesão do confiante a esse facto; o assentar, por parte dele, de aspectos importantes da sua atividade posterior sobre a confiança gerada – um determinado investimento de confiança – de tal forma que a supressão do facto provoque uma iniquidade sem remédio. O factum proprium daria o critério de imputação da confiança gerada e das suas consequências.[566]

Em sentido semelhante, JUDITH MARTINS-COSTA explica ser "a deslealdade, além da contrariedade com a própria conduta, que está no núcleo da figura conhecida como *venire contra factum proprium non valet* (ou, simplesmente, *nemo potest venire contra factum proprium*)"[567]. A autora continua sua lição afirmando que "o que o princípio proíbe como contrário ao interesse digno de tutela jurídica é o comportamento contraditório que mine a relação de confiança recíproca minimamente para o bom desenvolvimento do tráfico negocial"[568].

4.3. Fundamento jurídico

Nos sistemas jurídicos conhecidos como de "*civil law*", de base preponderantemente legislada e codificada[569], é importante perguntar-se

[564] MENEZES CORDEIRO, *op. cit.*, 2013, p. 756.
[565] MENEZES CORDEIRO, *op. cit.*, 2013, p. 756.
[566] MENEZES CORDEIRO, *op. cit.*, 2013, p. 758.
[567] MARTINS-COSTA, *op.cit.*, 2015, p. 616.
[568] MARTINS-COSTA, *op. cit.*, 2015, p. 617 e 618.
[569] Sobre, vide DAVID, René. Os Grandes Sistemas do Direito Contemporâneo. São Paulo: Martins Fontes, 2002, *passim*.

do fundamento legal (ou, mais hodiernamente, constitucional) de um instituto jurídico como o *venire contra factum proprium*.

Em Portugal, MENEZES CORDEIRO sustenta estar assentando o instituto no artigo 334º do Código Civil local, que assevera ser "ilegítimo o exercício de um direito, quando o titular exceda manifestamente os limites impostos pela boa fé, pelos bons costumes ou pelo fim social ou económico desse direito".[570]

O equivalente brasileiro à disposição portuguesa acima é o artigo 187 do Código Civil, o qual dispõe a respeito do abuso de direito ("Também comete ato ilícito o titular de um direito que, ao exercê-lo, excede manifestamente os limites impostos pelo seu fim econômico ou social, pela boa-fé ou pelos bons costumes").

Tal artigo é considerado por parte da doutrina como um dos alicerces legislativos da figura no direito brasileiro, ao lado da cláusula geral de boa-fé objetiva (artigo 422). Uma vez que a relação entre abuso de direito e boa-fé objetiva, é imbricada e, de certa forma, de sobreposição[571], parecem legítimas ambas as conclusões[572].

SCHREIBER prioriza a remissão da figura do *venire contra factum proprium* à boa-fé objetiva, identificando ao menos duas consequências

[570] MENEZES CORDEIRO, *op. cit.*, 2013, p. 760.

[571] SCHREIBER, *op. cit.*, 2012, p. 114 e ss. Especialmente interessante é o seguinte trecho: "Como se vê, o abuso do direito aparece, ao menos sob certo aspecto, como sinônimo do exercício de um direito tornado inadmissível por contrariedade à boa-fé. É certo que, na expressa dicção do artigo 187, o exercício pode ser ainda tornado inadmissível por contrariedade aos bons costumes ou ao fim econômico ou social do direito – e também aí haverá abuso do direito. O abuso do direito é, sob este ângulo, mais amplo que a boa-fé objetiva, porque não apenas impede o exercício de um direito contrário à boa-fé, mas também em outras situações em que o confronto se dá com os bons costumes ou com o fim econômico e social do direito. Sob outro ângulo, contudo, a boa-fé é mais ampla que o abuso, porque não apenas impede o exercício do direito que lhe seja contrário, mas também impõe comportamentos e serve de critério hermenêutico-interpretativo nas relações negociais. Conclui-se, ao menos à luz do direito positivo brasileiro, que boa-fé objetiva e abuso de direito são conceitos autônomos, figuras distintas, mas não mutuamente excludentes, círculos secantes que se combinam naquele campo dos comportamentos tornados inadmissíveis (abusivos) por violação ao critério da boa-fé. (...). O *venire contra factum proprium* inclui-se exatamente nesta categoria: um abuso do direito por violação à boa-fé. E não há que se discutir se sua natureza jurídica se enquadra numa ou noutra figura. In: *op. cit.*, 2014, p. 118 e 119.

[572] SCHREIBER, *op. cit.*, 2012, p 102.

de tal fundamentação, segundo ele comumente ignoradas pela doutrina: em primeiro lugar, não se deve considerar o *venire contra factum proprium* um princípio geral do direito, mas como concretização de uma cláusula geral de âmbito de aplicação delimitado e, portanto, com o próprio escopo de atuação limitado pelos casos efetivamente abrangidos pela cláusula geral;[573] em segundo lugar, não se aplica ao *venire* a regra do artigo 4º da Lei de Introdução às Normas do Direito Brasileiro (Decreto-Lei 4.657/1942), que prevê aplicação supletiva e integrativa para tais princípios gerais, isto é, somente autorizada se a lei, a analogia e os costumes não contiverem solução ao caso[574].

Outro corolário da fundamentação do *venire* na cláusula geral de boa-fé objetiva "é a necessidade de se admitir que o princípio de proibição do comportamento contraditório sofre as mesmas limitações que a cláusula geral na qual se insere"[575]. Isto pode ter reflexos, por exemplo, em sua aplicação às relações jurídicas de direito público.[576]

Além disso, SCHREIBER identifica na Constituição Federal, artigo 3º, o fundamento constitucional à proibição de *venire contra factum proprium*, comum à figura e à boa-fé objetiva. O artigo 3º estabelece os objetivos fundamentais da República Federativa brasileira, entre os quais se insere, logo no seu inciso I, a construção de sociedade "livre, justa e solidária". O autor carioca vê uma "direta vinculação" da solidariedade com o *venire*[577].

Este dado constitucional, aliado à inexistência de regras expressas na legislação a respeito do *venire*, tem colaborado para a sua atuação em relações jurídicas nas quais a incidência da própria cláusula geral de boa-fé objetiva tem sido disputada, "como na esfera extracontratual e em face da Administração Pública", casos em que também pode ser baseado em outros princípios constitucionais da administração pública, como igualdade e moralidade administrativa[578].

[573] SCHREIBER, *op. cit.*, 2012, p. 102 e 103.

[574] SCHREIBER, *op. cit.*, 2012, p. 103. O autor, todavia, não afasta a utilização da terminologia "princípio" para se referir ao *venire contra factum proprium*, desde que utilizada em sentido mais amplo, com o "significado de um comando de conteúdo não-casuístico, genérico, abrangente de uma série relativamente ampla de situações" (p. 104).

[575] SCHREIBER, *op. cit.*, 2012, p. 104.

[576] SCHREIBER, *op. cit.*, 2012, p. 105 e 106.

[577] SCHREIBER, *op. cit.*, 2012, p. 107.

[578] SCHREIBER, *op. cit.*, 2012, p. 107 e 108.

O assentamento do *venire contra factum proprium* na solidariedade e na boa-fé objetiva impõe concluir-se por sua origem legal e não-negocial. Esta afirmação, todavia, traz relevantes problemas de regime, a saber: como lidar com a "simulação, reserva mental, falta de seriedade, falta de consciência ou coacção física, erro, dolo, coacção moral ou incapacidade acidental, aquando da produção do *factum proprium*"?[579] Tendo em vista que o *venire contra factum proprium* decorre do comportamento comissivo ou omissivo do agente, apto a inspirar confiança na contraparte, é admissível, sem arroubos de criatividade, considerar-se cenários em que o agente atua coagido ou esteja incapacitado? Nestas hipóteses, pode-se falar em imposição do sentido social da conduta ao seu autor?

Para oferecer uma resposta a esta problemática, parte da doutrina procura aplicar por analogia normas legais atinentes à declaração negocial ao *factum proprium*, o que seria justificável pela "função semelhante" desempenhada por ambos no "tráfico negocial".[580]

Paralelamente a esta posição, propôs-se a remissão do regime jurídico do *venire contra factum proprium* ao negócio jurídico, alegando tratar-se, na maioria dos casos, de uma forma de renúncia tácita por comportamento concludente. Com a aplicação do regime dos negócios jurídicos ao *venire* estaria solucionado o imbróglio acima[581].

Ambas as soluções parecem insuficientes, por contradizerem as base jurídicas em que se assentam as figuras, que levam forçosamente a regimes jurídicos distintos. Para preservar a autonomia conceitual do instituto, MENEZES CORDEIRO sustenta residir a diferença na exigência feita pelo direito codificado português de consciência da declaração para a própria existência do negócio jurídico.[582] Esta saída do autor, todavia, era recusada pelos defensores da segunda corrente mencionada, pois nos casos de *venire* não há consciência de declaração (ou ela é despicienda).

[579] MENEZES CORDEIRO, *op. cit.*, 2013, p. 761.

[580] MENEZES CORDEIRO, *op. cit.*, 2013, p. 761.

[581] Artífice desta posição foi WIELING, segundo MENEZES CORDEIRO, *op. cit.*, 2013, p. 761 a 769

[582] MENEZES CORDEIRO, *op. cit.*, 2013, p. 769. Trata-se para o autor português da disposição do artigo 246º do Código Civil daquele país, que textualmente dispõe simplesmente que: "*A declaração não produz qualquer efeito, se o declarante não tiver a consciência de fazer uma declaração negocial ou for coagido pela força física a emiti-la; mas, se a falta de consciência da declaração foi devida a culpa, fica o declarante obrigado a indemnizar o declaratário*".

No Brasil, parece difícil tanto resolver os problemas de regime apontados acima, quanto manter a autonomia do instituto utilizando os argumentos portugueses. Em primeiro lugar, para as questões de regime, parece mais acertado sustentar a impossibilidade (a) de inspirar confiança ato feito sob coação etc. de que tinha conhecimento a contraparte, ou (b) se não tinha, parece que a fundamentação proposta, a boa-fé objetiva e a solidariedade, não podem levar à imputação ao agente dos sentidos sociais de sua conduta sob coação etc. Para manter a autonomia conceitual do *venire*, não serve no Brasil a alegada demanda de consciência da declaração, pois este não é um elemento de existência do negócio jurídico, mas requisito para sua validade[583].

Nesta seara, todavia, pode ser encontrado outro argumento adequado, pois parece pertinente manter a distinção entre os institutos (que é mote, ademais, da divisão de temas proposta para este trabalho).

SCHREIBEIR qualifica a postura de remeter o *venire contra factum proprium* ao negócio jurídico de voluntarista, própria de quem crê ser

> muito mais fácil enxergar na conduta inicial uma declaração tácita de vontade, pela qual se renuncia ao futuro exercício de um direito em contradição àquela conduta, que encontrar, às margens das regras negociais, em conceitos abertos como o da boa-fé, legítima confiança e solidariedade social, um fundamento não-voluntário para a restrição ao exercício da liberdade individual.[584]

Desta forma, SCHREIBER refuta tal posição, por "gravemente equivocada", afirmando que "importante atrativo do *nemo potest venire contra factum proprium* é justamente o seu caráter objetivo e não-negocial". O autor, todavia, não apresenta argumentos técnicos para afastar esta posição, limitando-se a arrolar diversas conveniências de regime que seriam perdidas com ela[585].

[583] AZEVEDO, Antonio Junqueira de. Negócio jurídico: existência, validade e eficácia. 4ª. Ed. atual. de acordo com o novo Código Civil (Lei n. 10.406 de 10-1-2002), São Paulo: Saraiva, 2002, p. 32 e 43. Há posições contrárias, como se viu no capítulo sobre declaração tácita, no entanto, a posição de AZEVEDO parece ser a mais adequada ao direito codificado brasileiro.

[584] SCHREIBER, *op. cit.*, 2012, p. 170.

[585] SCHREIBER, *op. cit.*, 2012, p. 170.

Julgamos, no entanto, pertinente apresentar argumentos técnicos para explicar o afastamento da posição voluntarista ora denunciada.

Como já se disse, o negócio jurídico depende, para existir, de forma, objeto e circunstâncias negociais[586]. Ainda que se possa falar de forma e não seja completamente inadequado falar mesmo em objeto do *factum proprium*, ele não possui as circunstâncias negociais, pois não possui "aquele *quid*, irredutível à expressão e ao conteúdo, que faz com que uma manifestação de vontade seja vista socialmente como destinada à produção de efeitos jurídicos"[587]. Ou seja, do ponto de vista social, o comportamento a fundamentar o *venire* não passaria no teste para ser reputado comportamento concludente.

Por não possuir este elemento de existência do negócio jurídico, o *factum proprium* não é uma declaração negocial e, desta forma, a posição negocial do *venire contra factum proprium* pode ser tecnicamente afastada também no direito brasileiro.

4.4. Pressupostos para a aplicação

Reconduzida a figura à boa-fé objetiva e à solidariedade, logo à tutela da confiança, isolam-se elementos objetivos e subjetivos do *venire contra factum proprium*. O elemento objetivo é o fato capaz de gerar confiança na outra parte.[588] Para aferir esta potência de um dado fato, MENEZES CORDEIRO propõe dois critérios – a "normalidade" e o "equilíbrio" – explicando que:

> o *quantum* de credibilidade necessário para integrar uma previsão de confiança, por parte do *factum proprium*, é pois função do necessário para convencer uma pessoa normal, colocada na posição do confiante e do razoável, tendo em conta o esforço realizado pelo mesmo confiante na obtenção do factor a que se entrega.[589]

[586] AZEVEDO, *op. cit.*, 2002, p. 32.

[587] AZEVEDO, *op. cit.*, 2002, p. 32.

[588] É importante ressaltar que este fato gerador de confiança não precisa ser necessariamente um comportamento da parte, mas deve simplesmente ser a ela imputável. A doutrina brasileira, como veremos abaixo, no entanto, não faz esta precisão, referindo-se comumente à conduta ou comportamento da própria parte como *facta propria*.

[589] MENEZES CORDEIRO, *op. cit.*, 2013, p. 758 e 759.

Para fundamentar tais critérios, o autor recorre à regra de interpretação objetiva das declarações negociais prevista no artigo 236º, 1, do Código Civil Português e ao critério hermenêutico de prevalência do sentido que maior equilíbrio traz ao negócio jurídico oneroso (artigo 237º). Como se viu, a interpretação objetiva também é consagrada no direito brasileiro, pelo *caput* do artigo 113 de nosso Código Civil. O critério da prevalência do equilíbrio não consta de modo expresso no direito positivado brasileiro, porém um princípio de equilíbrio (sob as mais diversas nomenclaturas) está consagrado no direito civil (e, sobretudo, contratual) brasileiro.[590] Ou seja, parece tratar-se de solução aceitável ao direito brasileiro.

Ao lado do elemento objetivo, é necessário destacar-se o elemento subjetivo, qual seja, a adesão do confiante ao significado objetivo do ato criador da confiança.

> O investimento de confiança, por fim, pode ser sinteticamente explicitado como a necessidade de, em consequência do *factum proprium* a que aderiu, o confiante ter desenvolvido uma atividade tal que o regresso à situação anterior, não estando vedado de modo específico, seja impossível, em termos de justiça[591].

A aplicação destes elementos não deve ser feita de maneira estritamente subsuntiva, ou seja, a fragilidade de um deles não necessariamente exclui a aplicação da figura, se puder ser satisfatoriamente compensada pela "intensidade especial" do outro[592].

Desenvolvendo a partir desta doutrina, MARTINS-COSTA esclarece quatro requisitos para a aplicação da figura no direito brasileiro, a saber:

(i) um ato capaz de gerar confiança tutelável pelo ordenamento;
(ii) adesão do confiante ao fato;

590 AMARAL, Francisco. *Direito Civil*: Introdução. 7ª Ed. rev., modif. e aum. Rio de Janeiro: Renovar, 2008, p. 90. Para uma obra de maior fôlego voltada à análise do princípio no direito contratual brasileiro: MARTINS, Fernando Rodrigues. Princípio da justiça contratual. 2ª ed. São Paulo: Editora Saraiva, 2011.

591 MENEZES CORDEIRO, *op. cit.*, 2013, p. 758 e 759.

592 MENEZES CORDEIRO, *op. cit.*, 2013, p. 758 e 759.

(iii) a tomada de alguma atitude ou ação por parte do confiante com base nessa confiança; e, por fim,

(iv) a eliminação do fato que gerou a confiança, por um novo ato da mesma parte, causando danos ou injustiça ao confiante[593].

SCHREIBER, em sentido semelhante, também discorre sobre quatro pressupostos a serem informados sempre por sua função – a tutela da confiança.[594] Assim, poder-se-ia falar em proibição à contradição quando houvesse (i) um comportamento (*factum proprium*), (ii) o surgimento na contraparte de uma confiança legítima na manutenção do "sentido objetivo"; (iii) a contradição a esse "sentido objetivo", violando assim a confiança da contraparte; e (iv) o prejuízo, efetivo ou potencial.[595]

O *factum proprium*, explica o autor carioca, é um comportamento humano, "cuja repercussão fático-social não é acompanhada por uma correspondente repercussão jurídica". Ou seja, "por definição, uma conduta não-vinculante", que não pode ser considerada como um ato jurídico no sentido tradicional. Há, no caso, uma "insuficiência do positivismo jurídico e das categorias dogmáticas tradicionais – insuficiência, em última análise, do próprio jusracionalismo positivista", que abre espaço para a aplicação do *venire*. O autor arrola, como exemplos, "o comportamento concreto de uma das partes à margem das disposições contratuais, a sustentação de um certo sentido na interpretação de uma norma qualquer, as negociações preliminares a um contrato"[596]. Em suma, diz-se *factum proprium* de

> uma conduta a princípio não vinculante, capaz de transcender a esfera do seu praticante para repercutir fática e objetivamente sobre outras pessoas, embora tal repercussão não seja formalmente reconhecida pelo direito, senão diante da presença dos demais pressupostos exigidos para a tutela da confiança.[597]

A legítima confiança corresponde à adesão do confiante ao "sentido objetivamente extraído do *factum proprium*".[598] SCHREIBER entende que

593 MARTINS-COSTA, *op. cit.*, 2015, p. 621.

594 SCHREIBER, *op. cit.*, 2012, p. 131.

595 SCHREIBER, *op. cit.*, 2012, p. 132.

596 SCHREIBER, *op. cit.*, 2012, p. 133 a 135.

597 SCHREIBER, *op. cit.*, 2012, p. 138.

598 SCHREIBER, *op. cit.*, 2012, p. 141.

apenas em um caso concreto é possível afirmar ou negar o surgimento de tal confiança, mas oferece alguns "indícios" que podem auxiliar o intérprete:

> (i) a efetivação de gastos e despesas motivados pelo factum proprium; (ii) a divulgação pública das expectativas depositadas; (iii) a adoção de medidas ou a abstenção de atos com base no comportamento inicial; (iv) o grau elevado de sua repercussão exterior, (v) a ausência de qualquer sugestão de uma futura mudança de comportamento, e assim por diante[599].

A confiança deve ser legítima, o que implica dizer que "deve derivar razoavelmente do comportamento inicial". Assim, "a ressalva expressa da possibilidade de contradição por quem pratica o comportamento exclui, a princípio, a legitimidade da confiança"[600].

A contradição, como terceiro pressuposto para a aplicação da figura ora analisada, não exige "intenção ou propósito íntimo de contrariar". Afere-se, portanto, de maneira puramente objetiva. Ademais, o ato que contradiz o *factum proprium* deve ser lícito, pois se for ilícito sua sanção se dá por intermédio de outros mecanismos jurídicos[601].

Por fim, como a proibição do comportamento contraditório visa a evitar a produção ou garantir a reparação de um dano, exige-se que este dano, efetivo ou em potência, esteja presente como quarto pressuposto. Ausente o dano – ou a possibilidade de sua produção – não há razão para proibir o agente de atuar conforme sua determinação.[602]

4.5. Casos

Neste tópico, procura-se analisar alguns casos escolhidos na jurisprudência do Superior Tribunal de Justiça que versaram sobre o instituto do *venire contra factum proprium* no âmbito das relações contratuais de longa duração.[603]

[599] SCHREIBER, *op. cit.*, 2012, p. 142.

[600] SCHREIBER, *op. cit.*, 2012, p. 142.

[601] SCHREIBER, *op. cit.*, 2012, p. 144 e 145.

[602] SCHREIBER, *op. cit.*, 2012, p. 152 e 153.

[603] Em complementação, para uma análise de alguns julgados paradigmáticos no direito brasileiro sobre o assunto, veja a obra de MARTINS-COSTA, *op. cit.*, 2015, p. 622 a 628. MENEZES CORDEIRO (*op. cit.*, 2013) procura oferecer uma sistematização para os inúmeros

Um caso em que uma das partes acaba sendo proibida de se valer de uma permissão genérica de atuação, decorrente da própria autonomia privada – no caso, a autorização de não contratar, ou, mais precisamente, de não renovar um contrato após o advento do prazo originalmente contratado, o Superior Tribunal de Justiça tem interessante precedente no Recurso Especial 880605/RN, relatado originalmente pelo Ministro Luís Felipe Salomão e, diante da derrota da posição deste magistrado, relatado pelo Ministro Massami Uyeda, publicado no Diário de Justiça eletrônico em 17 de setembro de 2012.

A demanda foi trazida ao Poder Judiciário por Adelino Araújo de Medeiros, juntamente com outros dez litisconsortes ativos, contra a Caixa Seguradora S.A., sob o fundamento de que, como funcionários da Caixa Econômica Federal, firmaram contrato de seguro de vida em grupo, cujo

casos apontados pela doutrina como atuações da figura do *venire contra factum proprium*. Em primeiro lugar, o autor procura efetuar precisões com relação ao "âmbito externo" da figura, isolando-a da *suppressio*, do *tu quoque* e do dolo inicial, através da exigência de "contradição directa entre a situação jurídica originada pelo *factum proprium* e o segundo comportamento do autor", e da vinculação jurídica criada pela autonomia privada, na forma de um dever específico, pois nesta hipótese tratar-se-ia de responsabilidade puramente obrigacional e não do "exercício inadmissível de posições jurídicas" (p. 746). Com estas questões em mente, o autor apresenta duas hipóteses de comportamento contraditório: "quando uma pessoa, em termos que, especificamente, não a vinculem, manifeste a intenção de não ir praticar determinado acto e, depois, o pratique e quando uma pessoa, de modo, também, a não ficar especificamente adstrita, declare pretender avançar com certa actuação e, depois, se negue" (p. 747). Estas duas hipóteses seriam divisíveis em subgrupos. A primeira hipótese, da pessoa "que manifesta a intenção de não praticar determinado acto e, depois, o pratique", pode ser dividida em três hipóteses parcelares. A primeira, daqueles casos em que o ato a não ser realizado corresponde ao exercício de um direito potestativo (resolver ou denunciar um contrato, por exemplo). A segunda, quanto o exercício é de direito subjetivo. E, por fim, quando "a pessoa age ao abrigo de uma permissão genérica de actuação e não de um direito subjetivo, potestativo ou comum". Esta última hipótese – negligenciada pela doutrina no ver de MENEZES CORDEIRO – se relaciona com "a possibilidade de constituir obrigações através de comportamentos concludentes ou com a simples discussão em torno dos modos de produzir declarações negociais". (p. 747 a 748). Para o autor português, parece ser vantajoso reconduzir casos que se enquadrem neste terceiro subgrupo à figura da proibição do comportamento contraditório – ou seja, afastando-os de uma vinculação, por assim dizer, puramente negocial – pois tal mecanismo ajudaria a "esclarecer certos casos de fronteira". (p. 749). Por outro lado, a segunda hipótese – da "pessoa que manifeste a intenção de praticar um acto e, a isso, não fique vinculada" – está em regra relacionada a um negócio jurídico inválido ou inexistente. (p. 749).

prêmio era mensalmente debitado de suas contas bancárias. O contrato foi firmado pelo prazo certo de um ano, renovado sucessivamente durante dez anos (de 1991 a 2001), sem que a seguradora tenha imposto ou solicitado qualquer reajuste ou comunicar qualquer forma de desequilíbrio ou prejuízo com as apólices. Após várias e sucessivas renovações, a seguradora os notificou informando que não renovaria as apólices vigentes, por haver um "desequilíbrio no cálculo atuarial", e oferecendo novas condições de contratação, bastante desvantajosas aos segurados.

A sentença de primeiro grau concedeu aos autores a indenização pelos danos materiais, de acordo com complexo cálculo proposto pelo magistrado, e afastou a indenização por danos morais.[604] O Tribunal de Justiça do Rio Grande do Norte, por sua vez, houve por bem reformar a sentença, negando provimento à ação, pois a conduta da seguradora teria transcorrido dentro do âmbito da legalidade. Os autores, então, interpuseram recurso especial.

Hipóteses semelhantes, de renovações sucessivas e periódicas de contratos de seguro de vida com prazo determinado, como mostra o voto vencido do Ministro Luís Felipe Salomão, foram decididas pelo Superior Tribunal de Justiça.[605] Todavia, o principal acórdão sobre o tema, na opinião do Ministro relator no âmbito dos seguros de vida individuais argumenta diretamente com base nos deveres impostos pela boa-fé objetiva e na interpretação dos contratos de acordo com esta cláusula geral, sem recorrer expressamente à figura do *venire contra factum proprium*.[606]

O Ministro Luís Felipe Salomão, entretanto, entendeu haver no caso *venire contra factum proprium*, pois "o comportamento reiterado da Segurado de não reajustar o contrato em razão do acréscimo de idade é evidentemente contraditório, preferindo a denúncia vazia e inopinada de cancelamento da apólice, com justificativa em desequilíbrio atuarial". Ao lado do *venire*, o relator também destacava a ocorrência da "*supressio*" (sic), que "inibe o exercício de um direito, até então reconhecido, pelo seu não exercício, se presente, de outra parte, a boa-fé do contratante, como

[604] Para o cálculo, veja as páginas 4 e 5 do acórdão.

[605] Vide o acórdão, páginas 6 a 9.

[606] Veja o acórdão do Recurso Especial nº 1.073.595/MG, relatado pela Ministra Nancy Andrighi e publicado no Diário de Justiça eletrônico de 29/04/2011, discutido no capítulo sobre interpretação.

no caso em exame".[607] Assim, o Ministro deu provimento ao recurso para condenar a seguradora a "indenizar os autores em quantia equivalente às reservas técnicas proporcionais aos prêmios pagos durante a vigência do contrato".

O Ministro Massami Uyeda, abrindo a divergência que se sagrou vencedora, para negar provimento ao recurso especial, trouxe argumentos ligados ao direito securitário, que não têm pertinência direta com o tema deste trabalho, mas referindo-se especialmente à boa-fé objetiva, todavia, o Ministro ressaltou que

> não se concebe que o exercício, por qualquer dos contratantes, de um direito (consistente na não renovação do contrato), inerente à própria natureza do contrato de seguro de vida, e, principalmente, previsto na lei civil, possa, ao mesmo tempo, encerrar abusividade sob a égide do Código de Defesa do Consumidor, ou, ainda, inobservância da boa-fé objetiva, fundada, tão-somente, no fato de o contrato entabulado entre as partes ter tido vigência pelo período de dez anos[608].

Ou seja, o exercício de um direito não encerraria abusividade, argumento que parece frágil, equivalendo a defender que o exercício de um direito decorrente do ordenamento positivo é sempre legítimo, pois decorre de previsão expressa na lei. No entanto, a boa-fé objetiva é posta, sob certa perspectiva, como parâmetro sobre o modo de exercício de tal direito (o que, ademais, também é a razão de ser da figura do abuso de direito). No caso do *venire*, se o exercício do direito contradiz com a legítima confiança criada pela própria parte em outrem, este exercício – que em si era lícito – passa a ser ilícito e vedado pelo ordenamento jurídico.

Mais forte parece ser o argumento subsidiário trazido pelo Ministro Uyeda no sentido de que "a temporariedade do pacto constitui elemento intrínseco ao contrato de seguro de vida em grupo". Deste modo, "levando-se em conta tais circunstâncias de caráter eminentemente objetivo, tem-se que a duração do contrato, seja ela qual for, não tem o condão de criar legítima expectativa aos segurados quanto à pretendida

[607] Vide acórdão, páginas 14 e 15.

[608] Vide acórdão, página 33.

renovação"[609]. Essa advertência é significativa. Há inúmeros casos em que a longa duração do contrato é considerada como incitando confiança na contraparte. Esquece-se, porém, que a longa duração é ínsita a toda uma categoria de contratos. Destarte, em contratos de duração, ou mesmo nos de execução deferida, faz-se necessário que, além da própria duração, localizem-se outras condutas, comissivas ou omissivas, a ensejar e sustentar a confiança e ser tutelada. Se não há confiança legítima, como se viu acima, não há *venire contra factum proprium* pela mera contradição no agir da parte.

Outro caso interessante em que se discutiu a ocorrência de *venire* é o Recurso Especial nº 1.112.796/PR, também relatado originalmente pelo Ministro Salomão e, diante da derrota de sua posição, pelo Ministro Honildo Amaral de Mello Castro, publicado no Diário de Justiça eletrônico em 19 de novembro de 2010. Tratava-se de disputa entre a AMBEV e uma de suas distribuidoras, com atuação em dez municípios do Estado do Paraná. A distribuidora ajuizou ação de indenização por danos patrimoniais e morais contra a AMBEV em razão da denúncia de seu contrato. Segundo a autora, a AMBEV havia imposto a adesão dos distribuidores, no ano de 1995, ao "Programa de Excelência 2000", que impunha diversos investimentos, e, alegadamente, criaria a expectativa da continuação do contrato no novo milênio. Todavia, após a realização dos investimentos, em 3 de junho de 1998, a AMBEV notificou a distribuidora com o intuito de resilir o contrato a partir de 25 de janeiro de 1999.

Para o Ministro Salomão, teria ocorrido caso de *venire contra factum proprium*, por ter a AMBEV exigido a adequação da distribuidora ao Projeto Excelência 2000, e, algum tempo depois, resilido o contrato unilateralmente. As circunstâncias do caso – a longa duração do contrato, renovado diversas vezes entre as partes, em conjunto com o referido Projeto – intensificariam a confiança na duração do relacionamento.[610]

O Ministro Honildo, todavia, acredita que este entendimento traria insegurança aos contratos comerciais, pois lhes atribuiria um caráter de "irrescindibilidade" inobstante autorização contratual[611]. Para o Ministro,

609 Vide acórdão, página 34.

610 Vide acórdão, páginas 16 e 17.

611 Vide acórdão, página 28.

a denúncia seria legítima, pois escudada em cláusula contratual válida[612] – argumento que, a nosso ver, como se falou acima a respeito da mesma construção usada pelo Ministro Uyeda, parece frágil, pois desconsidera a construção a respeito da boa-fé objetiva, do abuso de direito e do *venire contra factum proprium*.

No caso da AMBEV, concorda-se que a mera duração não pode impor a perpetuidade do contrato, mas aqui, diferentemente do julgado anterior, localiza-se um programa (Projeto Excelência 2000), que a se considerar seus caracteres próprios, pode ser apto a ensejar a confiança dos seus adeptos na manutenção de seus contratos, uma vez atendidas suas exigências.

Os informativos de jurisprudência do STJ sobre o tema do *venire*, ainda que não tenham casos tratando especificamente de contratos de duração, trazem algumas hipóteses interessantes para expor a amplitude que o tema assumiu, muito além das fronteiras do direito contratual (como, aliás, fora previsto por SCHREIBER). Dessarte, o informativo nº 558/2015 se refere ao acórdão de Recurso Especial nº 1.461.301/MT, relatado pelo Ministro João Otávio de Noronha e publicado no Diário de Justiça eletrônico de 23/3/2015, em que se aceitou a penhora de bem de família indicado pelo devedor, por ocasião da celebração de acordo judicial com o credor. Ao Ministro João Otávio de Noronha, configuraria hipótese de *venire* a conduta de ofertar o bem à penhora e, em seguida, arguir a proteção legal ao referido bem[613]. Outro caso, sumariado pelo informativo nº 545/2014, também pertinente ao afastamento da proteção legal ao bem de família em razão de conduta que atenta à boa-fé objetiva, foi o decidido pelo Recurso Especial nº 1.364.509/RS, relatado pela Ministra Nancy Andrighi e publicado no Diário de Justiça eletrônico em 17/6/2014. No caso, os devedores, condenados por decisão transitada em julgado, providenciaram a doação do imóvel em que moravam – que haviam adquirido por meio de compromisso de compra e venda, sem, até o momento da penhora, que houvesse sido feito o registro no Cartório de Imóveis da transferência do imóvel para seus nomes – pela promitente vendedora para seu filho, menor impúbere, a fim de evitar que o bem ingressasse em seu patrimônio e pudesse responder pela dívida. Como único bem de seu filho e, naturalmente, local de sua residência, pleitearam

[612] Vide acórdão, página 30.

[613] Vide acórdão, página 6.

a proteção do bem de família para evitar a penhora. Para a Ministra, a alienação do bem seria contraditória com a invocação da proteção legal, configurando caso de *venire contra factum proprium*[614]. A Ministra, todavia, procura fundamentar a sua decisão na má-fé subjetiva dos devedores (pois se trata de conduta "ardilosa", cujo "propósito" de fraudar credores é "evidente), o que, a nosso ver, cria problemas para enquadrar o caso nas hipóteses de *venire*, que não envolveria um juízo desta natureza. Os demais casos são em temas diversos, como direito processual[615], direito das sucessões e de família[616] e direito comercial[617].

5. A *suppressio* e a *surrectio*

A *suppressio* e a *surrectio* são duas figuras intimamente conectadas e que também procuram tutelar a confiança de uma das partes em um dado estado de coisas – *in casu*, a inatividade da outra com relação ao exercício de um direito.

Com efeito, o termo *suppressio* foi cunhado por MENEZES CORDEIRO como tradução do termo *Verwirkung*, do direito alemão, que assim se manifestou em sua obra sobre a boa-fé:

> Pretende introduzir-se o termo *suppressio* para exprimir a *Verwirkung*. Na doutrina portuguesa já foram utilizados, com esse efeito, os termos caducidade e exercício inadmissível do direito. Mas sem razão: "caducidade" é a extinção de uma posição jurídica por decurso de um prazo a que esteja sujeita e que, nada tendo a ver com a boa fé, goza de regime explícito – art. 238º ss.; "exercício inadmissível do direito" é a expressão consagrada para, no domínio da doutrina da segunda codificação, designar o que em França se diz "abuso do direito", embora em termos mais amplos. Poderiam ser feitas outras tentativas "decadência", "inibição", "paralisação", preclusão" ou "perda". Porém a "decadência" é usada por AA. brasileiros com o sentido de caducidade, a "inibição" implica uma ideia de não possibilidade transitória de exercício,

[614] Vide acórdão, página 8.

[615] Informativos nº 532/2013, nº 503/2012 e 380/2008.

[616] Informativos nº 581/2016 e nº 491/2012.

[617] Informativos nº 523/2013 e nº 368/2008. Sobre o informativo nº 523/2013, ainda que localizado pela busca do STJ sob o tema do *venire*, parece se encaixar, com mais precisão, nas hipóteses de *suppressio* – como é, aliás, a posição do voto condutor do acórdão. Por esta razão, o acórdão será discutido abaixo.

> tendo conotações técnicas com setores específicos, como ocorre com a inibição ao exercício do poder paternal, a inibição de exercício da advocacia ou a inibição do direito de conduzir, p. ex., a "paralisação" associa-se ao funcionar de uma excepção de direito material, podendo ser usada apenas em termos descritivos, a preclusão liga-se ao efeito emergente do decurso do prazo ou a outros efeitos igualmente impeditivos, mas sempre determinados e a "perda", para além de já ter um sentido técnico específico nos direitos reais, equivale à extinção, seja qual ela for, de um direito. O recurso a expressões compostas levaria à introdução de qualquer coisa como "extinção de um direito por exercício tardio contrário à boa fé" o que, sendo incómodo, postularia de imediato o tratar-se de uma extinção, o que não é certo. Para o progresso de uma ciência, há que, a realidades autónomas, atribuir expressões próprias e a conceptos novos, nominações novas, sem confusão com factores já existentes. Fique, pois, aguardado melhor, uma tradução latina de *Verwirkung*, não comprometida: a *suppressio*.[618]

O transcurso do tempo mostrou que, ao menos no Brasil, a expressão *suppressio* (e sua corruptela *supressio*) tem sido largamente aceita e já serve de fundamento – acertadamente ou não – a centenas de decisões dos tribunais.[619] Antes da obra de MENEZES CORDEIRO, a doutrina brasileira vinha utilizando-se também do próprio termo "*Verwirkung*", com referências esporádicas à caducidade[620].

[618] MENEZES CORDEIRO, *op. cit.*, 2013, p. 797 e 798.

[619] Uma 'pesquisa' simples de jurisprudência no Tribunal de Justiça do Estado de São Paulo, por exemplo, retornou 287 acórdãos localizados em que o termo "*suppressio*" foi empregado pelos julgadores na fundamentação de suas decisões (em 21 de agosto de 2016, às 18h00min). A pesquisa pelo termo "*supressio*", por sua vez, retornou, na mesma data, 1839 acórdãos. Sem entrar no mérito de cada um dos acórdãos, tampouco no acerto – ou não – do recurso à *suppressio*, fato é que o termo, ainda que com grafia, consciente ou inconscientemente, adaptada, entrou no repertório de soluções jurídicas do juiz brasileiro.

[620] OLIVEIRA, José Lamartine Corrêa de. A "Verwirkung", a renúncia tácita e o Direito brasileiro. In: DIAS, Adahyl Lourenço. *et. al. (Colab.)*. Estudos em homenagem ao Professor Washington de Barros Monteiro. São Paulo: Editora Saraiva, 1982, p. 271 a 284. Mais recentemente, JULIO GONZAGA ANDRADE NEVES explica a conveniência que ditou a cunhagem do termo "suppressio" por seu autor: "Ciente de que a letra tedesca não vai bem à língua portuguesa, coube à prudência de Menezes Cordeiro cunhar o termo "latinizado" de operação mais fácil: a *suppressio* foi assim batizada e caiu no gosto popular" (in: A Suppressio (Verwirkung) no Direito Civil. São Paulo: Almedina, 2016, p. 18 e 19).

A *surrectio*, também consagrada nas doutrina e jurisprudência brasileiras, equivale, por sua vez, à figura da *Erwirkung* do direito alemão[621]. MENEEZES CORDEIRO, não sem crítica[622], refere-se à *surrectio* como o "outro lado" da *suppressio*, sustentando que:

> Por *surrectio* pretende exprimir-se a ideia comportada pelo termo alemão *Erwirkung*. A *Erwirkung* é, ela própria, um neologismo proposto por CANARIS, em 1971, com sucesso crescente; foi, p. ex., adoptado por LARENZ, a partir da décima segunda edição do seu *SchuldR* e, com grande desenvolvimento, por JÜRGEN SCHMIDT, na décima segunda edição do comentário de STAUDINGER.[623]

5.1. Formulação dos conceitos

A *suppressio* nasce da construção jurisprudencial dos tribunais alemães, no final do século XIX, sobretudo com o fito de evitar a iniquidade que pode surgir pelo exercício de direitos após o decurso de largo período de inatividade de seu titular, ainda que não decorrido os longos prazos prescricionais do direito alemão à época[624]. Ainda que tenha origem anterior, a *suppressio* ganha atenção da doutrina alemã pela crise econômica que veio seguiu à Primeira Guerra Mundial e que trouxe dificuldades para o trânsito de bens e a instabilidade em seu preço, implicando a demora

621 MENEZES CORDEIRO, *op. cit.*, 2013, p. 817.

622 ANDRADE NEVES sustenta estar equivocada a posição de MENEZES CORDEIRO de equivaler a *suppressio* a uma forma de *surrectio*, "olhada (impropriamente) do ponto de vista do titular do direito de cuja atuação a contraparte pode se furtar". Para ANDRADE NEVES, haveria três razões a comprovar a impropriedade da posição: (i) em primeiro lugar, a *suppressio* corresponde a um ilícito absoluto, operando, destarte, na esfera jurídica do titular e não na do sujeito passivo, que apenas se defende do ilícito perpetrado; (ii) em segundo lugar, a *suppressio* não extingue a posição jurídico-ativa do titular inerte, mas "apenas retira, na medida necessária à tutela da confiança, a eficácia do ato de exercício reputado abusivo", enquanto a *surrectio* faz surgir (plano da existência) posição jurídica nova, "que reflexamente afeta a eficácia"; (iii) a terceira razão, mais própria ao autor, passa por refutar a própria figura da *surrectio* no direito brasileiro, ao negar-se "que a boa-fé redunde por si só na aquisição de qualquer posição jurídica no ordenamento jurídico civilista brasileiro". In: *op. cit.*, p. 74 a 80.

623 MENEZES CORDEIRO, *op. cit.*, 2013, p. 817.

624 MENEZES CORDEIRO, *op. cit.*, 2013, p. 798 e 799, nas quais o autor analisa alguns dos casos que deram origem à formulação do instituto na Alemanha.

injustificada em seu exercício grave prejuízo à parte obrigada.[625] O fim da guerra trouxe, por diversas razões, uma crise hiperinflacionária à economia daquele país, que passou a mitigar o princípio nominalista das dívidas pecuniárias que tendiam a ficar extremamente gravosas se transcorrido muito tempo, autorizando o reajuste monetário destas prestações. Nessa hipótese,

> a *suppressio* vai funcionar como contrapeso dessa protecção [do credor], assegurando, desta feita, o interesse do devedor: a boa fé requer, pela equivalência das prestações e pelo equilíbrio das situações das partes, que se proceda a reajustamentos destinados a compensar a depreciação monetária; a mesma boa fé exige que as pretensões de reajustamento, quando caibam, sejam exercidas num prazo razoável, sem o que atingiriam montantes com que o devedor não poderia contar.[626]

Desta forma, a década de 1930 trouxe muitas obras dedicadas ao tema. Estas obras se bateram sobre a natureza jurídica da *suppressio*. Após algumas hesitações iniciais, o instituto acabou reconduzido à boa fé e, consequentemente, ao exercício abusivo de direitos, por via do *venire contra factum proprium*.[627]

Contemporaneamente, assentou-se corresponder a *suppressio* corresponde à "situação do direito que, não tendo sido, em certas circunstâncias, exercido durante um determinado lapso de tempo, não possa mais sê-lo por, de outra forma, se contrariar a boa fé"[628]. O exercício do direito paralisa-se para proteger a confiança cristalizada pela longa e injustifi-

[625] MENEZES CORDEIRO, op. cit., 2013, p. 801. Também: OLIVEIRA, *op. cit.*, 1982, p. 280.

[626] MENEZES CORDEIRO, op. cit., 2013, p. 801 e 802.

[627] MENEZES CORDEIRO, op. cit., 2013, p. 805 a 810. Sublinham a aproximação da *suppressio* do *venire contra factum proprium*, por exemplo, FARIAS e ROSENVALD, *op. cit.*, 2016, p. 206 – os autores, todavia, procuram evitar a confusão entre os institutos, ressaltando o que entendem ser a principal diferença entre ambas as figuras: a inexistência, na *suppressio*, de um verdadeiro *factum proprium* a ser contrariado posteriormente pelo titular do direito. FRANZ WIEACKER se posiciona no seguinte sentido: "*Hoy en día se acepta que son casos de aplicación del venire c. f. p. la caducidad (Verwirkung) y la inadmisibilidad de invocación de determinados vicios de forma. La nota particular de la caducidad reside en que la conducta previa a imputar es una inactividad, de la que no se puede separar el elemento de una determinada duración*". In: *op. cit.*, 1986, p. 62.

[628] MENEZES CORDEIRO, *op. cit.*, 2013, p. 797.

cada inatividade de seu titular. Ressalta-se, todavia, que o exercício está paralisado, não extinto.

JOSÉ LAMARTINE CORRÊA DE OLIVEIRA, escudado na doutrina germânica, ensina que "embora usada por vezes em sentido mais amplo, a expressão Verwirkung é normalmente empregada no sentido estrito de inadmissibilidade do fazer valer pretensão cujo exercício tenha sido deslealmente retardado".[629] A *suppressio* atua, tendencialmente, sobre qualquer direito subjetivo[630], ressalvados aqueles expressamente excluídos pela legislação, como, na Alemanha, os direitos oriundos dos contratos coletivos de trabalho e os direitos existenciais dos trabalhadores, e aqueles que possuem prazo prescricional muito curto, em que, por questões práticas, não se recorra à figura[631].

Por sua vez, "na *surrectio*, o exercício continuado de uma situação jurídica ao arrepio do convencionado ou do ordenamento implica nova fonte de direito subjetivo, estabilizando-se tal situação para o futuro"[632]. Ou seja, considera-se constituído um direito que, anteriormente e sob o ponto de vista exclusivamente jurídico-formal, não existia, mas que, na prática das partes vinha sendo posto em prática[633].

Explica-o MENEZES CORDEIRO, quando afirma que:

> Perante um fenómeno de *suppressio*, o beneficiário pode encontrar-se numa de duas situações: ou, tendo-se livrado de uma adstrição antes existente, recuperou, nessa área, uma permissão genérica de actuação ou, tendo conquistado uma vantagem particular, adquiriu uma permissão específica de aproveitamento, ou seja, um direito subjectivo.[634]

A doutrina procurou isolar uma noção ampla em contraposição a uma noção restrita de *surrectio*. Em sua noção restrita, fala-se especificamente do surgimento de um direito subjetivo ao beneficiário, pela inércia da contraparte. Nesse sentido, sujeito de direito beneficiado pela *surrectio*

[629] OLIVEIRA, *op. cit.*, 1982, p. 273.

[630] MENEZES CORDEIRO, *op. cit.* 2013, p. 810.

[631] Nesse sentido: MENEZES CORDEIRO, *op. cit.*, 2013, p. 810, nota 603.

[632] FARIAS e ROSENVALD, *op. cit.*, 2016, p. 207.

[633] MENEZES CORDEIRO, *op. cit.*, 2013, p. 816.

[634] MENEZES CORDEIRO, *op. cit.*, 2013, p. 821.

vê agregar-se a seu patrimônio jurídico novo direito, a qual deve corresponder um dever específico a constranger a contraparte que lhe insuflou a confiança na existência de tal direito. Em seu sentido amplo, a *surrectio* abarca também as simples liberações do beneficiário de obrigações ou deveres específicos, ou seja, a recuperação de uma "permissão genérica de actuação".

A distinção entre o sentido amplo e o sentido restrito da surrectio, todavia, cumpre papel meramente didático e, ao menos até hoje, não se tem notícias de construções doutrinárias ou jurisprudenciais no direito nacional que partam de tal distinção para fundamentar diferenças de regime jurídico aplicável[635].

5.2. Recondução à boa-fé objetiva e à confiança – relacionamento com a figura do nemo *potest venire* contra *factum proprium*

A doutrina, tal como ocorre com o *venire contra factum proprium*, costuma reconduzir a *suppressio* e a *surrectio* ao dever de agir conforme a boa-fé objetiva e à tutela da confiança[636]. Isto porque as figuras têm papel de "minorar os efeitos de uma surpresa desleal"[637].

Este ponto não levanta especial polêmica.

Parece importante ressaltar aqui que a melhor análise da *suppressio* procura enfocá-la sob o ponto de vista de seu beneficiário, que seria, justamente, o prejudicado pelos "efeitos de uma surpresa desleal" – de maneira diferente de outras figuras (como a proibição de se valer da própria torpeza), não se trata efetivamente de uma punição àquele que omite, mas de uma proteção àquele que confia.[638]

As figuras, e sobretudo a da suppressio, foram reconduzidas pela doutrina ao *venire contra factum proprium* e ao exercício inadmissível de direitos.[639] Surgiu a discussão, logo, a respeito da autonomia dogmática das figuras, uma vez que as semelhanças entre elas são patentes (existência de comportamento contraditório, a princípio lícito, mas vedado por

[635] MENEZES CORDEIRO, op. cit., 2013, p. 821.

[636] MARTINS-COSTA, *op. cit.*, 2015, p. 649. MENEZES CORDEIRO, *op. cit.*, 2013, p. 807 e ss.

[637] MARTINS-COSTA, *op. cit.*, 2015, p. 649.

[638] Para uma análise aprofundada das consequências de cada enfoque, vide MENEZES CORDEIRO, *op. cit.*, 2013, p. 815 a 821.

[639] MENEZES CORDEIRO, *op. cit.*, 2013, p. 807 a 810. OLIVEIRA, *op. cit.*, 1982, p. 282.

violar a confiança da outra parte, ausência de dever específico de agir ou de abster-se).[640] A evidente ligação entre as figuras, todavia, não parece ser suficiente, para a doutrina, para retirar a autonomia da *suppressio*, transformando-a em mero agrupamento de casos de *venire contra factum proprium*.[641] Para manter a distinção, parte da doutrina costuma ressaltar que a inatividade de uma das partes não configura, verdadeiramente, um *factum proprium*.[642] MENEZES CORDERO acredita que este argumento é insuficiente, pois o "factum proprium pode ser qualquer eventualidade que, constituindo a base da imputação a uma pessoa, de certas consequências, lhe seja própria", ou seja, pode ser uma omissão e não um agir ativo.[643] Assim, seria o tempo a marca distinta da *suppressio*, pois, ainda que exista um tempo também no *venire*, o seu papel é muito mais proeminente no *suppressio*.[644] Como ressalta MARTINS-COSTA, "embora possam estar superpostas, ambas as figuras guardam sua autonomia, na configuração e nos pressupostos, unificando-se, todavia, no fundamento, coibição à deslealdade, em razão do dever de agir segundo à boa-fé"[645].

5.3. Fundamento legal

Tendo sido unificados os fundamentos da *suppressio*, *surrectio* e do *venire contra factum proprium* em torno do mandamento de agir conforme a boa-fé e da tutela da confiança criada e investida, forçoso reconhecer que o fundamento legal das figuras também está nos artigos 187 e 422 do Código Civil.

Esse enquadramento legal dos temas parece repercutir nas figuras nos mesmos moldes do que foi dito sobre o *venire contra factum proprium*, ou seja, garantindo-lhes a mesma amplitude de aplicação que estes institutos, e, à toda evidência, os mesmos limites materiais.

Pergunta-se, de outro lado, se o fundamento constitucional a que se remeteu o *venire* é também aplicável à *suppressio* e à *surrectio*, ou

[640] MENEZES CORDEIRO, *op. cit.*, 2013, p. 808 a 810.

[641] MARTINS-COSTA, *op. cit.*, 2015, p. 650 e ss.

[642] Reconhece a prevalência desta posição, ainda que a critique por superficial, MENEZES CORDEIRO, *op. cit.*, 2013, p. 812 e 813.

[643] MENEZES CORDEIRO, *op. cit.*, 2013, p. 813.

[644] MARTINS-COSTA, *op. cit.*, 2015, p. 650. MENEZES CORDEIRO, *op. cit.*, 2013, p. 812 e 813.

[645] MARTINS-COSTA, *op. cit.*, 2015, p. 650.

seja, se elas também podem ser consideradas como concretização do princípio da solidariedade insculpido no artigo 3º da Constituição Federal[646].

Considerando que "o princípio da solidariedade social (...) impõe a consideração da posição alheia também na atuação privada"[647], tal norma fundamenta e legitima, dentro do sistema constitucional brasileiro, os institutos da *suppressio* e da *surrectio*, que tratam de limitar a liberdade de agir de uma parte em homenagem à confiança do outro. Destarte, a se aceitar o fundamento constitucional do venire, o mesmo fundamento deve embasar as soluções propostas pela *suppressio* e pela *surrectio*.

5.4. Pressupostos para a aplicação

Os pressupostos para a aplicação das figuras da *suppressio* e da *surrectio* são semelhantes aos usualmente invocados para a figura do *venire contra factum proprium*.

Tratando exclusivamente da *suppressio*, ANDRADE NEVES fala em existência de "posição jurídica subjetiva conhecida e exercitável", de "abstenção ostensiva do exercício"[648], que seria "o marco distintivo da *suppressio* diante das demais figuras reconduzidas à vedação ao comportamento contraditório e proteção à confiança"[649], de "confiança investida", que se formaria pela presença de "atos inspiradores" e pelo transcurso do tempo, em relação inversamente proporcional uns ao outro[650], e, finalmente, de um "exercício contraditório à confiança investida"[651].

Denota-se, portanto, grande relevância ao transcurso do tempo. O tempo é central às figuras, pois inexiste propriamente um *factum proprium* a ensejar a confiança na contraparte. É o próprio transcurso do tempo que faz surgir a confiança a ser tutelada pelo direito. Segundo ensina MARTINS-COSTA,

[646] Submete o fundamento a interessante e ponderada crítica, a qual se deixa de reproduzir apenas em virtude do espaço e do foco impresso ao trabalho, ANDRADE NEVES, *op. cit.*, 2016, p. 154 a 158.

[647] SCHREIBER, *op. cit.*, 2012, p. 107.

[648] *Op. cit.*, 2016, p. 98 a 102.

[649] *Op. cit.*, 2016, p. 102.

[650] *Op. cit.*, 2016, p. 106 a 110.

[651] *Op. cit.*, 2016, p. 110 e 111.

pode-se invocar a *suppressio* quando há o transcurso de razoável período de tempo desde o estabelecimento de certa situação, sem que haja o exercício do direito que poderia, licitamente, modificá-la, havendo, ao revés, indícios objetivos de que o direito subjetivo da contraparte não seria exercido.[652]

Destarte, em primeiro lugar, deve haver inação do titular de um direito durante um certo período de tempo, não é possível, todavia, fixar-se previamente a quantidade de tempo necessária à ocorrência da *suppressio* ou da *surrectio*, que deverá variar conforme as circunstâncias do caso. Mais, deve haver sinais que permitam inferir que o titular não exercitará seu direito[653]. Segundo a doutrina, a proteção à confiança daquela parte que acredita na manutenção da inércia do titular seria o fundamento do instituto: "Em suma, a chave da *supressio* (*sic*) está na tutela da confiança da contraparte e na situação de aparência que a iludiu perante o não exercício do direito"[654].

A aplicação do instituto da *suppressio* independe da investigação de elementos subjetivos pertinentes à parte que se omite, ou seja, não se deve perguntar a respeito de sua culpa ou dolo[655], afinal, o foco não está em punir o titular inativo, mas em proteger a contraparte que lhe devota confiança.

Como regra, os pressupostos da *suppressio* são aplicáveis à *surrectio* em sentido amplo. Todavia, a doutrina procura destacar, para a *surrectio* restrita, além da a criação de confiança no beneficiário a respeito de um estado de coisas em razão da inação do titular, a existência de um nexo de imputação desta confiança ("boa-fé subjetiva") do beneficiário na estabilidade da situação criada, seja por culpa ou pelo risco, à contraparte[656].

[652] MARTINS-COSTA, *op. cit.*, 2015, p. 648.

[653] MENEZES CORDEIRO, *op. cit.*, 2013, p. 811.

[654] FARIAS e ROSENVALD, *op. cit.*, 2016, p. 206.

[655] MENEZES CORDEIRO, *op. cit.*, 2013, p. 811. FARIAS e ROSENVALD, *op. cit.*, 2016, p. 206. ANDRADE NEVES, *op. cit.*, 2016, p. 112 a 115. OLIVEIRA parece não concordar, limitando o âmbito da *Verwirkung* aos "casos de clara fundamentação ética e de repúdio à conduta de quem tenha feito da longa inércia forma de comportamento doloso". In: *op. cit.*, 1982, p. 282.

[656] MENEZES CORDEIRO, *op. cit.*, 2013, p. 822. Diante do emergir da *surrectio*, MENEZES CORDEIRO pontifica que talvez a *suppressio* seja "uma forma invertida de apresentar a realidade". Logo, o foco do fenômeno deveria estar sobre a *surrectio*, que corresponde à visão do beneficiário, ao passo que a *suppressio* representa, afinal, a visão do prejudicado. Para o autor, só há *suppressio* verdadeiramente quando se pode falar, ao menos, em *surrectio* em sentido

Mister manter em mente que, assim como no *venire*, os pressupostos da suppressio e da *surrectio* devem ser aplicados de maneira tipológica, não-subsuntiva, ou seja, a ausência de um deles pode ser compensada pela especial intensidade dos demais[657].

5.5. Casos

Os casos em que a *suppressio* e *surrectio* têm sido evocados como *ratio decidendi* se têm avolumado no Poder Judiciário brasileiro. Por exemplo, os juízes têm se deparado frequentemente com a situação em que um representante comercial, profissão regulada pela Lei 4.886/1965, sofre uma redução no valor de suas comissões por ato unilateral do representado, o que contraria o disposto o §7º do artigo 32 da referida lei, incluído pela reforma de 1992, que estabelece serem "vedadas na representação comercial alterações que impliquem, direta ou indiretamente, a diminuição da média dos resultados auferidos pelo representante nos últimos seis meses de vigência".

Ainda que a contrariedade ao disposto na lei configure motivo suficiente para a resolução do contrato pelo representante comercial, este silencia até o momento em que o representado termina o contrato sem justa causa. Então, o representante ajuíza ação contra o representado, exigindo a complementação das comissões que foram reduzidas em desacordo com o aludido §7º. Além disso, e em paralelo, costuma surgir o pedido de complementação de comissões que tenham sido pagas

amplo (seja enquanto liberação do beneficiário a uma adstrição prévia e específica em favor do prejudicado, seja enquanto novo direito que surge a tal beneficiário, ou, ainda, um direito que surge incompatível com o direito prévio do prejudicado). Por isso, pretende ampliar para todas as formas de *surrectio* os pressupostos desenhados pela doutrina para seu sentido restrito, ressaltando um pressuposto objetivo, a saber, que o beneficiário esteja em tal contexto que qualquer pessoa normal acreditaria que o prejudicado não mais exerceria seu direito e que o próprio direito era legítimo e devidamente constituído, e um pressuposto subjetivo, a saber, que o beneficiário esteja de boa-fé (no sentido subjetivo), ou seja, acredita não prejudicar ninguém e ter cumprido todos os deveres para a regularidade do seu próprio direito. Por fim, o contexto e a boa-fé do beneficiário devem poder ser imputados ao prejudicado, seja porque ele os cria diretamente, seja porque age reiteradamente de tal maneira que eles lhes possam ser imputados através da noção de risco (MENEZES CORDEIRO, *op. cit.*, 2013, p. 824 e 825). Esta posição, todavia, encontra veemente e fundamentada crítica em ANDRADE NEVES, *op. cit.*, 2016, p. 74 a 80.

[657] MENEZES CORDEIRO, *op. cit.*, 2013, p. 822.

tomando como base de cálculo o valor líquido das notas fiscais (como regra, sem a inclusão de tributos), para que elas sejam recalculadas sobre o valor bruto das vendas (incluindo tais tributos), o que estaria de acordo com a jurisprudência majoritária a respeito do §4º do mesmo artigo 32, que prevê deverem ser as comissões "calculadas pelo valor total das mercadorias".

Um destes casos chegou ao Superior Tribunal de Justiça e foi relatado pela Ministra Nancy Andrighi. Trata-se do Recurso Especial nº 1.162.985/RS, em que litigavam a Sherwin Williams do Brasil Indústria e Comércio Ltda. e Ilhéus Comércio e Representações Ltda., publicado o acórdão no Diário de Justiça eletrônico de 25 de junho de 2013. No caso, ainda que o contrato estabelecesse uma comissão de 4%, desde o início de sua vigência a representada havia pago apenas o valor de 2,5%. Estas comissões, ademais, teriam sido calculadas sobre o valor líquido das notas fiscais, em violação ao §4º do artigo 32.

A sentença de primeiro grau e o acórdão do Tribunal de Justiça do Rio Grande do Sul negaram provimento à pretensão do representante sob a alegação de concordância tácita do representante, ainda que sustentassem também suas decisões no "princípio da confiança", que concederia tutela à confiança da empresa representada.[658]

O STJ entendeu que a situação de nunca ter sido paga a comissão no patamar de 4% implicava "a legítima expectativa na representada de que os pagamentos feitos estavam de acordo com o avençado entre as partes"[659]. Nesta toada, ainda que a relatora se refira também à anuência tácita por parte do representante[660], procura ressaltar a função de impor "limite ao exercício de direitos subjetivos", que seria inerente ao "princípio da boa-fé objetiva"[661], que teria levado à construção de institutos como *tu quoque*, o *venire contra factum proprium*, a *surrectio* e a *suppressio*. Para a magistrada,

> Para o deslinde da presente controvérsia interessa apenas a *supressio* (sic), que indica a possibilidade de se considerar suprimida determinada obrigação contratual na hipótese em que o não exercício do direito correspondente,

[658] Vide acórdão, páginas 7 e 8.
[659] Vide acórdão, página 10.
[660] Vide acórdão, página 10.
[661] Vide acórdão, página 11.

> pelo credor, gerar ao devedor a legítima expectativa de que esse não exercício se prorrogará no tempo. Em outras palavras, haverá redução do conteúdo obrigacional pela inércia qualificada de uma das partes, ao longo da execução do contrato, em exercer direito ou faculdade, criando para a outra a sensação válida e plausível – a ser apurada casuisticamente – de ter havido a renúncia àquela prerrogativa. (...). Diante desse panorama, o princípio da boa-fé objetiva torna inviável a pretensão da recorrente, de exigir retroativamente valores a título da diferença, que sempre foram dispensados, frustrando uma expectativa legítima, construída e mantida ao longo de toda a relação contratual pela recorrida.[662]

Outro caso em que se recorreu às figuras é o Recurso Especial nº 1.202.514/RS, também relatado pela Ministra Nancy Andrighi e publicado no Diário de Justiça eletrônico em 30 de junho de 2011.

No caso litigaram Danielevicz Advogados Associados e Indústrias Micheletto S.A. em torno da correção monetária sobre os valores dos honorários pagos pela Micheletto a Danielevicz, durante os seis anos de duração do vínculo contratual entre as partes. Danielevicz ajuizara ação de cobrança contra Micheletto ao argumento de que havia sido contratado para a prestação de serviços jurídicos, mediante remuneração de R$ 8.000,00 por mês, reajustáveis anualmente de acordo com a inflação. Entretanto, Micheletto teria deixado de pagar as diferenças do reajuste inflacionário e duas parcelas mensais (setembro e outubro de 2004).

A sentença condenou ao pagamento das parcelas vencidas e não pagas e pelas diferenças inflacionárias apuradas durante todo o período do contrato.

O Tribunal de Justiça do Rio Grande do Sul, ao argumento de que não se pode exigir cláusula que "nunca se fez valer", reformou parcialmente a sentença, para manter apenas a condenação pelas parcelas vencidas e não pagas.

No STJ. Neste tribunal, a relatora designada verificou que a correção monetária efetivamente era um direito expressamente previsto em cláusula contratual, no entanto, Danielevicz deixara de exercer seu direito, razão pela qual deveria se considerar, em razão da *suppressio*, "suprimida determinada obrigação contratual na hipótese em que o não exercício do

[662] Vide acórdão, páginas 11 e 12.

direito correspondente, pelo credor, gerar ao devedor a legítima expectativa de que esse não-exercício se prorrogará no tempo"[663].

Por ter deixado de exigir o seu direito durante seis anos, Danielevicz teria criado a confiança em Micheletto de que o direito não seria exigido "retroativamente"[664]. No caso, a relatora consigna ser aplicável apenas a *suppressio*, mas não faz menções à *surrectio*. Esta opção parece acertada se tivermos em mente o conceito restrito de *surrectio* – de surgimento de um direito subjetivo – uma vez que não se pode falar em direito subjetivo da Micheletto em exigir os serviços sem a devida correção monetária. Todavia, poderia ser localizada uma hipótese de *surrectio* se considerado seu conceito amplo, ou seja, como mera liberação de uma adstrição prévia, pois evidentemente Micheletto foi liberada de seu dever específico de pagar as diferenças inflacionárias a Danielevicz.

Também se debateu a *suppressio* em lide trazida por Mario Malato contra o banco Desdner Bank Brasil S/A Banco Múltiplo, objeto do Recurso Especial nº 1.520.995/SP, relatado pelo Ministro Paulo de Tarso Sanseverino e julgado em 13 de junho de 2017. Neste processo, alegava Mario ter pactuado em 1987 contrato de prestação de serviços verbal com a COTINCO – ASSESSORIA EMPRESARIAL LTDA., pelo qual assumiria a responsabilidade técnica pela empresa, como economista inscrito no Conselho Regional dos Economistas do Estado de São Paulo e receberia, em contrapartida, projetos profissionais que permitiriam o incremento de sua renda. Segundo o autor, todavia, a transferência dos projetos nunca ocorreu e, em 2006, em razão de notificação do CORECON sobre pendências nos pagamentos das anuidades por parte da COTINCO, procurou a empresa para obter esclarecimentos. Não tendo ficado satisfeito com estes, Mario ajuizou ação indenizatória contra o banco, sucessor por incorporação da COTINCO, reclamando a remuneração a que faria jus em razão da assunção da responsabilidade técnica pela instituição perante o órgão de classe entre 1987 e 2006.

O Banco defendeu-se alegando, entre outras coisas, a prescrição da pretensão do autor, sustentado aplicável o prazo para a prescrição de demandas trabalhistas de 2 (dois) anos após a extinção do vínculo. Subsidiariamente, alegava existir "*Supressio* ou *Verwirkung*", pois "*a ausência*

663 Vide acórdão, página 7.

664 Vide acórdão, página 8.

de cobrança pelo Reclamante, por mais duas décadas, gerou em suas contra-partes e na sociedade como um todo a legítima confiança de que nada havia a demandar em relação aos fatos descritos na petição inicial".

A sentença da 5ª Vara Cível de São Paulo reconheceu a prescrição da pretensão do autor referente ao período entre 12/1987 a 6/2004 e acolheu o pedido com relação ao período entre 2004 e 2006, ao argumento de não poder o banco utilizar o nome do autor sem qualquer forma de contraprestação. Apelaram as duas partes.

O Tribunal de Justiça de São Paulo, em grau de apelação, conheceu do recurso do autor, para afastar a prescrição entre o período de dezembro de 1987 a junho de 2004, rejeitando a apelação do réu. Opostos embargos de declaração, admitidos apenas para esclarecer a questão dos honorários de sucumbência, o acórdão foi objeto de recurso especial interposto pelo réu, que subiu ao Superior Tribunal de Justiça após provimento de agravo contra a decisão de inadmissão pelo Tribunal de Justiça de São Paulo.

No STJ, o Ministro relator proveu o recurso, reconhecendo a *suppressio*, explicando que:

> Assim, para que se configure uma hipótese de *suppressio*, não basta a inércia do titular de um direito e o decurso de um longo período de tempo. É necessário, ainda, que as circunstâncias fáticas tenham gerado na outra parte uma legítima expectativa de que o direito não mais seria exercido, de modo que a posterior mudança de atitude do titular da pretensão possa ser considerada um exercício desleal do direito, sob a ótica da boa-fé objetiva. No caso dos autos, as circunstâncias fáticas realmente condiziam à expectativa de que o direito não mais seria exercido. Deveras, observa-se que o economista ofereceu a sua prestação (assumir a condição de economista responsável) sem ao menos completar a negociação da contraprestação a cargo da empresa COTINCO. Efetivamente, as negociações se encontravam incompletas, pois não se determinou a quantidade de serviços (a serem atribuídos ao economista) que seria suficiente para remunerar o profissional pelo uso de seu nome. É dizer, o sinalagma, a correspondência entre prestação e contraprestação, não chegou a ser estabelecido, assim permanecendo por quase duas décadas (1987 a 2006). Ao longo dos anos, a relação do economista com a COTINCO se esmaeceu. Apesar desse fato, o economista não requereu a exclusão de seu nome do cadastro do CORECON, tampouco exigiu contraprestação.

Para o relator, "a mudança repentina de comportamento do economista frustra a expectativa legitimamente gerada no outro contratante, de que a contraprestação não seria exigida, configurando assim uma violação ao princípio da boa-fé objetiva, especificamente concretizado na fórmula da *suppressio*".

O caso[665] ilumina de maneira didática sobretudo o pressuposto "tempo" da *suppressio*. A admitir-se a existência do contrato e a obrigação de alguma remuneração pela tomadora dos serviços – o que foi feito pelas instâncias ordinárias, de modo irrecorrível – a inércia da COTINCO em enviar projetos ao autor claramente consubstanciava inadimplemento contratual. Entretanto, a inação do titular durante duas décadas estabilizou a expectativa de que não existiria qualquer cobrança neste sentido. A demanda do autor atentou contra a confiança que sua própria inação estabilizou na contraparte e, por essa razão, foi muito bem paralisada ("extinta", na linguagem do acórdão) pelo STJ.

6. Conclusão do capítulo

Procurou-se abordar uma das principais maneiras pela qual o direito contemporâneo tem valorizado e dado consequências jurídicas ao comportamento das partes posterior à celebração de um contrato de duração entre elas.

A tutela da confiança, por suas figuras do *venire contra factum proprium*, da *suppressio* e da *surrectio*, tem tido cada vez maior aplicação e penetração nos tribunais brasileiros, sendo mister reconhecer que talvez seja hoje, ao menos quantitativamente, uma das principais esferas de discussão e relevância desse comportamento.

É importante, todavia, não exagerar o âmbito de aplicação das figuras, que, como visto, se de um lado é muito amplo, pois aplicam-se virtualmente a quase todas as relações jurídicas de direito público e privado, de outro lado estão limitadas por um caráter "subsidiário".[666] Assim, não devem ser aplicadas quando já houver uma solução condizente com a

[665] Note-se que, na última data de consulta aos autos, em 10 de abril de 2018, a decisão ainda não transitara em julgado, em razão de agravo interno interposto pelo autor.

[666] Neste sentido, por exemplo, ANDRADE NEVES, *op. cit.*, p. 58: "Extrai-se, ainda, importante leme às reflexões sobre a *suppresio* nesse trabalho, qual seja, a absoluta subsidiariedade e excepcionalidade da *suppressio*.".

tutela da confiança construída pelo ordenamento jurídico, seja por força de lei ou de negócio jurídico.

Afirmar tal subsidiariedade, entretanto, deve ser feito com muita cautela para que não se termine por defender um caráter "supletivo" para tais figuras, que não existe. As figuras de tutela da confiança baseadas na cláusula geral de boa-fé objetiva e no princípio constitucional da solidariedade, possuem sempre papel cogente: sua aplicação se dá, inclusive, em prejuízo do regulamento contratual originário de fonte autônoma.

Logo, o que se pretende ressaltar com o foco sobre caráter "subsidiário" das figuras é apenas que, se em um dado caso concreto, puderem ser aplicadas as figuras da tutela da confiança conjuntamente com outras soluções oferecidas pelo ordenamento jurídico (por assim dizer, 'positivadas'), com igual resultado prático – ou seja, com a garantia da tutela da confiança das partes – é de priorizar-se a solução positivada, para evitar uma ampliação tal das figuras que levaria, provavelmente, à destruição de todo o seu conteúdo próprio (afinal, virtualmente, todo o direito privado está orientado, pelo menos até certo grau, à proteção da confiança).

CAPÍTULO 5
HIPÓTESES DE FRONTEIRA

1. Introdução

Nos três capítulos anteriores, foram analisadas três diferentes perspectivas pelas quais o comportamento das partes posterior à celebração de um contrato de duração pode ser aproveitado pelo aplicador do direito e operacionalizado em soluções jurídicas a respeito deste contrato.

Acredita-se com isso estar satisfatoriamente cumprido o mister proposto no início deste trabalho, demonstrado e esclarecido o amplo espaço de atuação do comportamento das partes nesta categoria de contratos, que exsurge sobretudo de características próprias a ela (a incompletude, o perdurar no tempo etc.).

Agora, é conveniente aumentar a concretude da discussão, confrontando, diante de algumas hipóteses fronteiriças, as figuras sobre as quais se discorreu. Em primeiro lugar, mister ressaltar que a jurisprudência brasileira não costuma, salvo honrosas exceções, genuinamente se ocupar do âmbito preciso de aplicação de cada figura, recorrendo, muitas vezes, a mais de uma figura (às vezes a todas) como fundamento de suas decisões.

Contudo, o cuidado com o espaço próprio de aplicação de cada figura é relevante e deve ser empreendido em sede doutrinária, a fim de aumentar o grau de segurança aquando de sua aplicação. Ademais, existem diferenças práticas relevantes na aplicação de cada figura, que não podem ser negligenciadas. Assim, adverte ANDERSON SCHREIBER, ao tratar de casos de aplicação da figura do *nemo potest venire contra factum proprium*:

O crescente acolhimento pelos tribunais vem exigir com ainda maior urgência uma estruturação teórica adequada, a fim de evitar tentativas de aplicação imprópria, injustamente restritivas ou indevidamente alargadas, que já começam a aflorar nas cortes brasileiras[667].

Notável exemplo da atual negligência com relação às diferenças conceituas e de âmbito de aplicação de cada figura pode ser encontrado na jurisprudência do Superior Tribunal de Justiça sobre a repentina não-renovação de contratos de seguro de vida que tenham sido anteriormente renovados sem alteração de suas condições, algumas ou diversas vezes, pela seguradora[668]. Embora os casos concretos possuam variações entre si – de duração do período de vigência do contrato, entre dez e trinta anos, e do tipo de seguro, individual ou em grupo – cumpre destacar por ora que os argumentos utilizados pelos julgadores que deram razão aos segurados variam desde a interpretação conforme à boa-fé objetiva ao *venire contra factum proprium*. Ora, não parece possível concordar que a aplicação da interpretação segundo a boa-fé objetiva tenha lugar na mesma situação em que se recorre ao *venire contra factum proprium*. Evidentemente, ainda que ambas as figuras remetam à boa-fé objetiva, seus propósitos e momentos de aplicação são distintos. Enquanto a interpretação segundo à boa-fé objetiva ajuda a esclarecer o próprio conteúdo do contrato, o *venire contra factum proprium* já está a reprimir ou suprimir, em homenagem à boa-fé objetiva, parte dos efeitos deste mesmo conteúdo. A interpretação determina o que as partes pactuaram e, por isso, seu resultado tem natureza de regra contratual, podendo ser alterado apenas por outra regra negocial, ainda que os efeitos destas regras possam ser suprimidos por normas cogentes. O *venire contra factum proprium* constitui solução justificada dentro de um dado contexto de proteção ao investimento na confiança, que pode ser alterado se as circunstâncias levarem ao desaparecimento desta.

O confronto proposto não é, nem poderia ser, definitivo, mas compõe esforço para debelar a incerteza e o arbítrio na aplicação destas figuras,

667 SCHREIBER, Anderson. A proibição de comportamento contraditório. Tutela da confiança e *venire contra factum proprium*. 3ª Ed. rev. e atual. Rio de Janeiro: Renovar, 2012, p. 197.

668 Tome-se, por exemplo, os Recursos Especiais nº 1.073.595/MG, de relatoria da Ministra Nancy Andrighi, e nº 880.605/RN, de relatoria do Ministro Luís Felipe Salomão (relator para acórdão Ministro Massami Uyeda).

muitas vezes utilizadas pelo julgador como meros recursos linguísticos para se desincumbir do ônus constitucional de fundamentação de suas próprias decisões (artigo 93, IX, da Constituição Federal).

2. Interpretação objetiva e tutela da confiança

Referiu-se acima sobre o possível confronto entre a aplicação da interpretação objetiva e da tutela da confiança. O conflito parece provir do recurso feito pelas figuras à boa-fé objetiva, ainda que em funções diferentes. Enquanto a interpretação objetiva está apoiada sobre a função hermenêutica da boa-fé, a tutela da confiança está fundamentada sobre sua função corretiva, limitadora do exercício de direitos em contradição com a cláusula geral. Ou seja, em última análise, trata-se de diferenciar entre as funções interpretativas e integrativas de dita cláusula geral.

O fundamento comum facilita a confusão entre os institutos. Ainda que ninguém duvide da diferença entre interpretar um contrato e integrar seus efeitos, há casos em que a aplicação dos institutos pode ser complexa e que, portanto, demandam maior atenção.

2.1. O pano de fundo: o comportamento conforme o sentido razoável e objetivo ou conforme a confiança do destinatário?

Para a fase objetiva da interpretação de um contrato, como os demais elementos interpretativos, o comportamento é tomado pelo aplicador de acordo com o sentido que uma pessoa razoável, colocada na mesma situação do destinatário, lhe teria atribuído. Esse sentido razoável não pode ser desconectado do texto contratual a se interpretar, pois se trata, efetivamente, de compreendê-lo em todas suas potencialidades significativas. O processo de interpretação, destarte, não pretende reescrever o texto contratual e os efeitos, porventura, decorrentes. Ademais, como já se viu, a interpretação enfoca o momento genético do contrato, mesmo quando recorre à análise, sob a perspectiva da boa-fé objetiva, do comportamento posterior à celebração. Deve-se buscar compreender o que o texto contratual significava no momento de sua celebração, ainda que se recorra a índices posteriores a tal momento[669].

[669] Veja, a respeito do tempo relevante à interpretação, a posição de ALMEIDA, Carlos Ferreira de. Contratos IV. Funções. Circunstâncias. Interpretação. Coimbra: Almedina, 2014, p. 287 e 288.

Por sua vez, para a perspectiva da tutela da confiança, considera-se o comportamento da parte como fato, potencialmente ensejador de confiança na contraparte, ou seja, um "fato próprio". Aqui, a relevância do texto e do conteúdo contratual se ligam mais fortemente ao impacto que esse texto e esse conteúdo possam ter sobre a confiança das partes e o grau de exigência para se considerar uma expectativa como merecedora de tutela[670].

Ainda que em privilégio à boa-fé objetiva e, portanto, sob certa perspectiva, a um valor social do contrato, a interpretação objetiva não deixa de estar comprometida intimamente com a proteção à autonomia privada. A tutela da confiança, por sua vez, está envolvida com a proteção deste valor e, para alguns, com a solidariedade social.

O fato de tutelarem valores, supostamente, contrapostos, poderia servir de guia à aplicação de cada instituto – quando cumprisse tutelar a autonomia privada, aplicar-se-ia a interpretação objetiva, quando interessasse a proteção à solidariedade social, recorrer-se-ia às figuras de tutela da confiança. A nosso ver, todavia, tal escolha interessada dos institutos, conforme seu resultado final e não de acordo com o âmbito de aplicação sistemática de cada um, deve ser descartado, pois recai, invariavelmente, no arbítrio do julgador, que pode escolher o instituto conforme a decisão que pretenda dar.

Ou seja, destacar simplesmente os diferentes valores subjacentes a cada instituto não permite um controle efetivo de sua aplicação, logo, uma decisão assim 'fundamentada' não atenderia ao mandamento constitucional referido acima.

Entende-se que o enfoque correto resida, como se deixou antever, na distinção entre interpretação e integração do contrato[671]. Como regra,

[670] Por exemplo, se for intenção de uma das partes afastar uma determinada cobrança feita no âmbito de um contrato, por não ter sido feito por um dado período de tempo, será menor o nível de exigência para a comprovação de sua configuração se o contrato não for claro a respeito dessa cobrança do que se o contrato estabelecer que a outra parte pode fazê-la em "x" anos.

[671] A respeito do processo "interpretação", "qualificação" e "integração", para a determinação do regulamento contratual no caso concreto, de sua relação com as fontes autônomas e heterônomas destas regras contratuais e a possibilidade de, in concreto, haver inversões na 'sequência', vide a lição de ROPPO, Vincenzo. Il contrato. In: INDICA, Giovanni. ZATTI, Paolo (Org.). Tratatto di diritto privato. Milano: Giuffrè, 2001, p. 462 e 463.

cumpre primeiro interpretar o contrato, para depois integrar seus efeitos. Ou seja, uma aplicação, por assim dizer, 'sucessiva' de cada instituto tem o condão de solucionar uma disputa entre as figuras: em primeiro lugar, cumpre interpretar o contrato, em toda sua potencialidade, ou seja, em suas fases subjetiva e objetiva – na fase objetiva, a boa-fé deve ser considerada em sua função hermenêutica, considerando todos os comportamentos e demais elementos interpretativos que possam existir no caso concreto.

Delineado o conteúdo contratual, passa-se à sua integração. Se uma resposta já tiver sido possível através da interpretação, esta integração deve principiar pela verificação da adequação da resposta interpretativa aos deveres de agir conforme à boa-fé. Neste caso, analisa-se o comportamento conforme à boa-fé, para determinar se há espaço para a aplicação das figuras de tutela da confiança. Se houver, um passo adicional de harmonização dos resultados obtidos será necessário. Se os resultados forem, tendencialmente os mesmos, não surgem questões maiores. A disputa ocorre quando os resultados forem tendencialmente contraditórios.

Entende-se que quando tais resultados forem contraditórios, deve prevalecer a solução obtida pela tutela da confiança, pois se trata de integração cogente dos efeitos do ajuste. Conquanto tenha fundamento na boa-fé objetiva, a interpretação objetiva é ainda interpretação do texto contratual posto pela autonomia das partes, limitada pelas normas cogentes do ordenamento.

Evidentemente, dada a sua própria natureza algo fugaz, tal integração pode ser provisória e desfeita por comportamentos futuros que derroguem a confiança em que se baseou. Por exemplo, se a parte beneficiada pela tutela da confiança age de maneira patentemente contrária à confiança que se visava proteger. Nessa hipótese, volta a prevalecer o resultado determinado pela interpretação, ou seja, o conteúdo do contrato, que, ademais, só pode ser alterado por meio de novo ajuste entre as partes.

3. Declaração tácita e interpretação objetiva

Outra hipótese de fronteira pode ser localizada entre o âmbito de aplicação da declaração tácita e da interpretação objetiva (sobretudo, quando se tratar da interpretação integrativa). Como se viu acima, a declaração tácita considera o comportamento como seu dado objetivo – o comportamento concludente – enquanto a interpretação integrativa o considera como indício apto a permitir ao aplicador a dedução lógica do conteúdo do contrato não expresso pelas partes. Em última análise, a disputa é entre duas hipóteses de atuação da própria autonomia privada, entre a aferição de toda a potencialidade de um negócio jurídico já celebrado ou a celebração de um novo negócio para interferir no programa originalmente pactuado pelas partes.

3.1. O pano de fundo: novo negócio ou conteúdo implícito do negócio original?

Nesta controvérsia, interessa estabelecer se a assunção de determinado comportamento pelas partes após a celebração do contrato de duração, cujo conteúdo expresso é tendencialmente incompleto, leva à superveniência de um negócio novo ou simplesmente autoriza o intérprete a esgotar as potencialidades que já estavam no próprio conteúdo contratual, ainda que de modo implícito.

Para oferecer um princípio de resposta, entende-se necessário retomar os pressupostos específicos de cada figura.

A interpretação objetiva constitui procedimento útil ao aplicador do direito quando não for possível obter pela análise dos materiais interpretativos à disposição a efetiva intenção comum consubstanciada pelas partes na declaração negocial, seja porque faltam elementos, seja porque os existentes se contradizem. O intérprete deve analisar o texto e o contexto (comportamento incluído) contratual de acordo com a boa-fé objetiva e os usos do local de celebração. Novamente, restando uma lacuna relevante – ou seja, uma lacuna no regulamento contratual que seja essencial para o deslinde de uma questão concreta – o intérprete pode levar adiante a sua tarefa interpretativa, através da pesquisa do que as partes teriam aceitado, houvessem previsto a lacuna. Esta análise, para que não descambe em arbitrariedade, deve ser feita com atenção redobrada às potencialidades significativas do texto e do contexto, dos interesses concretos das partes na relação e do modo como elas se comportaram diante do texto construído.

Por sua vez, a declaração tácita posta para modificar o acordo entre as partes possui certa independência relativamente ao texto já posto, pois vem justamente para derrogar e substituir – ou complementar – tal texto e sentido. Ou seja, a declaração tácita modificativa não rivaliza com a interpretação, pois se coloca em momento lógico distinto – a saber, o momento em que o intérprete avalia quais os textos a serem interpretados. Concluindo pela existência da declaração tácita modificativa ou complementar, o intérprete já não pode mais ler o texto original sem ter atenção ao incluído por meio do comportamento concludente.

Há espaço, todavia, para uma aparente sobreposição quando a declaração tácita tiver caráter puramente complementar, sem qualquer derrogação de texto. Em tal caso, o desenvolvimento do conteúdo implícito da avença e sua complementação aparentam resultados similares, não afetando diretamente os textos postos originalmente pelas partes. Entretanto, é possível traçar-se claramente uma linha divisória entre os institutos. Ainda que ambos partam da complementação de uma lacuna relevante, seus pressupostos de aplicação são distintos. A interpretação integrativa pressupõe que o texto e o contexto contratuais possuam potencialidades significativas a serem exploradas pelo intérprete. Um texto cuja compreensão implique negar patentemente um resultado não admitirá nunca esse significado, a não ser que se derrogue ou se derroguem o texto ou os efeitos com o auxílio de outros institutos.

Disso, lícito retirar que a interpretação integrativa deve estar adstrita ao sentido dos textos e demais materiais interpretativos à disposição, ou seja, uma conclusão completamente dissonante destes não pode ser obtido pela via da interpretação integrativa. Na interpretação integrativa, o comportamento servirá de índice ao desenvolvimento do potencial significativo do texto. Não é, portanto, o único elemento ou o ponto fulcral da atividade do intérprete. O cenário é exatamente o oposto na análise da ocorrência de declaração tácita, onde o comportamento concludente é o centro da atividade do intérprete, colocado o texto como material a ajudar a iluminar o sentido de tal comportamento. Neste caso, o texto é contexto, o que resulta numa virada de 180º na postura do intérprete. A declaração tácita pode complementar os termos do contrato, no limite, de maneira absolutamente desvinculada dos termos anteriores e dos demais elementos interpretativos, ainda que esta situação, naturalmente, não pareça ser a mais comum.

Estas distinções de pressupostos impõem sérias diferenças de regime jurídico. A determinação da existência de uma declaração tácita depende de um juízo de ilação que permita atribuir ao comportamento um determinado sentido objetivo, com razoável grau de certeza. Este juízo é feito através da apuração de um nexo de concludência, que é, naturalmente, irrelevante para a interpretação integrativa, ainda que esta deva considerar entre seus elementos o comportamento das partes. Ou seja, se de um lado impõe-se rigor na análise dos resultados obtidos pela interpretação integrativa, que não podem destoar do conteúdo do contrato, de outro lado, o grau de exigência de certeza para se poder alcançar uma resposta por via da interpretação integrativa é menor do que o exigido para a declaração tácita.

3.2. Caso prático

Um exemplo prático pode ser útil para que delimitar a problemática ora discutida. Imagine-se o caso em que as partes entabulam um contrato de fornecimento de trigo para panificação. O vendedor é uma empresa especializada na importação de trigo de diversas localidades do mundo, como da Argentina e do Canadá. Por sua vez, o comprador é um moinho que produz, principalmente, farinha de alta qualidade para ser vendida apenas para padarias e, por essa razão, tem interesse em farinhas cuja resistência à extensão e a extensibilidade sejam adequadas para sua atividade[672,673].

No contrato de fornecimento, as partes incluem uma cláusula que prevê que o vendedor "fornecerá trigo nas quantidades informadas com no mínimo 60 (sessenta) dias de antecedência pelo comprador, para a produção de farinhas". Sabe-se que o trigo que ordinariamente reúne as características necessárias à panificação é o trigo tipo "duro"[674].

[672] "Resistência a Extensão (R): É o valor expresso em unidades extensográficas (U.E.) obtido no ponto mais alto da curva a 50mm, depois que a curva foi iniciada. É a altura do extensógrafo. Em termos práticos é o indicativo da capacidade da massa de reter o gás carbônico (CO2), formado durante a fermentação. Esta característica esta relacionada com a proteína glutenina, que possui alto peso molecular e tende a formar ligações dissulfídricas intermoleculares e intramoleculares". Para a atividade panificadora, deve estar entre 250 – 350 U.E. "Extensibilidade: É um valor expresso em mm, obtido através da medida do comprimento do extensograma desde o início até o fim da curva. A extensibilidade da massa nos mostra o quanto ela consegue se esticar, sem se romper. Esta propriedade esta relacionada com a proteína gliadina, que possui baixo peso molecular, e tende a formar ligações dissulfídricas intramoleculares". Para a referida atividade, deve estar entre 140 – 180 mm. Sobre os conceitos e as informações referidas, vide: http://www.ufrgs.br/napead/repositorio/objetos/avaliacao-farinha-trigo/2b.php, consulta em 12 de setembro de 2016, às 17h04min.

[673] Para fins de comparação, a Resistência a Extensão necessária para a atividade de produção de biscoitos é bem inferior, de 150 a 200 U.E., e a extensibilidade também, de 120 a 160 mm.

[674] Neste sentido, por exemplo: http://www.deag.ufcg.edu.br/rbpa/rev132/Art13211.pdf. Consulta em 12 de setembro de 2016, às 17h14min

Com o passar dos anos, diante da excelente qualidade do trigo entregue pelo vendedor, sempre apto à atividade de panificação, e de sua pontualidade, o vendedor se torna o principal fornecedor do comprador.

Passados alguns anos de relacionamento, o comprador recebe de terceiros a informação de que naquela safra os fornecedores do vendedor não seriam capazes de entregar o trigo na qualidade necessária, em razão do mau tempo na área produtora (Argentina). Preocupado, o comprador solicita garantias de qualidade ao vendedor, que o informa somente que o trigo apresentaria a qualidade pactuada, isto é, seria apto à produção de farinha (o que não quer dizer muito, pois o mais crucial nesse mercado é a destinação que se pretende dar à farinha). O comprador então se recusa a receber o trigo do vendedor.

Levada, após algumas complicações adicionais (*demurrage* etc.), a disputa a arbitragem, cumpre responder qual das partes tem razão nela.

No contrato, as partes silenciaram a respeito da qualidade do trigo a ser fornecido, ainda que um princípio de resposta pudesse ser construído pelos elementos contextuais do caso. Seria possível sustentar que a interpretação integrativa do texto ("trigo para produção de farinha") redundaria em admitir-se que a destinação implicitamente aceita para tal farinha era a panificação, com todas as implicações de qualidade disso decorrentes.

Por outro lado, e para os fins de ilustrar o choque entre a interpretação integrativa e a complementação do contrato pela declaração tácita, parece ser possível afirmar que o conteúdo do contrato foi complementado pelo comportamento concludente das partes de sempre venderem e comprarem trigo com determinadas características.

Esta sobreposição é, todavia, apenas aparente e o recurso aos pressupostos técnicos da figura da declaração tácita auxilia a esclarecê-la, como se afirmou em tese acima. A declaração tácita exige que o comportamento verificado possua um nexo de continência ou seja incompatível com determinado sentido. Esse juízo de ilação deve possuir razoável grau de certeza, correspondendo à exigência rigorosa feita pelo ordenamento jurídico para atribuição de efeitos a tais comportamentos negociais. No caso ora apresentado, o comportamento de entregar trigo de certa qualidade em cumprimento ao pactuado, não parece lícito concluir tratar-se de comportamento concludente, por não conter suficiente nexo de concludência entre esta postura e o conteúdo de complementar o texto contratual.

4. Declaração tácita e tutela da confiança

Um outro confronto polêmico, prognosticado inclusive pela doutrina, surge entre alguns casos de declaração tácita e de tutela da confiança.

Fala-se de declaração tácita é discorrer, afinal, sobre conferir vinculação jurídica a um comportamento, dito concludente, quando, sob certas circunstâncias, for possível afirmar a sua concludência com razoável grau de certeza. Por outro lado, as figuras que tutelam a confiança, como, nomeadamente, o *nemo potest venire contra factum proprium*, a *suppressio* e a *surrectio*, são teorizações construídas sobretudo a partir de comportamentos e do seu significado objetivo e acabam conferindo a estas condutas, ainda que não pela via da responsabilidade negocial, poder de vinculação jurídica.

Ainda que seja possível, e tenha sido um dos propósitos deste trabalho, isolar razoavelmente os pressupostos de aplicação de cada figura, na prática, as áreas de sobreposição são várias.Ilustrativo, MENEZES CORDEIRO, quando discorrendo sobre uma das hipóteses de *venire contra factum proprium*, afirma que

> finalmente, a pessoa age ao abrigo de uma permissão genérica de actuação e não de um direito subjectivo, potestativo ou comum; nesse âmbito – autonomia privada, liberdade de deslocação, por exemplo – declara não ir tomar determinada atitude, mas acaba por assumi-la. Esta hipótese de *venire contra factum proprium* não tem sido suficiente esclarecida pela doutrina e pela jurisprudência. De facto, ela prende-se com a possibilidade de constituição de obrigações através de comportamentos concludentes ou com a simples discussão em torno dos modos de produzir declarações negociais. A sua recondução ao *venire contra factum proprium* permitiria, com vantagem, esclarecer certos casos de fronteira.[675]

4.1. O pano de fundo: a hipertrofia do negócio jurídico e o caráter subsidiário da tutela da confiança

O pano de fundo que subjaz a esta discussão compõe-se, de um lado, de um legítimo receio doutrinário com relação a ficções de negócio jurídico,

[675] MENEZES CORDEIRO, António Manual da Rocha e. Da boa fé no direito civil. 5ª Reimpr. Coimbra: Almedina, 2013, p. 748 e 749.

utilizadas como meras facilitadoras linguísticas para decisões, no fundo, pouco apoiadas no direito objetivo e muito escudadas na vontade dos próprios julgadores. De outro lado, a afirmação de um caráter subsidiário das figuras específicas que tutelam a confiança de maneira genérica, como o *venire contra factum proprium*, a *suppressio* e a *surrectio*. Ou seja, o seu espaço de atuação é precipuamente o vazio deixado pelo sempre insuficiente direito positivo.

Ocorre que, se de um lado é impossível afirmar a falta de quando se puder falar de declaração tácita, manifestação da autonomia privada das partes apta a complementar o texto contratual, por outro lado, é legítima a preocupação com a 'hipertrofia do negócio jurídico'. Um rápido passar de olhos por julgados brasileiros é suficiente para observar o recurso à "anuência tácita" como apoio linguístico à decisão tomada, sem preocupação efetiva com os pressupostos desta figura (que é forma de declaração tácita, submetendo-se, destarte, a todos os pressupostos desta). Muitas vezes esta referência vem acompanhada até mesmo de alusão a uma das figuras específicas de tutela da confiança, como o *venire* ou a *suppressio*, por vezes com maior desenvolvimento neste ponto.

Um singelo exemplo deste recurso às figuras da declaração tácita e do *venire contra factum proprium* como recurso linguístico a apoiar a decisão tomada pelo julgador com base em outros fundamentos pode ser encontrado na apelação nº 0142901-41.2007.8.26.0100, relatada pelo Desembargador Artur Marques, da 35ª Câmara de Direito Privado do Tribunal de Justiça de São Paulo e julgada em 12 de setembro de 2016. Neste caso, contendiam Enerpeixe S.A. e Construtora Almeida Neves Ltda. a respeito de contrato de empreitada por preço global. A Construtora Almeida Neves havia sido contratada pela Enerpeixe para a construção de uma estrada de acesso a seu estabelecimento comercial pelo preço global de R$ 3.479.248,20. Em razão de um acréscimo de volume de terraplanagem bastante sensível (segundo o laudo pericial, no total de 107.000 m^3, que resultaria em gasto adicional no valor de R$ 1.215.822,16 à empreiteira), a Construtora pleiteou um pagamento adicional ao preço, para fazer frente a este custo. O relator recorreu à interpretação de natureza teleológica dos artigos 619 e 620 do Código Civil e ao princípio do enriquecimento sem causa para dar a solução (acertada) ao caso, a saber, condenar a dona da obra a pagar pelas obras adicionais feitas pela empreiteira[676]. Uma vez que já havia uma solução ao caso, devidamente fundamentada na legislação aplicável ao caso, o relator finaliza sua argumentação recorrendo aos institutos da declaração tácita e do *venire contra factum proprium*, que não são analisados, tampouco aparecem em qualquer outra parte da decisão, consignando que:

> Assim, por tudo o que foi exposto, não se pode conceber que a apelante, acompanhando os trabalhos, e realizando solicitações de alterações no projeto, pretenda se furtar a complementar os custos adicionais que a construtora apelada suportou para poder entregar a obra, pois isso importaria em evidente enriquecimento indevido, violando inclusive os princípios da boa-fé objetiva, notadamente o *nemo potest venire contra factum proprium*, pois a apelante estaria se locupletando de uma cláusula contratual que não foi estritamente cumprida sob sua *aquiescência tácita.*[677] (grifou-se).

Segundo MOTA PINTO, a denúncia à utilização inadequada da categoria do negócio jurídico para fundamentar soluções que, na realidade,

[676] Veja, sobretudo, acórdão, p. 8 e 9: "Vê-se, à evidência, que a contratada, ora apelada, obrigou-se a todos os riscos da empreitada, em troca do preço global avençado. A questão que resta, portanto, é: pode o Judiciário interferir no sinalagma estabelecido entre as partes, sem que estejam presentes eventuais hipóteses vícios de consentimento ou onerosidade excessiva? A resposta pode ser afirmativa, como, na hipótese dos autos que é excepcional, creio, o seja. Quando se analisa, aliás, o teor do art. 620 do Código Civil, relativa às empreitadas, encontra-se a cogente norma que determina: "se ocorrer diminuição no preço do material ou da mão-de--obra superior a um décimo do preço global convencionado, poderá este ser revisto, a pedido do dono da obra, para que se lhe assegure a diferença apurada". Trata-se, evidentemente, de norma protetiva do equilíbrio das partes contratantes, pois, ainda que a diminuição do custo da empreitada não importe em prejuízo para o dono da obra, se importar, para o empreiteiro, em vantagem superior a 10% do valor total, o valor acordado deve ser revisto, para assegurar que a vantagem decorrente do caso fortuito seja proveitosa para ambas as partes. Tanto assim é que os próprios arts. 884 e seguintes do Código Civil, que tratam da vedação ao enriquecimento sem causa, não mencionam a ocorrência de prejuízo, ou de "empobrecimento" sofridos pela outra parte. Basta que uma das partes enriqueça sem que para tanto se verifique a ocorrência de uma justa causa. (...) É precisamente o que ocorreu no caso em tela: a autora, ora apelada, entregou a obra contratada. Para isso, conforme apurou a perícia, suportou custos adicionais que não foram previstos no projeto, custos esses incorporados pela construtora, que, afinal, entregou a obra pelo preço convencionado. Frise-se, ainda, o quanto dispõe o parágrafo único do art. 619 do CC/02: (...) Foi o que ocorreu na hipótese dos autos."

[677] Vide acórdão, página 10.

foram tomadas com base em outras considerações, já era feita em EUGEN EHRLICH, em 1893, tendo se tornado, após o autor alemão, "lugar comum" nas obras que trataram do tema[678].

> Não vamos, pois, enveredar, aqui pelo caminho de repetir pormenorizadamente essas denúncias, desejando antes observar que a atribuição de efeitos a uma actuação negocial, através do esquema dos efeitos "tácitos", e conduzindo, portanto, ao resultado de uma 'hipertrofia' do domínio jurídico-negocial, constitui uma das grandes constantes na história da 'declaração tácita'. Tal expediente não é, aliás, apenas próprio da doutrina oitocentista, antes tendo origem já nas fontes romanas.[679]

Para o autor português, debelar a hipertrofia do negócio jurídico passa por bem delimitar o âmbito desse como veículo principal da autonomia privada dos indivíduos, ou seja, afastando do negócio jurídico efeitos que, em realidade, são decorrências de imposições heterônomas aos indivíduos[680]. Nesta toada, MOTA PINTO enumera, exemplificativamente, diversas situações em que se recorre ao negócio jurídico como ficção para encobrir, na verdade, vínculos de natureza legal[681]. Assim as "condições tácitas", como a "condição resolutiva tácita" e a condição "*rebus sic stantibus*"[682]. A respeito destas, é bom dizer que se tratam, no Brasil, ao menos sob o regime do Código Civil de 2002, de decorrências do próprio texto de lei, em seus artigos 474[683] e 478[684]. Além das condições, o autor ressalta a utilização destas ficções para integrar o conteúdo contratual, por meio e acordos 'tácitos', para obter garantias especiais a uma das partes,

[678] MOTA PINTO, Paulo Cardoso Correia da. Declaração tácita e comportamento concludente no negócio jurídico. Coimbra: Almedina, 1995, p. 71 e 72.

[679] MOTA PINTO, *op. cit.*, 1995, p. 72

[680] MOTA PINTO, *op. cit.*, 1995, p. 72

[681] MOTA PINTO, *op. cit.*, 1995, p. 101 e ss.

[682] MOTA PINTO, *op. cit.*, 1995, p. 101 e 102.

[683] Art. 474: A cláusula resolutiva expressa opera de pleno direito; a tácita depende de interpelação judicial.

[684] Art. 478: Nos contratos de execução continuada ou diferida, se a prestação de uma das partes se tornar excessivamente onerosa, com extrema vantagem para a outra, em virtude de acontecimentos extraordinários e imprevisíveis, poderá o devedor pedir a resolução do contrato. Os efeitos da sentença que a decretar retroagirão à data da citação.

como "promessas tácitas de garantia", deveres pré-contratuais, deveres de proteção, ou garantia de qualidade de produtos[685]. Diante destes e de outros casos de excesso, o autor explica que:

> Estes problemas mostram, pois, como o conceito de declaração tácita (designadamente as "condições tácitas" e as "garantias tácitas"), não sendo de afastar globalmente como mero instrumento propiciador de ficções e, portanto, meio de ocultamento da verdadeira fundamentação das decisões (uma vez que haverá, com certeza, entre os exemplos referidos, casos de verdadeiras declarações negociais), *se presta particularmente*, no entanto, a um *abuso*, que podemos dizer restrito ao 'contexto de justificação' da decisão (grifos no original).[686]

Quando confrontando a sobreposição da renúncia tácita com as figuras do *venire contra factum proprium* e da *suppressio*, o autor nota que, ainda que "a tolerância tácita" seja comumente compreendida como "renúncia tácita", "o realmente decisivo não era a vontade abdicativa do credor e antes a confiança do devedor"[687]. Para o autor, este esquema, ainda que fictício, teve à época o importante papel de trazer, sub-repticiamente, a boa-fé para dentro das decisões judiciais, em casos em que não era, à época, possível a sua invocação de maneira direta. "A declaração de vontade tácita assume, deste modo, um papel de esquema de legitimação para, no desenrolar de uma relação, deixar entrar valorações correspondentes à boa fé"[688].

MOTA PINTO não desconhece que algumas correntes doutrinárias tenham procurado remeter as figuras da *suppressio* e do *venire* ao negócio jurídico, mas considera que tais correntes não foram capazes efetivamente de afastar a fundamentação das figuras na boa-fé objetiva, o quer resguarda sua autonomia sistêmica[689].

Diante destes alertas, é primordial reforçar os pressupostos de cada figura e, via de consequência, garantir sua autonomia e adequada aplicação técnica.

685 MOTA PINTO, *op. cit.*, 1995, p. 103 e ss.

686 MOTA PINTO, *op. cit.*, 1995, p. 110.

687 MOTA PINTO, *op. cit.*, 1995, p. 122.

688 MOTA PINTO, *op. cit.*, 1995, p. 125.

689 MOTA PINTO, *op. cit.*, 1995, p. 128 a 130.

A pergunta que fica é: pode haver casos em que estejam presentes os pressupostos necessários para mais de uma figura? Parece que sim. Todavia, quando tal ocorrer, a existência de uma declaração negocial afasta a necessidade de se utilizar o comportamento para fins de *venire*, *suppressio* ou *surrectio*. Estas figuras dependem da ausência de vinculação prévia e específica da parte responsável. Se houver esta vinculação prévia, a confiança será tutelada pelo esquema clássico do negócio jurídico, sem necessidade de recurso à cláusula de boa-fé objetiva para a sua tutela.

Neste sentido parece ser a posição de CARNEIRO DA FRADA, ainda que em um âmbito mais restrito (responsabilidade indenizatória pela confiança), quando afirma que

> [m]as também a 'responsabilidade' pela confiança se confronta com os limites do negócio. Onde os efeitos de uma conduta logrem ainda explicar-se como decorrência de um acto de autonomia privada, a proteção indemnizatória das expectativas não é susceptível de desempenhar papel algum: tudo se reconduz à violação de uma adstrição negocial. Se o sistema da protecção da confiança se confundisse com o negócio, tal implicaria a perda da sua independência dogmática. (...). Pode afirmar-se que o princípio da protecção das expectativas se ergue com autonomia e especificidade aí onde os efeitos jurídicos de uma conduta já não possam ser atribuídos ao exercício da liberdade de autodeterminação da pessoa mediante a conformação de consequências jurídicas[690].

Esta solução possui a vantagem de oferecer às partes maior estabilidade: o negócio jurídico (concluído de forma tácita ou expressa) é mais estável quanto ao seu conteúdo e texto que soluções construídas a partir da boa-fé objetiva, que podem vir a ser alteradas caso a confiança que visam proteger venha ser desfeita por qualquer razão.

É importante ressaltar a diferença fundamental em concluir pela existência de uma declaração tácita ao invés de aplicar uma das figuras de tutela da confiança. Como já dito, a confiança é tutelada pela boa-fé objetiva na medida em que as circunstâncias de um determinado caso

[690] CARNEIRO DA FRADA. Manuel Antônio de Castro Portugal. Teoria da confiança e responsabilidade civil. Coimbra: Almedina, 2004, p. 66 e 67. Afirma também a atuação da tutela da confiança nas lacunas deixadas pelo ordenamento positivo, no Brasil, SCHREIBER, *op. cit.*, 2012, p. 100.

concreto a justifiquem e mantenham. Mudam-se as circunstâncias e deve retirar-se, forçosamente, desta confiança a sua proteção. O mesmo não se passa com a declaração tácita, que funda uma vinculação negocial, mas perene a mudanças de circunstâncias do que as soluções baseadas na tutela da confiança. Além disso, a declaração tácita funda uma alteração ou uma inclusão no próprio conteúdo contratual, o que a tutela da confiança não faz, nem pode fazer.

De todo modo, a resposta deve ser considerada *cum grano salis*, diante da tendência a ficções na área. Assim, a análise dos pressupostos do comportamento concludente deve ser rigorosa, para evitar justamente o abuso da figura e a dissimulação das reais razões de decidir.

4.2. Casos práticos

A jurisprudência nacional tem debatido com alguma frequência a possibilidade ou não de cobrança de taxas (de manutenção, limpeza, segurança etc.) por associações de 'proprietários e moradores' de 'condomínios fechados' daqueles 'proprietários e moradores' que não tenham aderido à associação[691].

A polêmica se instaurou porque o 'condomínio fechado', ainda que sejam prática muito comum nas cidades brasileiras, mormente por razões de segurança e lazer, aproxima-se, ainda que também não se encaixe completamente, ao loteamento nos moldes da Lei 6.766/1979, mas não tem quase nenhuma ligação com os condomínios regidos pela Lei 4.591/1964. Por isto, o 'condomínio fechado' não tem legitimidade para impor taxas condominiais[692].

Em razão das inúmeras controvérsias que surgiram em todo o país, o Superior Tribunal de Justiça procurou pacificar o assunto pelo julgamento de recurso especial repetitivo (Tema 882), que teve como paradigmas os recursos especiais nº 1.280.871/SP e nº 1.439.163/SP. Nesta ocasião, o STJ firmou a tese de que "as taxas de manutenção criadas por associações de moradores não obrigam os não associados ou que a elas não anuíram". De acordo com o artigo 927 do Código de Processo Civil de 2015, esta tese

[691] Os contratos associativos, ainda que de natureza bastante especial e controvertida, podem se enquadrar, de acordo com as correntes dominantes acerca de sua natureza (contrato plurilateral), no conceito estrito de contratos de duração, sendo, portanto, objeto deste contrato.

[692] Neste sentido, veja o acórdão paradigma do STJ, Recurso Especial nº 1280871/SP, relatado pelo Ministro Marco Buzzi, sobre o assunto, página 9.

deve passar a ser aplicada a todos os casos semelhantes que sejam levados à apreciação do Poder Judiciário, em todo o território nacional.

Neste contexto, tem surgido jurisprudência no Tribunal de Justiça de São Paulo que procura diferenciar faticamente os casos submetidos à sua apreciação para permitir decisões destoantes da tese firmada pelo STJ. Tem-se, em alguns casos, procurado encontrar uma anuência tácita à associação ou mesmo *venire contra factum proprium* por terem os proprietários ciência dos serviços prestados pela associação e não terem, previamente, contra eles se insurgido[693].

Um caso bastante interessante emerge desta corrente jurisprudencial, que pode servir para ilustrar as dificuldades da aplicação das figuras da declaração tácita e do *venire contra factum proprium*. Trata-se da apelação nº 4001626-27.2013.8.26.0132, relatada pela Desembargadora Viviani Nicolau, da 3ª Câmara de Direito Privado do TJSP, e julgada em 31 de agosto de 2016. No caso, a Associação dos Moradores e Proprietários de terrenos do Loteamento Residencial Acapulco ingressou com ação de cobrança contra Carlos Roberto Bonilio Zaparolli e Carmem Cecília Borghi Zaparolli objetivando a cobrança de taxas de manutenção referentes ao loteamento[694]. Condenados em primeiro grau, os réus apelaram pedindo a aplicação da tese firmada pelo STJ. Ficara provado, entretanto, que o réu Carlos Roberto "não apenas participava das reuniões da associação, como também se candidatou e foi eleito membro da diretoria da autora"[695]. Além disso, os réus haviam quitado algumas mensalidades cobradas pela Associação, sem que haja no acórdão referência a qualquer ressalva a este

[693] Neste sentido, por exemplo, a apelação nº 1056285-02.2014.8.26.0100, da 9ª Câmara de Direito Privado do TJSP, relator Alexandre Lazzarini, julgada em 2 de agosto de 2016. É importante ressaltar que o STJ expressamente afastou a tese do Ministro Ricardo Villas Bôas Cueva de que aquele que adquire o lote em 'condomínio fechado' após a constituição da associação declara de maneira tácita a sua concordância com a sua participação nesta associação (vide acórdãos dos REsp 1280871/SP e 1439163/SP, páginas 10 e 11, para a opinião do voto-vencido, e 21 e 22 para o voto vencedor).

[694] Em sentido semelhante, com recurso também ao *venire contra factum proprium*, inclusive com bases fáticas próximas – participação da proprietária do lote de assembleias da associação e de suas deliberações – vide apelação nº 0001445-33.2014.8.26.0238, relatada pelo Desembargador Silvério da Silva, da 8ª Câmara de Direito Privado do TJSP, e julgada em 26 de agosto de 2016.

[695] Vide acórdão, página 5.

respeito[696]. Diante destes fatos, os julgadores entenderam que os réus haviam produzido uma "expectativa" de terem aceitado a Associação, não sendo, neste caso, "aceitável" contradizer o próprio comportamento: "Desse modo, diante da vedação ao comportamento contraditório (*nemo potest venire contra factum proprium*) e diante do princípio da boa-fé que deve nortear as relações em geral, no caso dos autos a cobrança da taxa de manutenção é adequada"[697].

No caso parece possível sustentar existirem pressupostos para a aplicação não apenas da figura do *venire*, como feito pelo acórdão, mas também da figura da declaração tácita. Isto porque, para além da confiança, evidentemente despertada pelo comportamento do autor e posteriormente contraditada, parece lícito concluir pela existência de uma coerência lógica entre a conduta (pagar as taxas e se candidatar a um cargo na diretoria da associação) e o sentido deduzido socialmente dela (aceitação da associação). Ou seja, satisfaz um critério de coerência lógica entre sinal (conduta) e sentido. Trata-se, sem sombra de dúvida, de um caso de fronteira em que o réu Carlos Roberto age diante de uma permissão geral (não estava de qualquer forma adstrito à associação), mas acaba despertando a confiança em um determinado sentido objetivo de sua conduta[698].

Desta forma, enquadrada a conduta do réu como hipótese de declaração tácita, de maneira irrefutável, não parece haver lacuna do direito objetivo apta a ensejar a aplicação do *venire*. É dizer, o ordenamento jurídico possui uma solução legalmente estabelecida para o caso em tela, não sendo necessário recorrer à cláusula geral de boa-fé para construir esta solução.

Além disso, é importante notar que os efeitos pretendidos ao *venire contra factum proprium*, ainda que o acórdão não tenha se debruçado sobre o assunto, ultrapassam, e muito, o âmbito normalmente reconhecido de potencialidades de eficácia da figura. A decisão referida implica a adesão de um indivíduo a uma associação, levando a sua submissão a um feixe de relações obrigacionais e de direitos, consubstanciado no Estatuto Social (artigo 54, III, do Código Civil), que superam o simples pagamento das mensalidades. Não há uma palavra na decisão a este respeito.

696 Vide acórdão, página 5.

697 Vide acórdão, página 5.

698 Refere-se a tal hipótese, MENEZES CORDEIRO, *op. cit.*, 2013, p. 748 e 749.

A doutrina brasileira ensina que o *venire contra factum proprium* possui dois efeitos amplamente reconhecidos, a saber, "tornar inadmissível o comportamento posterior" e "gerar o dever de reparar o prejuízo derivado da contradição". Por impedir o comportamento contraditório deve-se entender uma eficácia próxima a do abuso de direito, com um "caráter primordialmente preventivo"[699]. Esta paralisação, todavia, nem sempre é possível, pois a tutela jurisdicional pode (i) chegar muito tarde, depois de consumado o fato; (ii) decidir privilegiar outros valores de igual estatura constitucional, como sói ocorrer em casos de ruptura das negociações; e (iii) a decisão judicial pode ser descumprida pela parte a ela adstrita[700]. Neste caso, justifica-se uma tutela indenizatória.

Nos casos da associação de moradores, entender a paralisação do comportamento contraditório como implicando a proibição de se negar a participar na associação, extrapola as próprias potencialidades da figura.

Outra situação comum na jurisprudência brasileira diz respeito a alterações impostas pela representada em contratos de representação comercial, que diminuam a média da remuneração do representante nos seis meses anteriores de contrato, ou ainda cláusulas que imponham o cálculo das comissões com base nos valores líquidos das notas fiscais, ao invés de considerarem seus valores totais (com acréscimo de frete e tributos). A jurisprudência tem repudiado as ações movidas pelos representantes para o recebimento de eventuais complementações, ao argumento de que haveria uma anuência tácita dos representantes e/ou *suppressio*.

Como visto acima, concluir pela anuência tácita implica afastar a hipótese de *suppressio*. Todavia, em muitos casos, não parecem estar presentes os pressupostos para a declaração tácita. Como regra, em muitos casos a alteração é unilateralmente imposta pela representada, que passa a efetuar, com ou sem concordância do representante, o pagamento dos valores inferiores. Desta forma, o simples fato de continuar cumprindo a sua prestação contratual típica não pode ser considerado efetivamente um comportamento concludente por parte do representante, mas mero cumprimento de obrigações contratualmente estabelecidas. Desta forma, o simples fato de cumprir o contrato já entabulado não contém em si a anuência para qualquer alteração proposta pela outra parte, tampouco

[699] SCHREIBER, *op. cit.*, 2012, p. 162.

[700] SCHREIBER, *op. cit.*, 2012, p. 164 e 165.

é incompatível com a intenção de reaver estas diferenças nos pagamentos no futuro. Se fosse assim, é importante destacar, que o primeiro ato de cumprimento do contrato após a alteração já seria o suficiente para 'aceitar' tacitamente a mudança, raciocínio que não parece ter acolhida na jurisprudência brasileira, que tem se firmado sobretudo sobre o longo período de tempo transcorrido sem contestação.

Pode haver, e muitas vezes há, todavia, espaço para a aplicação da *suppressio*. Isso porque a omissão do representante pode ser tão duradoura que crie uma expectativa legítima na representada de que não existirá mais o exercício. Com isso, evita-se iniquidades, como, por hipótese, o caso de um representante que passe cinco anos sem reclamar do desconto e depois exija o pagamento da complementação de todas as comissões deste período (o que, a se considerar simplesmente o prazo prescricional destas pretensões, seria lícito, segundo o parágrafo único do artigo 44 da lei 4.886/1965).

5. Conclusão do capítulo

Neste capítulo, procurou-se abordar algumas das inúmeras hipóteses em que pode haver confronto entre as figuras analisadas no trabalho. Espera-se ter mostrado que, ainda que difíceis, esses confrontos não devem ser evitados pela doutrina, que deve procurar guiar a atividade dos aplicadores do direito, ressaltando a diferença conceitual, de âmbito de aplicação e de consequências de cada figura.

Não pode ser equivalente aplicar em um dado caso concreto, por exemplo, a interpretação objetiva e as figuras de tutela da confiança. Há diferenças não apenas conceituais entre elas, mas também de resultado prático. A intenção de ressaltar essa diferença visa escancarar a utilidade de precisar-se as figuras.

Cada figura protege e acolhe valores próprios e caros ao ordenamento jurídico. Seja a autonomia privada, a segurança do tráfico, a confiança ou a solidariedade social, todas são valores presentes no ordenamento jurídico brasileiro e que devem conviver em pé de igualdade. Por isso, aplicá-las corretamente, respeitando o seu âmbito de aplicação sistemática estabelecido pelo ordenamento jurídico, implica também respeitar e valorizar a escolha, feita pelo legislador – constitucional ou infraconstitucional – de qual valor tutelar em cada momento de aplicação do direito.

CONCLUSÕES

Os contratos de duração dominam hoje diversos e importantes setores da economia e da vida cotidiana. Contratos de duração garantem moradia, ponto comercial, energia, serviços públicos, educação, assistência médica, subsistência, suprimento de matérias-primas, aposentadoria. Por meio destes contratos se estabelecem relacionamentos interempresariais longevos, transformando as práticas comerciais e impondo mudanças profundas no ambiente econômico[701].

A contratação esporádica e pontual de tais bens e serviços acarreta um custo que impulsiona não só o surgimento de empresas, mas também o de figuras contratuais que procuram consolidar relacionamentos por maiores períodos de tempo[702]. O contrato serve, afinal como todo o direito, na já

[701] É claro que, como qualquer mudança, o aumento da proximidade interempresarial e, sobretudo, da cooperação entre os agentes econômicos de um dado mercado, traz riscos não--negligenciáveis sob o aspecto concorrencial. A respeito deste risco em um dos contratos de duração mais comuns e bem-sucedidos na prática comercial, veja FORGIONI, Paula A. Contrato de Distribuição. 2ª edição. São Paulo: Editora Revista dos Tribunais, 2008, p. 379 a 417.

[702] COASE, *op. cit.*, 1939, p. 391: "*There are, however, other disadvantages – or costs – of using the price mechanism. It may be desired to make a long-term contract for the supply of some article or service. This may be due to the fact that if one contract is made for a longer period, instead of several shorter ones, then certain costs of making each contract will be avoided. Or, owing to the risk attitude of the people concerned, they may prefer to make a long rather than a short-term contact.*".Em tradução livre: "Existem, todavia, outras desvantagens – ou custos – de utilizar o mecanismo de preços. Pode ser desejado fazer um contrato de longa duração para o fornecimento de determinado artigo

consagrada posição de Niklas Luhmann[703], para estabilizar expectativas em um mundo cada vez mais caótico, controverso e fugaz.

No influxo do individualismo dominante no ocidente pós-renascentista, para quem o ser humano era sempre racional e livre[704], considerou-se que as partes pudessem fazer refletir de maneira satisfatória em seus contratos seus principais interesses e se consagrou o (controverso) brocardo que mandava não se interpretar disposições claras. O curto século XX, todavia, destruiu tais ilusões e o século XXI tem exposto cada vez mais crua e abertamente as limitações, inclusive cognitivas e comunicacionais, do ser humano[705]. Diante disto, caem, entre várias outras, ao menos duas fantasias: a de que o ser humano conheça verdadeiramente seus próprios interesses e preferências e a de que ele seja capaz de produzir contratos claros e completos.

Para cuidar da primeira constatação, ainda que não só, desenvolveu-se um imbricado sistema de tutela do contratante hipossuficiente, sem acesso efetivo às informações que lhe permitiriam escolher "a melhor opção", uma vez que, ainda que tenha tal acesso, a compreensão dos dados que deveriam informar sua decisão é limitada e deficiente. Surgem assim Códigos de Defesa do Consumidor, leis que protegem contratantes em dadas operações econômicas etc.

De outro lado, afastou-se de vez o falacioso "*in claris cessat interpretatio*".

Diante das fortes razões econômicas que impulsionam a contratação de longa duração, aliada às limitações cognitivas hoje reconhecidas do ser humano e aos custos de buscar e processar informações mais

ou serviço. Isto pode ser devido ao fato de que se um contrato é feito um período mais longo, ao invés de vários outros mais curtos, então certos custos de fazer cada contrato serão evitados. Ou, devido à atitude das pessoas envolvidas quanto ao risco, elas podem preferir fazer um contrato de longa duração, no lugar de contratos de curta duração". Ademais, COASE, um pouco mais a frente, afirma o caráter incompleto dos contratos de duração, em razão da dificuldade de prever o futuro. Para ele, esse caráter incompleto poderia terminar por atribuir poder contatual a um dos contratantes sobre o outro, incentivando o surgimento da firma (p. 392).

703 LUHMANN, Niklas. Sociologia do direito I. Rio de Janeiro: Tempo Brasileiro, 1983.

704 Sobre, vide a obra seminal de ANTÓNIO MANUEL HESPANHA: Cultura Jurídica Europeia. Síntese de um milénio. Coimbra, 2012, sobretudo p. 314 e seguintes.

705 As limitações cognitivas foram expostas na já citada obra de HERBERT SIMON, *op. cit.*, ainda em 1955.

detalhadas e abrangentes[706], há uma explosão de contratos "imperfeitos" e/ou "incompletos"[707] a bater às portas dos aplicadores do direito todos os dias, demandando soluções jurídicas. Em muitos casos, a construção de uma resposta passa pelo comportamento que as partes adotaram após a celebração do contrato, uma vez que este transmite com mais clareza – quando comparado ao texto contratual – seu pensamento, suas expectativas, interesses, informações etc. Tal comportamento pode ser analisado pelo jurista sob três diferentes perspectivas, a da interpretação, a da tutela da confiança e a da declaração tácita.

Por essa razão, optou-se por uma divisão de capítulos que privilegiasse a análise aprofundada e isolada de cada uma das perspectivas propostas, além de um capítulo próprio aos contratos de duração, para então procurar correlacionar as conclusões parcelares obtidas a cada fase da pesquisa.

Após essa jornada, a primeira conclusão a que se chega é a de que o papel do comportamento das partes posterior à celebração do contrato não pode ser menosprezado em inúmeros casos que envolvam disputas em torno do sentido de uma disposição contratual, de sua vigência ou mesmo dos efeitos que dela emanam. Pela própria conformação dos contratos de duração, que aliam à incompletude o perdurar no tempo, que muda as condições objetivas e as expectativas sob as quais as partes pactuaram o contrato, poucas vezes o recurso ao conteúdo expresso do contrato e à sua interpretação literal serão suficientes para obter uma solução satisfatória – do ponto de vista jurídico – para um problema real.

Desta forma, viu-se que o comportamento compõe os elementos extratextuais que serão considerados pelo intérprete para obter a real intenção consubstanciada nas declarações de vontade, distanciando-se do sentido

[706] Não é possível avaliar, aqui, o impacto que a tecnologia terá na capacidade de processamento de dados inclusive pelo "cidadão comum". De todo modo, é importante notar que diversos pensadores têm se debruçado, nem sempre de maneira tão otimista, quanto aos impactos de algumas tecnologias amplamente difundidas sobre a capacidade de raciocínio humano analítico e profundo. Neste sentido, veja-se a polêmica obra de Nicholas Carr, The Shallows – what the Internet is doing to our brains, New York: W.W. Norton, 2010.

[707] Ambos os termos são empregados fora de seu sentido técnico-jurídico, o primeiro mais alinhado ao linguajar comum, de considerar "defeituoso" o contrato cuja intelecção seja difícil e não-óbvia, e o segundo mais alinhado ao linguajar econômico, que assim classifica contratos que não preveem todas as vicissitudes que podem vir a suceder após a sua assinatura e impactem, de algum modo, o equilíbrio econômico originalmente estabelecido.

literal do texto, se for necessário, como preconiza o artigo 112 do Código Civil. Esse afastar-se do texto pode ser tão radical que crie mesmo um empecilho à determinação, pelo intérprete, da real intenção comum das partes. Nesse caso, o comportamento será o vetor que forçará a abertura de uma nova fase da interpretação, conhecida como interpretação objetiva.

Nessa interpretação objetiva, o comportamento será considerado para a análise das expectativas razoáveis que a contraparte pode ter com relação ao sentido de uma declaração de vontade, o que atende a regra do artigo 113 do Código Civil.

Por outro lado, o comportamento que contenha em si certo sentido negocial, ou a incompatibilidade clara com dado sentido, pode ser considerado como compondo uma declaração tácita, desde que dele se possa inferir um juízo de concludência. Nessas hipóteses, uma determinada regra contratual pode ter sido alterada, tacitamente, pelas partes. Por isso, o intérprete precisa investigar esse comportamento, antes de adotar uma posição firme a respeito de determinado conflito contratual, para evitar a aplicação de uma regra que foi alterada ou revogada pelas partes.

Por fim, pode ser que a interpretação do texto contratual tenha sido levada a cabo de maneira satisfatória, que não se identifiquem comportamentos modificativos ou extintivos de posições jurídicas, mas que existam condutas que, tendo insuflado confiança razoável na outra parte, não possam ser contraditadas, ainda que destoem, frontalmente, do conteúdo e dos efeitos originalmente desenhados pelas partes. Nessas hipóteses, o intérprete deve privilegiar a confiança construída e o investimento da parte confiante, em detrimento do regramento ditado pela autonomia privada. Mais uma vez, o comportamento se faz essencial para a determinação da solução jurídica aplicável.

Um último alerta deve ser feito com relação à possibilidade de aparente sobreposição do âmbito de aplicação de cada uma das figuras analisadas acima. No limite, haverá casos de conflito. A riqueza da vida em sociedade constantemente submete ao intérprete a situações novas e impensadas, para as quais não existe solução fácil ou pré-formatada. Nestes casos e diante da perplexidade gerada pelo aproveitamento do mesmo 'material' (o comportamento) para institutos conceitual e estruturalmente distintos (a interpretação, a função mitigadora da boa-fé objetiva e a declaração tácita), pode o intérprete se sentir tentado a recorrer a 'atalhos', aplicando concomitantemente e de maneira pouco precisa dois ou mais destes institutos para apresentar a solução (que ele julga) mais correta para o caso. Esta aplicação conjunta e não-criteriosa, que ignora inclusive as interferências recíprocas entre interpretação, boa-fé e declaração tácita no desenvolvimento de um relacionamento contratual duradouro, raramente se mostra comprometida com as normas e os valores jurídicos pertinentes, servindo, muitas vezes, apenas para ilusoriamente desincumbir o intérprete de seu ônus argumentativo.

Para bem desempenhar seu papel, o intérprete não deve adotar qualquer posição prévia imutável, que poderia descambar, uma vez contraditada pelos fatos, para sua manipulação crua e orientada à decisão já tomada. Como nos mostraram GADAMER e LARENZ, é necessário sempre revisitar as conclusões iniciais à luz das novas conclusões e descobertas feitas no caminho da compreensão. Só assim é possível entender verdadeiramente (ou o mais verdadeiramente possível) e aplicar o direito sem impor sua visão de mundo sobre a das partes.

Logo, cabe ao aplicador do direito prudência e aprofundamento dos âmbitos e pressupostos de cada figura, evitando que se aplique uma pela outra e protegendo assim a certeza jurídica e a tutela desenhada pelo legislador constitucional e infraconstitucional para cada caso.

REFERÊNCIAS

ALMEIDA, Carlos Ferreira de. Contratos IV. Funções. Circunstâncias. Interpretação. Coimbra: Almedina, 2014.

________. Texto e enunciado na teoria do negócio jurídico. Coimbra: Livraria Almedina, 1992, v. I e II.

ALPA, Guido. Corso di diritto contrattuale. Padova: CEDAM, 2006.

AMARAL, Francisco. Direito civil: introdução. 7ª Ed. rev., mod. e aum. Rio de Janeiro: Renovar, 2008.

ANDRADE NEVES, Julio Gonzaga. A *Suppressio* (*Verwirkung*) no Direito Civil. São Paulo: Almedina, 2016.

ARAÚJO, Paulo Dóron Rehder de. Prorrogação Compulsória de Contratos a Prazos. Pressupostos para sua ocorrência. 2011. Tese de doutorado. Programa de Pós-Graduação em Direito da Faculdade de Direito da Universidade de São Paulo, São Paulo.

AZEVEDO, Antonio Junqueira de. Natureza jurídica do contrato de consórcio: classificação dos atos jurídicos quanto ao número de partes e quanto aos efeitos. Os contratos relacionais. A boa-fé nos contratos relacionais. Contratos de duração. Alteração das circunstâncias e onerosidade excessiva. Sinalagma e resolução contratual. Resolução parcial do contrato. Função social do contrato. Revista dos Tribunais, São Paulo, vol. 94, n. 832, p. 115-137, fev. 2005.

________. Negócio jurídico: existência, validade e eficácia. 4ª. Ed. atual. de acordo com o novo Código Civil (Lei n. 10.406 de 10-1-2002), São Paulo: Saraiva, 2002.

BELLANTUONO, Giuseppe. I contratti incompleti nel diritto e nell'economia. Milano: CEDAM, 2000.

BERNSTEIN, Lisa. Opting out of the legal system: extralegal contractual relations in the diamond industry. Journal of Legal Studies, Chicago: The University of Chicago, vol. XXI, 1992.

BESSONE, Darcy. Do Contrato. Rio de Janeiro: Forense, 1960.

BETTI, Emilio. As categorias civilistas da interpretação. In: _______. Interpretação da lei e dos atos jurídicos. São Paulo: Martins Fontes, 2007.

________. Teoria Generale della Interpretazione. Milano: Dott. A. Giuffrè – Editore, 1955, Tomo I, p. 304.

________. Teoria Geral do Negócio Jurídico, Campinas: Servanda Editora, 2008.

________. Interpretação da lei e dos atos jurídicos. São Paulo: Martins Fontes, 2007.

________. Teoria geral do negócio jurídico. Tomo I. Tradução de Fernando de Miranda. Coimbra: Coimbra Editora, 1969.

BEVILAQUA, Clovis. Theoria geral do direito civil. 6ª ed. actualizada por Achilles Bevilaqua. Rio de Janeiro: Livraria Francisco Alves, 1953.

BIANCA, C. Massimo. Diritto Civile. Il contratto. Vol. III, ristampa. Milano: Dott. A. Giuffrè Editore, 1987.

BURTON, Steven J. Elements of contract interpretation. New York: Oxford University Press, 2009.

CANARIS, Claus-Wilhelm. GRIGOLEIT. Hans Christoph. Interpretation of Contracts. Acesso em http://ssrn.com/abstract=1537169.

CARNEIRO DA FRADA, Manuel A. Contrato e deveres de proteção. Separata do volume XXXVIII do Suplemento ao Boletim da Faculdade de Direito da Universidade de Coimbra. Coimbra: Editora Coimbra, 1994.

________. Teoria da confiança e responsabilidade civil. Coimbra: Almedina, 2004.

CERQUETTI, Paolo. Le regole dell'interpretazione tra forma e contenuto del contratto. Perugia: Università degli Studi di Perugia. Monografie di Diritto e processo a cura di Antonio Palazzo. 2008.

CLERICO, Giuseppe. Analisi economica del contratto. Milano: Dott. A. Giuffrè Editore, 2008.

COASE, Ronald. The nature of the firm. Economica, New Series, Vol. 4, No. 16. (Nov., 1937), p. 386-405.

________. The problem of social cost. 1960. Disponível em: http://www.econ.ucsb.edu/~tedb/Courses/UCSBpf/readings/coase.pdf. Acesso em 7.7.2022, às 22h48.

EGGLESTON, Karen. POSNER, Eric A., ZECKHAUSER, Richard. The design and interpretation of contracts: why complexity matters. Northwester University Law Review, Vol. 95, No. 1, 2000, p. 91 – 132.

FARIAS, Cristiano Chaves de. ROSENVALD, Nelson. Curso de Direito Civil. Contratos. Teoria Geral e Contratos em Espécie. Vol. IV. 6ª Edição revista e atualizada. Salvador: Ed. JusPodium, 2016.

FRIEDMAN, Thomas L. O mundo é plano. O mundo globalizado no século XXI. 3ª atual. e ampl. Rio de Janeiro: Objetiva.

FORGIONI, Paula Andrea. Teoria Geral dos Contratos Empresariais. São Paulo: Editora Revista dos Tribunais, 2009.

________. Os fundamentos do antitruste. 4ª ed. rev., atual. e ampl. São Paulo: Editora Revista dos Tribunais.

________. Contrato de Distribuição. 2ª edição. São Paulo: Editora Revista dos Tribunais, 2008

GADAMER, Hans-Georg. Verdade e Método I. Traços fundamentais de uma hermenêutica filosófica. 14ª ed. Petrópolis: Editora Vozes. Bragança Paulista: Editora Universitária São Francisco, 2014.

GIERKE, Otto Von. Dauernde Schuldverhältnisse. Jehrings Jahrbücher für die Dogmatik des bürgerlichen Rechts. Bd. 64, 2. F., Bd. 28, p. 355 a 411, 1914.

GOMES, Orlando. Contratos. 8ª Edição. Rio de Janeiro: Ed. Forense, 1981.

HESPANHA, António Manuel. Cultura Jurídica Europeia. Síntese de um milénio. Coimbra, 2012.

KÖTZ, Hein. Vertragsrecht. 2ª Ed., Tübingen: Mohr Siebeck, 2009.

LARENZ, Metodologia da Ciência do Direito. 6ª Edição, Lisboa: Fundação Calouste Gulbenkian, 2012.

________. Derecho Civil. Parte general. Editorial Revista de Derecho Privado, 1978.

LÔBO, Paulo. Direito Civil: Contratos. 1. ed., 2. tiragem, São Paulo: Editora Saraiva, 2012.

LORENZETTI, Ricardo Luis. Tratado de los contratos: parte general. 2. edición ampliada y actualizada. Buenos Aires: Rubinzal-Culzoni Editores, 2010.

MARINO, Francisco Paulo De Crescenzo. Interpretação do Negócio Jurídico. São Paulo: Saraiva, 2011.

MARTINS-COSTA, Judith. A Boa-Fé no Direito Privado. Critérios para sua aplicação. São Paulo: Marcial Pons, 2015.

MELLO, Marcos Bernardes de. Teoria do fato jurídico. Plano da Existência. 16ª Edição. São Paulo: Editora Saraiva, 2010.

________. Teoria do fato jurídico: Plano da Eficácia. 1ª Parte. 5ª Edição, São Paulo: Editora Saraiva, 2009.

MELLO FRANCO. Vera Helena de. Aspectos da Integração dos Contratos no Direito Comercial. Biblioteca Pioneira de Direito Empresarial. São Paulo: Livraria Pioneira Editora. 1979.

MENEZES CORDEIRO. António Manuel da Rocha e. Da boa fé no direito civil. 5ª reimpressão. Coimbra: Almedina, 2013.

MESSINEO, Francesco. Il contratto in genere. Tomo primo. Ristampa emendata. In: CICU, Antonio. MESSINEO, Francesco. (Org.). Trattato di diritto civile e commerciale. Milano: Dott. A. Giuffrè Editore, 1973.

________. Contratto. In: Enciclopedia del diritto. Milano: Dott. A. Giuffrè – Editore, 1961.

MIRANDA, Custódio da Piedade Ubaldino. Comentários ao Código Civil: dos contratos em geral (arts. 421 a 480). JUNQUEIRA DE AZEVEDO, Antonio (Coord.). São Paulo: Saraiva, 2013.

________. Interpretação e integração dos negócios jurídicos. São Paulo: Editora Revista dos Tribunais, 1989.

MOREIRA ALVES, José Carlos. A Parte Geral do Projeto de Código Civil Brasileiro, com análise do texto aprovado pela Câmara dos Deputados. São Paulo: Saraiva, 1986.

MOTA PINTO, Paulo Cardoso Correia. Declaração tácita e comportamento concludente no negócio jurídico. Coimbra: Almedina, 1995.

MUCCIOLI, Nicoleta. Studio sul contegno concludente. Torino: G. Giappichelli Editore, 2015.

OLIVEIRA, José Lamartine Corrêa de. A "Verwirkung", a renúncia tácita e o Direito brasileiro. In: DIAS, Adahyl Lourenço. *et. al.* (Colab.). Estudos em homenagem ao Professor Washington de Barros Monteiro. São Paulo: Editora Saraiva, 1982.

OPPO, Giorgio. I contratti di durata. In:_______. Obbligazioni e negozio giuridico. Scritti giuridici III. Padova: CEDAM, 1992.

________. Profili dell'interpretazione oggettiva del negozio giuridico. In: ________. Obbligazioni e negozio giuridico. Scritti giuridici III. Padova: CEDAM, 1992.

PONTES DE MIRANDA, Francisco Cavalcanti. Tratado de Direito Privado: parte especial. Direito das obrigações: extinção das dívidas e obrigações. Dação em soluto. Confusão. Remissão de dívidas. Novação. Transação. Outros modos de extinção. Rio de Janeiro: 1959, Tomo XXV.

POSNER, Eric, Análise econômica do direito contratual após três décadas: sucesso ou fracasso? [tradução e adaptação ao direito brasileiro: Luciano Benetti Timm, Cristiano Carvalho e Alexandre Viola]. São Paulo: Saraiva, 2010.

REALE, Miguel. Questões de Direito Privado. 2ª tiragem. São Paulo: Saraiva, 2010.

RIEZLER, Erwin. *Venire contra factum proprium*. Studien in römischen, englischen und deutschen Zivilrecht. Leipzig, Duncker und Humblot, 1912.

ROPPO, Vincenzo. Il contrato. In: INDICA, Giovanni. ZATTI, Paolo (Org.). Tratatto di diritto privato. Milano: Giuffrè, 2001.

SACCO, Rodolfo. DE NOVA, Giorgio. Il Contratto. Tomo Secondo. Terza edizione. Torino: UTET, 2004.

SCHLECHTRIEM, Peter. SCHWENZER, Ingeborg. Comentários à Convenção das Nações Unidas sobre Contratos de Compra e Venda Internacional de Mercadorias. Coordenação de tradução: GREBLER, Eduardo. FRADERA, Vera. PEREIRA, César Guimarães. São Paulo: Editora Revista dos Tribunais, 2014.

SCHREIBER, Anderson. A proibição de comportamento contraditório: Tutela da confiança e venire contra factum proprium. 3ª ed. rev. e atual. Rio de Janeiro: Editora Renovar.

SIMON, Herbert. A Behavioral Model of Rational Choice. The Quarterly Journal of Economics, Vol. 69, No. 1., pp. 99-118, (Feb., 1955). Disponível em: http://www.math.mcgill.ca/vetta/CS764.dir/bounded.pdf, acesso em 3 de julho de 2016, às 17h07min.

STRECK, Lênio. Hermenêutica Jurídica e(m) Crise. Uma exploração hermenêutica da construção do Direito. 11ª Ed. revista, atualizada e ampliada. Porto Alegre: Livraria do Advogado, 2014.

SZTAJN, Rachel. Direito e economia dos contratos – os conceitos fundamentais. In: VERÇOSA, Haroldo Malheiros Duclerc. Direito Comercial. Teoria Geral do Contrato. Fundamentos da Teoria Geral do Contrato. Vol. 4. 2ª Ed. revista, atualizada e ampliada. São Paulo: Editora Revista dos Tribunais, 2014.

________. Teoria Jurídica da Empresa. 1. ed., São Paulo: Editora Atlas, 2010.

TEPEDINO, Gustavo. BARBOZA, Heloísa Helena. BODIN DE MORAES, Maria Celina. Código Civil interpretado conforme a Constituição da República. Volume I. Parte Geral e Obrigações (arts. 1° ao 420). 2ª Ed. rev. e atual. Rio de Janeiro: Renovar, 2007.

VERÇOSA, Haroldo Malheiros Duclerc. Direito Comercial. Teoria Geral do Contrato. Fundamentos da Teoria Geral do Contrato. Vol. 4. 2ª Ed. revista, atualizada e ampliada. São Paulo: Editora Revista dos Tribunais, 2014.

VICENZI, Marcelo. Interpretação do contrato. Ponderação de interesses e solução de conflitos. São Paulo: Editora Revista dos Tribunais, 2011

WIEACKER, Franz. El principio general de la buena fe. 2ª reimpressão. Madrid: Editorial Civitas, S.A., 1986.